重庆工商大学财经文库
CHONGQING GONGSHANG DAXUE CAIJING WENKU

西南财经大学出版社重庆工商大学分社　策划

公共支出决策机制优化研究
GONGGONG ZHICHU JUECE JIZHI YOUHUA YANJIU

汤凤林　著

西南财经大学出版社
中国·成都

图书在版编目(CIP)数据

公共支出决策机制优化研究/汤凤林著.—成都:西南财经大学出版社,2015.10
ISBN 978-7-5504-1973-5

Ⅰ.①公… Ⅱ.①汤… Ⅲ.①财政支出—最优分析—研究—中国 Ⅳ.①F812.45

中国版本图书馆 CIP 数据核字(2015)第 126733 号

公共支出决策机制优化研究
汤凤林 著

责任编辑:冯 梅
助理编辑:周晓琬
封面设计:杨红鹰
责任印制:封俊川

出版发行	西南财经大学出版社(四川省成都市光华村街55号)
网 址	http://www.bookcj.com
电子邮件	bookcj@foxmail.com
邮政编码	610074
电 话	028-87353785 87352368
照 排	四川胜翔数码印务设计有限公司
印 刷	四川五洲彩印有限责任公司
成品尺寸	148mm×210mm
印 张	8.75
字 数	215 千字
版 次	2015 年 10 月第 1 版
印 次	2015 年 10 月第 1 次印刷
书 号	ISBN 978-7-5504-1973-5
定 价	39.00 元

1. 版权所有,翻印必究。
2. 如有印刷、装订等差错,可向本社营销部调换。

中文摘要

现代社会政府职能范围越来越广，政府公共支出规模越来越大，财政资金的使用效率却很低，"豆腐渣工程""政绩工程"和"形象工程"等屡禁不止，贪污腐败等屡见不鲜，政府支出决策缺乏责任意识，决策失误时有发生，给经济、社会和环境带来极为严重的不良影响。公共支出决策的低效和失误呼吁决策机制的优化。

改革开放以来，我国政治和行政领域的改革已经促使公共支出决策机制发生了一些转变，决策权力配置得到了优化，决策程序和方式也得到了改进。然而，经济多元化和政治民主化趋势要求公共支出决策民主化、科学化和法治化，现行公共支出决策机制需要进一步优化。党的十六届三中全会提出要改革和完善政府决策机制，推进政府决策民主化；党的十八届三中全会进一步提出要强化权力运行的制约与监督，建设法治政府，要提高预算的透明度和支出决策的效率。公共支出决策机制的改革与优化已进入党和国家的正式工作日程。

已有研究主要集中在政府决策机制优化和预算决策机制优化方面，缺少专门针对公共支出决策机制优化的研究；由于三者内涵不一样，政府决策机制优化的措施只能为预算决策机制优化提供一般性指导，而预算决策机制优化还包括收入决策部分。另外，由于国内外政治体制和政党政治存在巨大差异，政治环境对支出决策的影响必定大不相同，所以国外的支出决策机制优化经验不可照搬。如果说借鉴国外支出决策的技术和方法有助于提升决策效率,那么政治层面的支出决策机制改革则需要中国自己的探索。

鉴于现实的迫切需求和理论研究的不足,中国有必要在合理借鉴西方国家经验的基础上,构建一套符合中国实际需要的公共支出决策机制,以促进公共支出规模和结构的优化。

所谓公共支出决策机制,是指公共支出各决策主体,为规范各自拥有的决策权力,提高决策质量,实现公共利益目标,在各种相互联系和相互作用的决策过程中,形成的关于公共支出决策权力分配、决策运作程序、决策规则和决策方式等一系列制度安排总和。公共支出决策机制优化,是指通过重构公共支出决策权力,规范公共支出决策程序,改进公共支出决策方法,调整公共支出决策规则等措施,实现公共支出决策民主、科学和法治的制度优化过程。其中,民主化是公共支出决策价值理性的体现,科学化和法治化是公共支出决策工具理性的体现。

该书在对公共支出决策机制优化的概念进行界定的基础上,梳理了公共支出决策的五个主要理论模型,运用政治学、经济学和管理学中民主理论、公共财政理论、公共选择理论和系统优化理论,在此基础上对我国公共支出决策机制的历史演变、现状特征、存在的问题及原因进行了研究,对我国公共支出决策机制改革的环境、价值和目标进行了分析,提出了优化我国公共支出决策机制的对策和建议。全文包括导论部分和六章内容:导论部分主要介绍本书的选题背景、研究意义、研究现状、研究内容与方法、主要观点、创新和不足之处;第一章为公共支出决策机制优化的理论分析,是全文的逻辑起点与理论基础;第二章是我国公共支出决策机制的历史演变;第三章是我国公共支出决策机制的现状分析;第四章是国外公共支出决策机制的设计实践及经验借鉴;第五章是我国公共支出决策机制优化的生态环境和价值取向;第六章是我国公共支出决策机制优化的对策和建议。

本书采用规范分析方法对公共支出决策机制优化的理论基础、生态环境和价值取向以及对策建议进行了研究；运用制度比较分析方法对我国公共支出决策机制由计划经济时期向市场经济时期的演变进行了分析，对美国、英国的公共支出决策制度安排进行了比较；运用案例分析法对我国公共支出决策机制改革的探索进行了总结。规范分析与实证分析（包括制度比较分析和案例分析）相结合的研究方法，有助于形成一个从理论逻辑演绎到客观现实归纳与对策总结的方法论体系，为我国公共支出决策机制优化的政策建议研究提供科学的研究工具。

关键词：公共支出；决策机制；优化对策

Abstract

With the Scope of government functions becoming more and more widely in modern society, the scale of government public expenditure is more and more bigger. However, the use efficiency of fiscal fund is very low. "Jerry-built Projects", "Achievement Projects", "Image Projects" and so on continue despite repeated prohibition. Corruption is common occurence. The government spending decisions is lack of responsibility consciousness, so that decision-making mistakes happen occasionally, which brings extremely serious adverse effects to the economy, society and environment. The inefficiency and failures of public spending decisions call for the optimization decision-making mechanism.

Since the reform and open pdicy, the reform of political and administrative field in our country have prompted some changes in public expenditure decision-making mechanism. The allocation of decision-making power has been optimized. Decision-making procedures and methods are also improved. However, the trend of economic diversification and political democratization requires the democratization, scientization and legalization of public expenditure decision-making. The current public expenditure decision-making mechanism needs to be further optimized. The third plenary session of the 16th proposed to reform and improve the government decision-making mechanism, promote the government decision-making democratized; The third plenary session of the 18th proposed to further strengthen the power restriction and supervision, to construct the government under the rule of law, and to improve the budget transparency and the efficiency of spending decisions. The reform and optimization of the public expenditure decision-making mechanism has entered the formal agenda of the Party and the State.

Existing research mainly concentrated in the optimization of the government decision - making mechanism and the optimization of budget decision-making mechanism. There are very few specialized study on the optimization of public expenditure decision - making mechanism. Due to the three connotation is different. As a result, the optimization measures of government decision - making mechanism can only provide general guidance for the optimization of budget decision-making mechanism, and the optimization of budget decision-making mechanism also includes income decision.

In addition, due to the disparity in the political system and party politics both at home and abroad, the influence of political environment on the spending decisions is very different. As a resalt, the optimization experience of foreign spending decision - making mechanism cannot be copied. If draw lessons from foreign spending decisions can help promote the technology and method of decision-making, then political mechanism reform needs China's own exploration spending decisions.

Given the pressing needs of the reality and the lack of theoretical research, it is necessary to build a set of public expenditure decision-making mechanism according with the actual requirement of China, so as to promote the optimization of the public expenditure scale and structure using the experience of western countries for reference.

Public expenditure decision – making mechanism, refers to each decision main body of the public expenditure – to regulate their own decision-making power, improve the quality of decision-making, and achieve the public interest – formate a series of institutional arrangements on public expenditure decision-making power allocation, operation procedures, decision rules, and decision – making way in all sorts of mutual connection and interaction of decision – making process. The optimization of public expenditure decision – making system is to reconstruct public expenditure decision – making power, to standardize the procedures of public spending decisions, to improve public expenditure decision method, to adjust the public expenditure decision rules and other measures, and to achieve the system optimization process of public expenditure decision-making in its' democracy, science, and the rule of law. Among them, the democratization is the embodiment of the public expenditure decision value rational, scientization and the rule of law is the embodiment of tool rationality of the public expenditure decision –making.

On the basis of defining the concept of Decision-making mechanism optimization of public spending, the paper combines the public expenditure decision – making model of the five major theories, democracy in politics, economics and management theory, uses the theories of public finance, public choice theory and system optimization theory, then studies the research on the historical evolution of the public expenditure decision mechanism of our country, the present situation characteristics, and existing problems, further analyzes the public spending environment and value of decision – making mechanism, and puts forward the optimization countermeasures and suggestions of our country's public expenditure decision –

making mechanism.

By adopting the method of normative analysis, the theories, the ecological environment, value orientation and countermeasures of decision-making mechanism of public spending optimization are studied in this paper. Using the method of system comparative analysis, the evolution of public expenditure decision - making mechanism from the period of planned economy to market economy was analyzed, and the public expenditure decision-making system arrangement in the United States and Britain is compared. With case analysis on China's public expenditure decision-making mechanism reform exploration is summarized. The combination of normative analysis and empirical analysis system research methods (including the comparative analysis and case analysis) helps to form a methodology of system from theoretical logic deduction to the objective reality and countermeasures conclusions, which can provide the scientific tool for policy suggestions research on our country public expenditure decision-making mechanism optimization.

Key Words: Public expenditure; Decision - making mechanism; Optimizing countermeasure

目录
Contents

导论 /1
    一、选题背景和研究意义 /1
    二、国内外研究现状 /5
    三、主要研究内容和方法 /21
    四、主要观点、创新与不足之处 /24

第一章　公共支出决策机制优化的理论基础 /28
  第一节　公共支出决策机制优化的界定 /28
    一、决策与决策机制 /28
    二、公共支出决策机制 /31
    三、公共支出决策机制优化 /51
  第二节　公共支出决策机制优化的理论模型 /61
    一、理性与有限理性决策模型 /61
    二、渐进决策模型 /63
    三、间断平衡决策模型 /67
    四、集团决策模型 /71
    五、精英决策模型 /72
  第三节　公共支出决策机制优化的基础理论 /74
    一、公共产品理论 /74
    二、公共选择理论 /75
    三、民主理论 /79
    四、系统优化理论 /81

第二章　中国公共支出决策机制的历史演变　/82
第一节　计划经济条件下的公共支出决策机制　/82
一、公共支出决策的主体及权力配置　/82
二、公共支出决策的程序和方式　/85
三、公共支出决策的监控机制　/87
四、公共支出决策的信息基础　/89
五、公共支出决策的实施效果　/91
第二节　市场经济条件下的公共支出决策机制　/92
一、公共支出决策的主体及权力配置　/92
二、公共支出决策的程序和方式　/94
三、公共支出决策的监控机制　/98
四、公共支出决策的信息基础　/101
五、公共支出决策的实施效果　/104

第三章　我国公共支出决策机制的现状分析　/114
第一节　我国公共支出决策机制的运作特征　/114
一、公共支出决策受执政党影响大　/114
二、政府主导公共支出决策过程　/116
三、财政的核心预算机构地位不明确　/118
四、预算过程与政策过程相互分离　/119
第二节　我国公共支出决策机制的弊端　/121
一、公共支出决策主体权力配置存在的问题及原因分析　/121
二、公共支出决策程序存在的问题及原因分析　/126
三、公共支出决策方式存在的问题及原因分析　/129
四、公共支出决策监控机制存在的问题及原因分析　/131
五、公共支出决策信息系统存在的问题及原因分析　/135

第三节　我国地方公共支出决策机制改革探索的
　　　　案例解析　/140
　　一、浙江温岭的参与式预算　/140
　　二、广东省的绩效预算　/148

第四章　国外公共支出决策机制经验借鉴　/157
　第一节　美国公共支出决策机制的特点　/157
　　一、公共支出决策的主体及权力配置　/157
　　二、公共支出决策的程序和方式　/159
　　三、公共支出决策的监控机制　/178
　　四、公共支出决策的信息基础　/180
　　五、公共支出决策的实施效果　/181
　第二节　英国公共支出决策机制的特点　/185
　　一、公共支出决策的主体及权力配置　/186
　　二、公共支出决策的程序和方式　/188
　　三、公共支出决策的监控机制　/191
　　四、公共支出决策的信息基础　/193
　　五、公共支出决策的实施效果　/197
　第三节　发达国家公共支出决策机制的经验借鉴　/197
　　一、支出决策权力的分立与制衡　/197
　　二、支出决策过程完整、程序规范　/199
　　三、支出决策技术方法不断改进　/201
　　四、立法机构有充分的组织、人才和信息保障　/202
　　五、政府部门严格按照批准的预算执行　/204

第五章　我国公共支出决策机制优化的生态环境和
　　　　价值取向　/207
　第一节　我国公共支出决策机制优化的生态环境
　　　　　分析　/207
　　一、经济变迁与公共支出决策机制变革　/208

二、政治变迁与公共支出决策机制变革 /210
三、文化变迁与公共支出决策机制变革 /214
四、社会变迁与公共支出决策机制变革 /215
第二节 我国公共支出决策机制优化的价值取向 /218
一、公共政策价值观对公共支出决策机制运行的影响 /218
二、我国公共支出决策机制变革的价值取向定位 /222

第六章 优化我国公共支出决策机制的对策建议 /226
第一节 调整公共支出决策主体权力结构 /226
一、明确政府的支出决策权力边界 /227
二、优化支出决策主体之间的权力结构 /229
三、调整各级政府间的支出决策权力结构 /235
第二节 优化公共支出决策程序与方式 /236
一、优化预算编制和审批周期，提高支出决策及审查质量 /236
二、试编中期基础预算，强化支出总额控制 /237
三、稳步推进预算绩效管理体系，强化政府支出的内部控制 /241
四、健全支出决策监管制度和责任制度，强化决策权力的制约 /243
五、完善专家咨询和论证制度，增强支出决策的科学性 /246
第三节 提高公共支出决策透明度 /248
一、加强信息系统建设，提升支出决策透明度 /248
二、健全公民参与决策机制，更充分地反映民众需求 /250

参考文献 /253

导 论

一、选题背景和研究意义

（一）选题背景

随着我国市场经济的建立和逐步完善，政治体制改革的逐渐深入，政府经济社会管理职能日益庞杂，政府决策涉及的范围越来越广，决策的难度也越来越大。市场经济条件下，财政的核心部分——预算是政府公共经济行为的集中反映，政府决策难度的加大也体现在预算决策难度加大上。自20世纪90年代中后期以来，我国开始由以收入为核心的财政制度改革，向以支出为重点的预算管理改革转变。部门预算、国库集中收付制度、政府采购、综合预算、政府收支分类科目和预算绩效管理等改革的推进，在提高支出管理水平和保障政府职能作用发挥方面取得了较好的成效。然而，我国政府公共支出规模正急剧扩大，由1992年的3 742.2亿元增加到2012年的125 712.3亿元，人均公共支出20年增长了28倍，公共支出占GDP的比重由1992年的13.90%上升到2012年的24.22%，仅预算内的这部分就达到发达国家的水平。支出的快速增长并没有相应带来支出效率的提高，财政资金使用效率很低，"豆腐渣工程""政绩工程"和"形象工程"屡禁不止，贪污腐败屡见不鲜，政府支出决策缺乏责任意识，决策失误时有发生，给经济、社会和环境带来极为严重的不良影响。支出的快速增长也没有能促进收入公平分配，城乡居民收入差距持续拉大，城乡居民收入比由1992年的2.58扩大到2012年的3.1。支出决策的低效和失误呼吁政府公共支出决策机制优化。

改革开放以来，我国在政治和行政领域实行的一系列改革，促进了公共支出决策机制的转变，政府支出决策权力不再是集中在领导者个人手中，不再由计委（国家计划委员会，成立于1952年，2003年与其他部门改组为国家发改委）进行公共资源配置；支出决策也不再纯粹地由上而下做出，而是采用民主集中的决策方法；同时在定性决策或经验决策基础上适当引入了定量分析方法，公共支出决策机制已经在一定程度上得到了改进。然而，随着经济多元化、政治民主化进程加快，社会经济利益主体对政府提供公共产品和服务有着越来越多的要求，相互间不可避免地存在越来越多的矛盾和冲突，也愿意更多地参与到公共政策制定和支出决策事务中来，从而对政府公共支出决策提出了民主化、科学化和法治化的要求，现行公共支出决策机制需要进一步优化。党的十六届三中全会提出要改革和完善政府决策机制，推进政府决策民主化；党的十八届三中全会进一步提出要强化权力运行的制约与监督，建设法治政府，要提高预算的透明度和支出决策的效率。公共支出决策机制的改革与优化已进入党和国家的正式工作日程。

学者们在引入西方国家预算理论和预算管理实践经验的基础上，对国内预算管理与决策进行了大量研究，对政府支出决策理论、决策主体、决策理念、决策技术和决策方法等进行了许多探讨，取得了不少有益成果。然而，由于政治体制环境的巨大差异，西方国家的政党政治对预算过程的影响与中国共产党的影响不可同日而语，中国的公共支出决策机制是一种在党的领导下由行政主导的支出决策机制，这就决定了西方国家支出决策机制优化的经验不可照搬，所能借鉴的主要是支出决策的技术和方法，对于支出决策政治层面的问题，需要中国自己探索来解决，也就是说，中国公共支出决策机制优化有其自身的特定含义。现实的迫切需求和理论研究的不足构成了本书"公共支出决策机制优化"研究的选题背景。

（二）研究意义

1. 理论意义

第一，本研究是政府决策机制优化在公共财政领域的具体化和延伸性研究。政府决策涉及政府行为的方方面面，财政（或预算）决策是政府决策在经济上的集中体现，也是政治权力分配的焦点。现有研究大多是对政府决策机制的构建与优化进行分析，个别研究有对预算决策机制的优化进行分析，但是还没有专门针对公共支出决策机制优化的研究。在现代市场经济社会，预算行为是一国政府行为的中心，支出决策是预算决策的中心。公共支出决策的民主化、科学化和法治化，是公共支出决策机制优化的方向，是政府决策机制优化的重要基础。因此，本书关于公共支出决策机制优化的研究可为政府决策机制优化提供专门领域的研究基础。

第二，本研究从政治、经济和管理相结合的综合视角研究公共支出决策机制优化，可为预算决策与管理领域的相关研究提供参考。公共支出决策既是一个经济问题，又是一个政治问题，还是一个管理问题；公共支出决策的科学化、民主化和法治化，需要技术层面和政治层面的双重改进。国内已有少量关于预算决策机制的文献，基本上是经济学者（尤其是财政学者）把公共支出决策当作是一个经济管理问题来进行的研究，较少有行政学者和政治学者们把公共支出决策当作一个政治问题来研究。这使得学者们提出的支出决策机制优化的建议更多地局限于支出决策技术和方法等改进上，忽视了预算的本质是一个政治问题；公共支出决策机制的改进就只能是修修补补，不可能得到根本上的优化。本研究运用政治学、经济学和管理学的相关理论，在综合考虑技术层面与政治层面因素的基础上，提出优化我国公共支出决策的政策建议，可为预算决策与管理领域的相关研究提供参考。

2. 现实意义

第一，有助于重塑政府公共治理结构。"财政是国家治理的基础和重要支柱"（党的十八大报告）。公共支出决策机制的优化，要求中国公共支出决策规则制度化，用法律的方式对决策主体间权力配置进行规范，完善决策责任体系，权力与责任相对应；要求建立科学完善的决策程序，各环节、各部门间相互制约，实现政府支出决策的内部控制与监督；要求建立支出决策信息公开制度，便于民众进行更有效的外部监督。通过一系列制度设计规范和约束政府支出决策行为，推动政府财政行为的阳光化进程，进而提升政府治理的整体诚信水平，完成对中国政府公共治理结构的重塑。

第二，有助于推动中国民主政治进程。公共支出决策机制的优化，要求对人大、政府及其职能部门等机构和行政首长、部门领导和其他相关决策主体的支出决策权力进行重新界定和约束；要求完善专家咨询与论证制度，采用民主集中方法进行决策；要求建立听证制度和民意反映制度，以便民众能更好地参与政府公共支出决策。预算资源的配置是政治冲突的焦点，支出决策过程实质上是各主体进行利益冲突的协调和相互妥协的过程，民主化决策为广大民众和弱势群体提供了利益诉求和偏好表达的机会，支出决策民主化有助于推动中国民主政治进程。

第三，有助于降低政府债务风险和实现经济社会平衡发展。公共支出决策机制的优化，要求建立中期预算框架，对支出总额实行控制，减少政策过程与预算过程偏离，降低支出决策执行过程中的不确定性，控制支出规模的扩张，降低赤字扩大带来的政府债务风险；要求对部门、单位和项目的支出绩效进行评估，优化资源配置结构，提高财政资金的使用效率，促进经济社会稳定协调发展。

二、国内外研究现状

（一）国外研究现状

1. 关于公共支出决策主体权力的分立与制衡

以美国为代表的西方国家，形成了一套与我国完全不同的政治体系和权力分配与制衡模式，即"三权分立"，公共支出决策主体权力的划分与制衡就是"三权分立"原则在预算决策中的重要应用。"当立法权和行政权集中在同一个人或机构之手，自由便不复存在。""…以此来优化政府的内部结构，从而使政府的各个组成部门通过其相互关系而互相制约，以确保各司其职"（汉密尔顿和麦迪逊，1937）。征税权和支出安排权力归立法部门所有，行政首脑只有在立法机关的同意下，才可以通过行政部门的执行机构执行其正常开支；总统在预算编制中拥有"发起权和领导权"，而国会拥有"最终决策控制权"[①]。公共支出决策的矛盾与分歧往往集中在行政部门和立法机关，司法机关则主要是对行政部门和立法机关的行为进行合宪性审查并做出判决。

美国"三权分立"中各部门公共支出决策权力的分配是动态变化的，在立法统治时期（1789—1921年），税收和支出立法集中在众议院的筹款委员会和参议院财政委员会。在总统预算时期（1921—1974年），总统的预算决策权力得到加强；1921年的预算与决算法案要求总统对部门的预算进行大量审

---

① President's Commission on Economy and Efficiency, The Need for a National Budget (Washington, DC: U. S. Government Printing Office, 1912), 143-145.

查，向议会递交预算报告，并成立预算局以协助总统准备和执行预算计划，从此，总统成为国会控制财政的代理人。20世纪70年代早期，公共支出中消费性支出（如社会保障、医疗救助等支出）的迅速增长导致了联邦财政赤字扩大，公众对总统管理联邦支出和支出决策的信任度下降，国会加强了对支出决策的控制；1974年颁布了《国会预算与扣押控制法案》，重新规范了国会与总统在预算决策过程中的角色定位，成立国会预算办公室，减少国会对总统管理与预算办公室的依赖；1985年制定的《平衡预算和紧急赤字控制法案》和1990年制定的《预算执行法案》是国会为解决联邦财政赤字的一些尝试，从此，预算决策进入国会为解决赤字的自我探索预算过程时期（1974年至今）（希克，1971）。历史上，将国库管理权力赋予立法机关是为了免于君主专制，如今将预算发展与执行的职责一并交与首席行政长官是为了控制公共支出。而行政长官有权监控、指导预算执行，有权全部或部分否定立法机关拨款，有权执行拨款措施，这种安排可以防止公共支出过程效率低下，防止那些笼络民心的政治拨款。公共支出决策权力的分散有助于防止权力滥用，分权也就成了美国公共支出决策权力配置的基本原则（劳特，2002）。

2. 关于公共支出决策程序的优化

不同的公共支出决策程序决定着不一样的预算效果（摩尔，1995）；理论上既可能因某一具体决策环节设计存在问题而使支出规模扩张，也可能因各决策环节之间存在摩擦而导致支出决策低效（克雷恩，1989），支出决策程序改良是一个系统优化过程。良好的预算程序有助于强化预算的控制功能，如分层投票程序可加强支出部门的财经纪律（阿莱西纳，1996）。组织的分层预算还可用于控制预算计划程序中的信息流动，提升支出决策的有效性（克罗奇等，2013）。基于程序对预算结果的重要影响以及发达国家长期且广泛存在的财政赤字，研究者们开始希望通过改进支出决策程序，达到控制支出规模过快增长、降低赤字的目的。美国早在1921年就通过制定《预算与会计法案》，建立了预算执行程序，同时出台了《总会计办公室法案》（"总会计办公室"近年更名为"政府问责局"），以加强对联邦政府的审计。1970年成立管理与预算局，帮助总统编制预算，执行预算责任。1974年制定的《预算和蓄水控制法案》建立了一个并行预算决议的国会预算程序，加强了国会对支出决策的控制；建立了国会预算办公室，为联邦政府预算提供数据分析、指导和管理。1985年制定的《平衡预算和紧急赤字控制法案》、1990年制定的《预算执行法案》、1996年制定的《单项否决权法案》和2010年对直接支出实行的现收现付制等，都可以促进预算平衡，设定可自由支配支出上限，并对新的直接支出和其他法定支出施加控制，最终达到降低赤字目的（比尔，2010）。

然而，现实结果是，各国的财政赤字和负债状况并未因支出决策程序的不断调整而有所改善，研究者们进一步提出将程序评估评级工具（PART）方法引入到项目决策过程中（彭纳，2010）；实行两年一次的预算以便有更多的时间对预算执行进行监督，从而更好地制定来年的预算决策；成立两院联合预算委员会，用两党的预算联合决议取代并行的预算决议，以缩短总统与国会达成一致意见的时间，避免政府关门的厄运；将权责发生制引入资本预算，更好地综合权衡资本项目的成本收益；制定《平衡预算修正案》以更好地控制赤字和债务规模的增长（彭纳，2011；基思，2010）；将长期预算约束增加到国会预算程序中去，以实现政府长期财政平衡的目标（巴提，2012）等。也有学者认为，现代国家支出规模失控并不是支出决策程序出了问题，而是支出决策程序被执政当局所忽略，程序没有得到很好的利用；或者说政治者领导能力的缺乏对支出决策结果产生了更重要的影响；未来要通过预算立法和限制国会与总统的权利,来确保预算程序的真实性;要通过运用预算调和程序和保证支出决策过程的透明公开来提升支出决策效率;要通过科学设定长短期支出目标来确保财政责任实现(尼斯勒,2012)。

3. 关于公共支出决策方式的改进

传统的政府支出决策更多的是基于领导者个人的经验与偏好,现代公共支出决策则基于集体的知识和经验,并且采用了科学的决策技术与方法。

(1)关于公共支出决策方法。公共支出决策方法主要有理性主义和渐进主义两种。理性主义方法假定关于支出的社会价值偏好、方案的成本与收益等信息是完备的,认为公共支出决策以方案能实现社会收益最大化为标准(戴伊,2008);公共支出决策应首先从总量上对各支出项目进行相对价值或替代成本分析,在此基础上对各支出边际调整进行效用增量分析,最后评估各类支出增量给人们带来的相对价值大小,以使资源得到最佳利用。现实中理性主义决策方法有:替代预算法、不定额预算法、限额预算法、工作量负荷与单位成本法、预算增减分析法、优先清单法、逐项控制法等(刘易斯,1952)。但是,相关决策信息不可能是完全的,各支出的价值目标之间也无法直接比较,支出决策者也不可能是以实现社会收益目标进行决策,因此,受支出决策的时间、信息和成本的限制,公共支出决策只能是对过去支出行为的逐步调整和修正,即支出决策方法只能是渐进的(林德布卢姆,1959)。渐进主义方法认为,公共支出决策是众多行动者在讨价还价、相互妥协的过程中逐步形成的。由于理性是有限度的,决策者们没有必要建立社会福利方程、全面比较各支出决策方案的成本收益值,而只需要比较各方案的各种边际价值差异,这比全面分析比较方案的决策方法更为容易。在多元化社会中,支出的社会目标难以达成共识,渐进主义决策方法下政府不会为了实现特定社会目标而彻底改变公共政策规划，更容易延续现行支出政策；另外，仅对现行支出政策项目进行微调的方法也使得决策者们更容易达成一致意见，有助于减少社会冲突、维护稳定（戴伊，2008）。

（2）关于公共支出决策形式。西方学者在传统专制决策形式基础上，提出了基于集体决策的民主决策和精英决策。个人通过与政府订立社会契约的形式，让渡出一部分资源以换取政府对他们的生命、自由和财产的保护，以增进自己的福利（布坎南和塔洛克，1962）。民众有权要求政府用这部分让渡出的公共资源提供自己所需的公共产品和服务。民众参与公共支出决策的形式有两种：直接民主和间接民主。公共支出的直接民主决策意味着公众通过对政府提出的方案进行投票，并按照事先宣布的决策规则来选择支出方案；然而，越是高层的政府，其公共支出规模与结构的确定需要参与直接民主决策的民众数量越多，民众偏好也会更加多样，要达成一项支出决策的成本就非常高。公共支出的间接民主决策可通过民众选取代表的方式来降低决策者过多导致的成本太高问题，但代议制间接民主决策形式也会产生政党政治、官僚制等降低公共支出资源配置效率和减少社会福利的问题（缪勒，2010）。民众自己当家做主决定公共支出方案的直接民主只是一种神话，精英理论认为，人民大众对公共支出政策不感兴趣，而且缺乏了解；公民的民主作用是在竞选之中，通过投票除去最无能者，选举出大众最信赖、最有能力的领袖人才即政治精英；在制定公共支出政策时，精英集团发挥塑造大众舆论的作用，而不是大众影响精英对支出政策的看法与观点，公共支出决策反映的是精英的利益、价值和偏好；当然这并不意味着公共支出决策不考虑公众需要，因为精英也许会有一种"关心公众"的贵族阶级使命感，这会使大众福利成为精英支出决策的一个重要因素；精英们之间也存在竞争，但他们关于公共支出决策的分歧与竞争只集中在较少问题上,因为在支出决策的基本价值方面他们是已经达成共识(戴伊,2008)。

4. 关于公共支出决策规则的完善

相对于个人决策,公共支出集体决策能反映更多民众的偏好,且吸取更多民众的智慧,做出的决策也就更加科学。但是,集体决策也存在"一人一票"没有考虑决策者发言质量的差异、决策主体之间的矛盾与分歧延误决策时机、没有明确的决策责任主体等问题。尽管如此,现实中集体决策仍然被认为是较好的决策形式。同时,为减少集体决策带来的相关问题,有必要针对不同类型的决策采取不同的决策规则。全体一致的支出决策规则,即公共支出决策方案通过前必须获得所有决策者的赞成;投票者能够在明确知道自己所承担的税收份额前提下通过一致同意的规则来选择最优公共产品的数量,此时每个投票者都获得了效用最大化,公共支出决策是帕累托有效的(维克塞尔,1896)。然而,一致同意的公共支出决策规则投票过程复杂且决策成本非常高,以至于任何实质性的决策协议都可能达不成(布莱克,1958),或者即使最终费力地达成协议,也是充满投票交易、讨价还价和策略行为的过程(塞缪尔森,1969)。正是由于一致同意规则的不可操作性,西方学者们又提出了多数决策规则,多数规则要求超过半数的人支持一个支出方案,这个方案才可成为委员会的决策。多数决策规则包括简单多数规则和复杂多数规则。简单多数规则要求一项支出方案只要超过一半的人投票赞成即可通过,是最常见的一种公共选择方式。简单多数规则体现了大部分人公共需求意愿,但也会带来多数人对少数的暴政,为此需要在一些重要场合(如宪法修正)采用复杂多数规则,如2/3以上的人投赞成票才能通过。具体来说,这个超过半数的数是由外部成本(多数人对少数人专制所造成的损失)和决策时间成本之和的最小值所决定的。其中,简单多数规则(1/2)对大部分委员会来说是最优多数，这是因为，委员会规模扩大导致决策时间成本比外部成本更大，对一个成员具有相对高的时间机会成本的委员会来说，简单多数规则就是最优的决策规则（布坎南和塔洛克，1962）。

（二）国内研究现状

目前国内尚无研究公共支出决策机制优化的直接文献，通过用"公共支出决策""预算决策"和"政府决策机制"的关键词与题名在CNKI上（中国知网）检索结果表明，截止到2013年11月底止分别有3、22和35篇文章，其中期刊论文57篇、硕博论文6篇。这些文献从预算决策的主体权利、理念、方法、程序、模式、监督、信息系统、优化路径和政府决策机制优化的内涵、特点、优化的外部环境和制度安排等方面进行了相关研究。

1. 关于公共支出决策机制的研究

（1）预算决策主体权力配置问题。廖家勤（2006）认为，我国地方辖区居民没有选择地方行政首脑和直选人大代表等预算决策主体的权力；政府行政首脑是预算决策的责任人，而党委书记却是决策权力人，缺乏严格意义上承担受托责任的地方预算决策主体。这种地方预算决策自主权的长期缺失，是我国地方公共产品无效供给、地方财政支出低效率的根源。

（2）公共支出决策理念转变问题。吴仲斌（2002）认为，我国正处于由"国家分配"财政向"公共"财政转变过程中，公共支出决策理念需要从按政府指示办事的"生产导向型"财政，转换为体现广大民众利益需求的"消费者导向型"财政，即民主财政、公共选择的财政、公民来表达意愿和进行裁决的财政。苟燕楠（2005）提出，要建立一种基于"以公众为中心，以结果为导向，以市场为基础"政府治理理念的新公共预算决策体系。建立以公众为中心的政府，则公共预算决策要分析决策对社会的影响,及如何为公众提供更直接、更全面的服务,更全面的信息,更大的透明度和更多的参与渠道;决策应更多地由下而上做出,并以多中心分权化方式进行。建立以结果为导向的政府,不仅要重视公共资源的配置,还要重视公共项目的实施效率,即如何以最小的成本满足公众的需求。建立植根在市场基础上的政府,相信市场作为分配社会资源机制的效率,公共提供越接近于市场模式,便越有效;相信官僚组织会出于利己行为,异化公共目标,倾向于自身无限制的膨胀;相信基本的管理理念和管理方法在公共领域和在私人领域中同样适用。

(3)预算决策方法改进问题。张巍、朱火堂(2007)认为,目前我国高校日常公用经费预算中的专项经费的预算通常由主管校长或相关学科专家通过主观判断决定,在专项所需资金预算上采用总额控制的方法,不同专项之间资金额度的分配也缺乏科学性,建议引入项目投资决策的思路和相关方法来使高校的专项资金决策过程更加科学合理。

(4)预算决策程序设计问题。王椿元、杨心葵(2008)认为,加拿大联邦预算决策管理工作程序规范,同时建立起了有效的预算编制磋商机制。项目预算按以下程序逐级上报:政府有关部门→国库委员会秘书→国库委员会→财政部和枢密院→内阁预算委员会、经济委员会→总理。为提高经济决策的科学性,加强预算收支预测分析,加拿大财政部设有财政政策局、经济研究与政策分析局和经济分析与预测局等,业务司局的工作重心也体现在政策的研究与制定上。

(5)预算决策模式选择问题。苟燕楠(2005)认为公共预算决策模式有理性主义决策模式、渐进主义决策模式与中间模式。完全理性决策要求决策者考虑所有的相关价值与目标,搜寻并分析所有的备选方案,在此基础上通过全面比较来选定最佳方案。渐进主义决策认为人的理性是有限的,预算决策只能是参与者基于过去经验基础上的增量决策和共同调整。中间道路的公共预算决策模式是将渐进主义与理性主义融合起来的途径，认为确定预算目标和价值时采用理性主义决策模式，而实现目标过程则采用渐进主义模式。董静（2004）分析了渐进主义与理性主义预算决策的区别，渐进主义者倾向于强调事实究竟如何，而理性主义者则强调事情应当如何；渐进主义反映的主要是多元主义观点，而理性主义则更倾向于精英主义观点。董静、苟燕楠（2004）认为，我国传统的公共预算决策模式是一种理性主导下的渐进主义，新时期我国应采用综合理性主义和渐进主义的预算决策模式，在决策中既体现现存的、基层的和短期的需要，致力于化解现实中存在的矛盾和问题，又兼顾全面的、长期的和面向未来的需要，推动公共预算决策的科学化、理性化和民主化。廖家勤（2004）提出一个我国多年度预算决策框架，财政部对预算框架内各项经济假设进行重新审视和更新，在此基础上，各政府部门编制并向财政部提交本部门预算草案，财政部审核后向国务院提交政府预算建议；国务院预算会议讨论通过政府在下一财年和后续四个财年的总支出水平以及政府各个部门的指导性支出水平，形成政府预算政策草案，提交人大审议；再由各部委负责将本部门总支出资金在不同的项目之间进行分配。《军费预算决策系统研究》课题组（1999）分析了国家的政治体制、军队的领导体制、军费预算管理体制、军费预算的制度安排、军费预算的技术手段、军费预算决策参与者的素质等因素在军费预算决策系统形成中的决定作用。李任九等（2007）则探讨了不同预算模式（分项预算、绩效预算、规划—计划预算、零基预算和结果导向预算）下的我国军费预算决策改革问题。

（6）预算决策监督机制完善问题。王海平（2002）提出要在人大对预算决策制定进行监督的基础上，发挥本级决策组织的监控部门和审计机构对预算决策执行进行监控的作用；监控的依据主要包括党和国家的财政方针、政策、纪律、《中华人民共和国预算法》和财政预算决策方案；监控方式上应主要采取全面的、事中的和外部的监控，同时要建立信息反馈系统。何其滨、李金联（2004）对武警预算决策监督与责任机制进行了探讨，认为应设立直接属于各级党委的一体化的预算决策机构，将装备财务合并到后勤财务部门，只负责拟定事业任务计划建议方案以及执行预算，参与预算决策而不成为事业计划与任务的最终决策者，也不编制事业经费预算，以建立预算决策与执行相对分离的机制；将武警审计系统改由总部垂直领导，或实施审计委派，增设审计事业费预算科目，尽量减少审计监督部门与财务部门、事业部门之间的利益关联，保持审计监督的相对独立性；建立健全对预算结果的评价机制，建立过程责任与结果责任相协调的责任机制。

（7）预算决策系统完善问题。李华刚（2008）按系统论原理，将政府决策机制分成中枢系统、信息传输系统、决策咨询系统、决策监督系统和决策执行系统五大子系统。苟燕楠（2007）分析了当代公共预算七个发展阶段条件下的预算信息系统：①分项排列预算强调控制定位，形成的是预算控制信息系统，缺点是无法提供关于偏好显示和效果衡量的信息。②绩效预算强调经济规划定位，形成的是绩效评估信息系统，但由于投入与产出的某些方面、绩效的难以测量和其他成本变化因素影响，难以发挥有效作用。③计划项目预算强调经济规划定位，需要建立完备的理性综合决策信息系统，但公共机构和人员的信息处理能力有限。④目标管理预算强调预算的分权化，要求组织成员共同参与组织目标设定等工作；形成的是一种参与式的、从上到下与从下到上相结合的生成式信息系统。⑤零基预算着重于项目优先权，需要收集大量的预算信息，运用很强的信息分析能力，然而公共部门的信息收集和处理能力与此要求还有很大的差距。⑥从上到下的预算强调预算的集权化及立法控制，预算决策建立在对未来经济形势、财政收支趋势的科学预测基础之上，大量的数据信息和计量经济学模型被引入预算决策领域。⑦结果导向预算强调政府再造，信息和信息技术的发展使得预算决策能通过相互交错的多个中心以一种扁平化、网络化的方式组织起来，使中央部门更好地了解、指导和监控基层决策，公众也能更方便地表达偏好和更多地参与公共事务的讨论和预算。

（8）预算决策的优化路径问题。王建军（1997）指出，宏观经济目标和决策的体制环境与社会经济环境会对公共支出决策产生重要影响，要建立一个纵横交错的决策信息网络系统，提高运用信息进行决策的能力和管理水平，对支出格局进行中长期规划，加强公共支出分析，提高公共支出决策质量。王金秀（2001）提出，以民主改进政治决策程序，增加公众表达意愿、参与社会选择的机会，提高政府预算决策的透明度。以市场化方式弥补政治缺陷，如运用"市民社会"的商品经济交换法则对需求进行成本收益分析，把经济的效率决策作为政治决策的补充，提高决策程序的科学化。明确权力边界，制订决策标准，减少机动决策权；建立制衡机制，避免权力过分集中。晏金平（2006）提出，公共预算决策民主化有赖于立法机构对行政机构的制约与监督；具体来说，我国可以在人大系统内部建立预算审议专家咨询机构，由具有丰富经验的预算管理专家和学者协助人大代表审查政府预算；尝试推行预算报告的结构化审议与分部门表决制度，全面提升政府预算的规范化和法制化水平。邢会强（2004）提出要建立重大公共支出决策听证制度，并把这一制度定位于非正式听证，发挥其咨询的功能；同时在听证制度的适用范围、听证的主持人及主持机构、听证代表的产生及其权利义务、非代表纳税人的权利、听证记录的约束力以及法律责任等方面提出了一些构想。

2. 关于公共支出决策机制优化的研究

现有文献主要集中于对政府决策机制优化的研究，没有深入到公共支出决策机制优化的研究，仅有一篇关于预算决策机制优化的文献。公共支出决策是政府决策的具体内容之一，政府决策机制优化的方法和途径等对公共支出决策机制优化有借鉴作用。

河北省财政厅预算处《预算决策机制研究》课题组（2007）认为，河北省预算决策机制存在如下四个方面的问题：预算安排的目标和要实现的社会价值不够具体、清晰，参与预算决策的主体职责分工不规范，预算决策信息不充分，预算决策方式有待改进；提出要完善预算管理运行机制，准确认定重大预算项目，设计科学的项目遴选办法，建立民主决策制度，改革和完善预算项目决策机制。

（1）政府决策机制的内涵、类型、影响因素和意义。王满船（2003）认为，政府决策机制主要包括察觉机制、沟通机制、公众参与机制、专家参与机制、制约机制和协调机制。李泽楼（2006）提出要构建一种内生与外源互动的政府决策机制。周玉蓉（2005）提出要构建一种唯物辩证的、决策权力与决策机制双边独立的、责任明确、严格监督和适度决策成本的地方政府决策机制。刘洋（2011）提出要在坚持为人民服务、高效廉洁和公开透明的决策机制原则基础上，从决策程序制度化、决策参与经常化和决策责任法律化等方面构建我国服务型政府决策机制。而邓昌福（2003）从进一步解放思想、转变决策观念，强化政府决策整体功能，不断完善决策制度，从普及和加强决策手段的现代化以及实现政府决策法治化等方面，提出了构建西部大开发过程中服务型政府决策机制。袁东振（1991）分析了拉美国家的政府决策机制，行政机关及总统在政府决策中居于核心地位，立法机关地位相对虚弱，司法机关不完全独立，依附于行政机关；在影响政府决策的各因素中，传统势力集团（包括大地主、天主教会和军队）的力量减弱，但仍有一定程度的影响；工农集团力量增强，但影响有限；资产阶级在政府决策中起主导和决定作用，中间阶层集团则起着举足轻重的作用。王维平（2006）分析了政府决策机制创新对我国政策过程现代化的重要意义，认为电子政务制度、政务公开制度、决策预公开制度、政府信息发布制度等有助于政策过程信息化，重大政策社会听证制度、专家咨询与认证制度、决策失误赔偿制度、民意测验制度、责任制度有利于推进政策过程社会化，同时也是政策过程制度化的具体体现。

（2）政府决策机制优化的生态环境和制度安排。罗依平、邓文武（2008）分析了我国政府决策机制变革的生态环境，从经济环境来看，经济全球化要求尽快提高政府决策的能力与水平，更好地为市场经济服务，要求提高政府公共政策的适应性，形成政府决策制定、执行、咨询、评估的新机制。从政治环境来看，我国政治体制改革要求从制度上保证党和国家政治生活民主化，政府行政和决策法治化，要求建立和健全各级行政首长负责、专家论证和公民参与三者相结合的政府决策机制，以及决策失误责任追究，决策项目论证、评估和公示等制度。从文化环境来看，多元化的社会群体结构在一定程度上给当代中国政府决策的价值取向以及政府决策系统运行带来了影响和冲击，也促进了公共政策的发展，如加强政策功能的多方利益协调性，形成政策内容的多面性，强化政策体系的公共性等。从社会环境来看，中国社会进入了全面转型的发展时期，公民的政治参与意识和参与能力都在不断增强，要求政府决策必须能够反映社会需求，并实现社会利益的有效整合；充分利用各专家、学者和咨询机构的智力优势，提高政府决策质量与水平。吉亚娟（2011）对我国民族自治地区政府决策机制的生态环境进行了分析，提出了除建立决策主体多元化、提高决策主体决策水平、完善民意表达机制和专家咨询机制、规范决策程序外，还提出要建立公民文化引导机制来优化政府决策机制。钱振明（2007）认为公众参与是政府决策机制优化的制度基础；专家咨询和论证是政府决策科学化的基本条件；重大事项集体决策制度是对行政首长负责制的补充和完善；决策责任制度是决策失误的纠错改正机制。

（3）我国政府决策机制的优化建议。政府决策机制优化的目标是实现政府决策的民主化、科学化和法治化，为此需要从决策主体、决策权力、决策程序、决策制度、决策信息系统、决策评价与监督及责任机制构建等方面对政府决策机制进行优化。从决策主体来看，要树立正确的政府决策理念，包括人本理念、全面发展理念、协调发展理念和可持续发展理念（颜佳华、齐绍平，2006）；要提高决策者素质修养（罗大明、黄博，2008）。从决策权力运行机制来看，要确保决策权、执行权、监督权相互分立（许耀桐，2008）。从决策程序来看，要规范决策程序（程正明，2006；王满船，2003），决策过程的谋、断分离；合理界定各级政府及其职能部门重大决策的范围和程序，重大事项必须实行群众参与、专家咨询和政府决策相结合的方式（许耀桐，2008）。从决策制度来看，首先要建立和完善民主决策制度，包括建立畅通的民意反映渠道（程正明，2006），完善公开听证和社会公示制度（许耀桐，2008；彭永庚、汪胜安、高芹，2006），完善决策咨询制度（冯伟林，2008），建立集体决策制度，加快电子政务建设，扩大群众参与政府决策的广度和深度（彭永庚、汪胜安、高芹，2006），完善民主集中制，建立起规范的政府领导集体议事制度（廖雄军，2003）。其次要规范和完善科学决策制度，包括健全调查研究制度（程正明，2006），专家咨询制度和政府决策的论证制度（彭永庚、汪胜安、高芹，2006），从调查研究中取得决策依据、从科学论证中提出决策方案，集思广益，筛选定案（罗大明、黄博，2008）。最后要加强政府决策法制建设，探索建立政府决策的法律机制（程正明，2006），建立政府决策法治化管理制度（廖雄军，2003），完善决策立法工作和实现依法决策（罗大明、黄博，2008）。从决策信息系统来看，要建立深入了解民意的决策信息支持系统（许耀桐，2008；颜佳华、齐绍平，2006；王满船，2003）。从政府决策的监督约束体系来看，要建立地方政府决策评价标准（颜佳华、齐绍平，2006），建立健全地方政府决策的监督、检查评估机制（廖雄军，2003；颜佳华、齐绍平，2006；彭永庚、汪胜安、高芹，2006；许耀桐，2008；冯伟林，2008）和责任机制（如重大决策失误终身追究制）（罗大明、黄博，2008；程正明，2006），增强决策的透明度（冯伟林，2008），建立与完善公民广泛参与选拔决策者的制度，实现对上与对下负责的统一（廖雄军，2003）。

（4）县乡基层政府决策机制的优化。张新光（2008）认为乡镇政府决策机制具有决策主体多元性和主导性，决策内容综合性和无序性，决策制定和实施不确定性和政治风险性，决策监督封闭性和滞后性等特征；乡镇政府决策的制定者、决策方案的选择者、决策实施效果的评价者、决策的最终受益者可高度地统一起来，是推进我国决策科学化、民主化的基础性环节和重要突破口。陈松（2005）认为，应建立畅通的民意反映渠道，健全调查研究制度，采取"信息化+调研式"的决策方式；实行民主公开决策，采取"听证式+集中式"的决策优化方式；建立新闻发言人制度与公民旁听政府会议制度；规范决策程序，优化公共政策系统运行；建立决策责任制度，采取"责任性+监督性"的决策优化方式；培养高素质的决策人才；建立应对危机的决策机制。余明远（2006）认为，乡镇政府决策机制的优化包括：提高决策者的执政水平，强化决策者权力获得程序的控制，提高决策的效率，保障决策的合法性，体现决策的民主性，追求决策的科学性，完善决策的程序规范，建立决策咨询、公示和复决制度，实施决策的责任追究制等。钱玉英（2001）总结了苏南乡镇政府决策机制的特点与经验，苏南乡镇形成了以党委为核心的党政一体化的决策权力结构，集体决策和个人决策相结合，决策过程具有开放性和有序性，决策时充分利用"外脑"（如采用专家咨询、课题委托、专家论证会等方式请专家参与决策），注重调查研究和决策试点，决策实施中的分工负责制，建立良好的决策人员优化机制，善于将上级政策与本地实际相结合。

（5）研究述评。已有国内外文献为本研究提供了良好的研究基础，但是仍然存在以下不足：一是已有文献主要是针对国内政府决策机制优化和预算决策机制优化的研究，缺乏专门针对公共支出决策机制优化的研究。政府决策机制、预算决策机制和公共支出决策机制三个概念的内涵不一样，政府决策涵盖了预算决策，预算决策涵盖了公共支出决策，政府决策机制优化的措施只能为预算决策机制优化提供一般性指导，预算决策机制优化还包括收入决策部分。因此，需要对公共支出决策机制优化进行专门、细致和深入的研究。二是国内外政治体制和政党政治存在很大差异，这决定了不能照搬国外的公共支出决策机制设计经验，只能在局部的制度设计、决策技术和方法等方面有选择地借鉴。三是已有研究主要强调从经济技术角度完善公共支出决策机制，而预算本质上是个政治问题，公共支出决策机制优化需要技术层面和政治层面的双重改进。本书试图弥补以上三个方面的不足，在梳理公共支出决策机制优化理论和公共支出决策理论模型的基础上，分析我国公共支出决策机制运行现状，借鉴发达国家公共支出决策机制设计与实践经验，从技术和政治相结合的角度提出优化我国公共支出决策机制的政策建议。

三、主要研究内容和方法

（一）主要研究内容

导论部分主要介绍选题的背景和本研究的理论意义与实践意义。从公共支出决策主体权力配置、决策程序优化、决策方式改进、决策规则完善、决策理念转变、决策模式选择、决策监督机制和决策系统完善、以及决策机制优化路径等方面对国内外文献进行了梳理。总结了研究的主要观点，阐述了研究方法、创新和不足之处。

第一章，公共支出决策机制优化的理论基础。本章从决策与决策机制、公共支出决策机制的概念界定入手，分析了公共支出决策机制的内涵、特点和影响因素；从理论上分析了公共支出决策机制优化的内涵和途径，从资源配置效应、收入分配效应和其他社会效应等角度分析了公共支出决策机制优化对经济社会产生的影响。本章介绍了五种主要的公共支出决策理论模型：理性与有限理性决策模型、渐进决策模型、间断平衡决策模型、集团决策模型和精英决策模型。从经济学、政治学和管理学角度归纳了公共支出决策机制优化的四个基础理论：公共产品理论、公共选择理论、民主理论、系统优化理论。

第二章，中国公共支出决策机制的历史演变。本章分别从公共支出决策主体及权力配置、决策程序和方式、决策监控机制、决策信息基础和决策实施效果五个方面分析了计划经济和市场经济下我国公共支出决策机制安排。

第三章，我国公共支出决策机制的现状分析。本章归纳了我国公共支出决策机制的四个运作特征：公共支出决策受政治权力影响大，政府主导公共支出决策，没有明确的核心预算机构，预算过程与政策过程相互分离。分析了我国公共支出决策机制的弊端：支出决策权力在人大、政府领导高层、部门、部门内部等主体间配置不当；自上而下的决策程序导致公共产品和服务的提供脱离民众需求，人大常委会对预算的初审置于党委会审议后等导致人大预算权力弱化；支出决策过程缺乏民意表达与吸纳机制，决策主体的经验决策导致决策的资源配置效率无法保证，"集体讨论"与"一把手负总责"导致地方公共支出决策权责错位；人大、审计、财政和整个监督体系中存在的问题；信息工作起步晚、信息质量不高，信息透明度低，预算监督难以有效，民意收集渠道不畅通、支出决策难以反映民众需求。以浙江温岭的参与式预算和广东省的绩效预算为例，对我国地方公共支出决策机制改革探索进行解析。

第四章，国外公共支出决策机制设计实践及经验借鉴。本章从公共支出决策主体及权力配置、决策程序和方式、决策监控机制、决策信息基础和决策实施效果五个方面对美国、英国两个国家的公共支出决策机制进行了介绍。总结了发达国家公共支出决策机制设计的经验：支出决策权力的分立与制衡，支出决策的过程完整、程序规范，支出决策技术方法不断改进，立法机构有充分的组织、人才和信息保障，政府部门严格按照批准的预算执行。

第五章，我国公共支出决策机制优化的生态环境和价值取向。本章从经济、政治、文化和社会变迁角度分析了公共支出决策机制优化的生态环境；分析了公共政策价值观对公共支出决策过程、决策执行及执行结果的影响，提出我国公共支出决策机制变革的价值取向应定位为：公共性、责任性和公平性。

第六章，我国公共支出决策机制优化的对策建议。本章提出要调整公共支出决策主体权力结构、明确决策主体权力关系，如明确政府的支出决策权力边界，优化政府各部门之间的支出决策权力结构，调整各级政府间的支出决策权力结构。本章提出优化公共支出决策程序与方式，完善决策责任体系，如优化预算编制和审批周期，试编中期基础预算，探索建立预算绩效管理的制度体系，健全支出决策的监管制度和责任制度，完善专家咨询和论证制度。本章还提出要提高公共支出决策透明度，回应民众需求，如完善支出决策信息公开制度，健全公民参与决策机制。

（二）研究方法

1. 规范分析

本书关于公共支出决策机制优化的理论分析、生态环境、价值取向以及对策建议部分均采用规范分析方法，梳理并归纳了公共支出决策的五种主要模型：理性与有限理性决策模型、渐进决策模型、间断平衡决策模型、集团决策模型和精英决策模型。本书运用政治学、经济学和管理学中的民主理论、公共选择理论、公共产品理论和系统优化论，对公共支出决策和决策机制优化进行了抽象的理论思考和价值判断，对我国公共支出决策机制的优化提出了政策建议。

2. 制度比较分析

我国作为一个处于转型阶段的社会主义市场经济国家，经济社会呈多元化发展趋势，同时也推动着政治民主化进程。我国关于公共支出决策主体权力配置、决策程序和方式、决策监控机制、决策信息基础和决策实施的制度安排，在不断地渐进性调整过程中已经取得了较大程度的改进，但仍存在许多不足之处，需要进一步完善。本书采用纵向与横向的制度比较分析方法，对我国公共支出决策机制由计划经济时期向市场经济时期的演变进行了分析，对我国公共支出决策机制改革中取得的成就和仍然存在的问题进行了总结。本书亦对美国、英国的公共支出决策制度安排进行了比较，以资借鉴。

3. 案例分析

本书采用了案例分析法对我国公共支出决策机制改革探索进行了研究，选取了浙江温岭的参与式预算和广东省的绩效预算进行案例剖析。两省均是我国市场经济发展较早和较好的省份，随着市场经济的快速发展和公民权利意识的提高，民众参政议政意识逐步提高，进而要求政府公共支出决策民主化，以更好地体现民众的需求和偏好；要求政府公共支出决策执行结果要使民众满意，并以此绩效来决定未来的支出安排。案例分析是对我国公共支出决策机制设计现状分析的有益补充，解剖浙江温岭的参与式预算和广东省的绩效预算，有利于我们从支出决策民主化、科学化角度对我国公共支出决策机制现状进行客观、完整的了解。

四、主要观点、创新与不足之处

（一）主要观点

（1）公共支出决策是一个涉及经济、政治和管理多学科的问题。经济学倾向于把支出决策过程看作是一个纯粹的技术过程，认为应对支出决策方案进行详细的比较分析，并做出最优选择；政治学关注公共资源配置中的利益冲突问题，认为支出决策过程实质上是各利益主体不断谈判和相互妥协的过程，支出决策结果反映政治权力的分配；管理学则关心财政管理优化问题，认为各支出决策子系统应各司其职、互相协调，以实现公共支出决策系统的整体最优。公共支出决策机制的优化需要综合运用经济学、政治学和管理学理论，进行技术层面和政治层面的双重改进。

（2）相较于计划经济条件下的支出决策制度安排，我国公共支出决策主体权力结构得到了优化，决策程序有所规范，决策方式得到改进，决策监控机制进一步完善，决策信息基础增强，决策执行的实施效果有所提高。然而，仍然存在许多问题：支出决策权力在人大、政府领导高层、部门、部门内部等主体间配置不当；自上而下的决策程序导致公共产品和服务的提供脱离民众需求；人大常委会对预算的初审置于党委会审议后等导致人大预算权力弱化；支出决策过程缺乏民意表达与吸纳机制，决策主体的经验决策导致决策的资源配置效率无法保证，"集体讨论"与"一把手负总责"导致地方公共支出决策权责错位；人大、审计、财政和整个监督体系还需要进一步完善；信息工作起步晚、信息质量不高；信息透明度低，预算监督难以有效；民意收集渠道不畅通以及支出决策难以反映民众需求等。

(3) 美国和英国同为发达资本主义国家，但政府和议会在支出决策权力分享中处于两个极端。两国支出决策机制设计带给我国的启示是：支出决策权力的分立与制衡有利于对权力进行监督，减少决策失误和遏制腐败；完整的支出决策过程、规范的决策程序和不断改进的决策技术方法有利于支出决策的科学化、民主化；组织、人才和信息保障充分的立法机构有助于实现对支出决策的有效审查；部门和单位严格依法执行预算是提高支出决策效果的必要条件。

(4) 公共支出决策机制优化受一国经济、政治、文化和社会变迁的影响，我国公共支出决策机制优化的价值取向应定位为：公共性、责任性和公平性。

(5) 未来要明确政府的支出决策权力边界，优化政府各部门之间的支出决策权力结构，调整各级政府间的支出决策权力结构；要优化预算编制和审批周期，试编中期基础预算，稳步推进预算绩效管理体系，健全支出决策的监管制度和责任制度，完善专家咨询和论证制度；要完善支出决策信息公开制度，健全公民参与决策机制。

(二) 创新

(1) 从支出决策机制角度对政府决策机制优化进行研究。政府决策机制的优化涉及政府决策行为的许多方面，公共支出决策是政府决策的核心内容。现有文献主要针对政府决策机制优化进行了研究，关于预算决策机制的优化的文献为数不多。由于支出改革是预算管理改革的重点，本书对公共支出决策机制优化这一专题进行了较为全面、系统和深入的研究，在一定程度上起到了拓宽政策科学的学术研究领域的效果。

（2）从经济、政治和管理多学科综合的视角对我国公共支出决策机制优化进行研究。不同学科对同一问题关注的重点有所差异，作为一个涉及经济、政治和管理领域的多学科交叉问题，公共支出决策机制的优化需要进行相关学科的理论分析和论证。本书克服了以往研究视角单一的缺陷，运用民主理论、公共财政理论、公共选择理论和系统优化理论，从技术和政治两个层面对我国公共支出决策机制优化提出了政策建议。

（3）侧重对公共支出决策的"真实世界"进行描述性研究。我国财政透明度低，关于我国公共支出决策的相关研究也主要是对公共支出决策权力分配、程序设计和方法选择等进行法律文本意义上的描述性研究，人们对公共支出决策的了解还是知之甚少。本书力图使研究内容上尽可能地具体和贴近实际，在广泛梳理国内已有相关调查研究资料的基础上，利用作者参与地方预算管理改革课题调研的相关资料，对我国地方公共支出决策过程及其存在的问题进行了归纳整理和原因分析，提出优化我国公共支出决策机制的对策建议。这有助于揭开公共支出决策的"黑箱"，让人们有机会了解中国公共支出决策运作的真实环境，了解制约各决策主体选择的正式的、非正式的决策权力结构、决策程序和规则，了解支出决策参与主体真实的资金分配与管理过程。

（三）不足

（1）本研究没有回答如何监督党的权力这个问题。中国共产党是我国唯一的执政党，中国共产党领导的多党合作和政治协商制度是我国的一项基本政治制度，人大和政府都是在党的领导下开展支出决策及支出决策的审查与监督工作，人大审查和监督权力的弱化可以通过提前介入程序和其他制度的完善得到解决，政府各部门及部门内部各单位之间的权力配置也可通过调整得到优化。关键是怎么对党的权力进行约束与监督？理论上，一切权力都需要约束和制度，否则权力就会被滥用，导致贪污腐败。一直以来我国是依靠党内纪律来约束党的行为，但是无数政府高层腐败的大案要案和权力被滥用的现实告诉我们，失去监督和约束的权力必定会给经济社会带来沉重灾难。这是该领域未来值得进一步研究的问题。

（2）受数据不可获得的限制本研究无法对一些观点进行量化分析，从而使文章论证的科学性受到一定程度的影响。本书的许多观点或研究假设是建立在调研中的感性认识和相关领域的理论推理基础上，在透明度仍然较低、更细的支出数据信息不可获得的现实情况下，无法对这些观点或研究假设进行经验论证。如政策过程与预算过程相互分离，是我国公共支出决策领域一个重要的现状特征，两者分离的后果是支出膨胀或失控，因此本书提出要建立中期基础预算框架，对预算过程和政策过程进行整合，从而对支出规模总量进行控制。由于缺乏部门层面政策过程与预算过程分离的具体数据和相关资料，无法对两者分离对支出规模扩张的具体影响进行测量分析，从而降低了本书在此方面研究的科学性。这个问题是所有规范分析都面临的普遍问题，只有通过不断积累数据资料和提高信息透明度才能逐步解决。

第一章
公共支出决策机制优化的理论基础

第一节 公共支出决策机制优化的界定

一、决策与决策机制

（一）决策

决策，在汉语中有"决定计策或办法"之义。如，《韩非子·孤愤》中有"智者决策於愚人，贤士程行於不肖，则贤智之士羞而人主之论悖矣。"也可作"决定的计策或办法"。如，鄢国培《巴山月》第十一章："以退为攻是最高当局的战略决策。"（罗竹风，2009）在英语中，决策即"Decision - making"，是指做出决定的过程，尤指大型机构或政府的决策过程（柯林斯，2011）。从政治的角度来看，决策是选择一个可供贯彻实行的方案的过程，是由决策者组成的决策机构通过分析信息、确定目标，提出各种方案并对方案进行评价，得出一个结论以对一个确定的问题或一系列问题做出反应。决策程序、问题的性质、外部环境（如公众舆论、压力集团和宣传媒介等）、决策机构的内部动力（如不同利益和力量的个人之间进行讨价还价）和决策主体的特征（如决策参与者数量，决策者的威望、责任感、价值观念和专长）等因素都会对决策产生重要影响（戴维·米勒等，1992）。而在管理学大师赫伯特·西蒙看来，决策是管理的中心，广义上的决策几乎与管理同义；决策过程一般包括四个主要阶段：信息收集、方案设计、方案选择与决策评价；根据决策是否可由一套例行程序来处理，决策可分为程序化决策与非程序化决策（赫伯特·西蒙，1982）。

（二）决策机制

1. 定义

机制，英文"mechanism"，根据《牛津字典》中的解释，机制是指机械装置或机体的结构和共同作用；《新华字典》中的解释，机制原意指机器的构造和运作原理，后用来指有机体各部分的构造、功能、特性及其相互联系和相互作用等，现在更是泛指各事物间较为稳定的联系和作用。"机制"概念较早被用于物理学、生物学和医学中，后来为决策科学引入，用来分析决策系统的结构和内在运行原理（钱玉英，2010）。

决策机制指决策主体在其权力范围内按照一定的决策程序进行决策的制度安排。与决策结构强调决策权力的静态关系不一样，决策机制强调决策权力的动态运行（周光辉，2011）。健全的决策机制是有效决策的前提，而衡量决策机制优劣的标准是看这种制度安排是否与决策的运行规律相符。决策机制的完善需要决策中枢系统、决策咨询系统、决策信息系统、决策执行系统和决策监督系统的有效运行与协调配合。

2. 主要内容

决策机制包括决策主体、决策权力划分、决策程序和决策方式等内容，其中各决策主体权力的分配与行使是决策机制的核心。决策主体是指参与者决策机构的行为主体，可以是个人、组织和机构等。决策权力划分是指决策权力在各决策主体间的分配。一般来说，决策主体的决策行为由自身利益推动，由拥有的权力保证，由赋予的责任约束，因此，为保证决策的有效性，必须在决策主体间建立起责权利一致的关系。决策程序是指决策主体提出问题、分析问题与解决问题的决策流程。因不同决策主体的性质、职能的不同，决策程序会有所差异，但科学化和民主化的决策一般遵循以下程序：掌握信息、确定目标、设计预案、预案评估与优选、决策实施与反馈（俞可平，2010）。决策方式是指决策主体行使决策权力的方法和形式。从领导者与下属分享决策权的角度来看，决策方式可分为三类五种形式：权利主义方式（A1 和 A2）、协商方式（C1 和 C2）、团体决策（G）（Vroom，1973）①。五种方式的决策时间成本依次增加，但决策质量和执行程度依次提高。

3. 类型

按照决策权力在决策主体间的分布，决策机制可分为分散型决策机制和层级式决策机制。分散型决策机制是指以决策个体间具有互相独立、互不重叠的决策权为特征的决策机制，是一种个人决策模式。决策机构设置呈扁平状，具有信息收集直接、信息反馈及时、问题处理迅速等优点。在这种拥有独立决策权的分散型决策体制下，个体决策动力强，决策个体可充分

---

① 权利主义方式（A1）：领导者运用手头现有资料，自行解决问题，作出决策。权利主义方式（A2）：领导者向下级取得必要的资料，然后自行决定解决问题的方法。向下级索要资料时，可以说明情况，也可以不说明。在决策过程中，下级只向领导提供必要的资料，而不提供或评价解决问题的方案。协商方式（C1）：以个别接触的方式，向有关下属了解问题，听取他们的意见和建议，然后由领导做出决策。决策可以反映下属意见，也可以不反映。协商方式（C2）：向下属集体了解问题，听取集体的意见和建议，然后由领导作出决策，决策方案可以反映下属意见，也可以不反映。团体决策（G）：向下属集体了解问题，并且下属与领导者共同提出和评价可供选择的决策方案，努力就决策方案的选择取得一致。讨论过程中领导者仅作为组织者而不用自己的思想去影响群体，并愿意接受和落实任何一个集体支持的方案。

表达自己的诉求以实现自身效益最大化。缺点是决策结果的有效性会受到个体能力的限制，决策者数量增加也会加大交易费用，有时决策成本甚至会高到无法达到一致意见。层级式决策机制是指以辖区内决策权层级分布和层级行使为特征的决策机制，是一种集体决策模式。在层级式决策机制下，集体组织内部的分工与协调使决策达成一致的交易费用大大降低，从而正好可以弥补分散型决策机制决策成本过高的不足。但是，在层级式决策机制下，信息需要由下往上进行纵向传输和整理，容易出现信息失真，从而导致最高决策者决策失误；决策做出后要自上而下执行，政策意图有可能被歪曲，从而使决策执行不力。由于两种决策机制各有优缺点，分别只能适应在特定情形下的决策，理论上，较好的决策机制应该是能充分发挥分散型和层级式两种决策机制的优点。本书认为，以分散决策机制为基础的层级决策型机制是较好的选择，因为它不但保留了分散决策机制在信息收集和决策动力来源等方面的优点，而且还具有层级决策机制的交易费用低的优势。事实上，当代各国政治决策机制的实践正呈现出两种机制相互融合的趋势。

二、公共支出决策机制

（一）内涵

1. 定义

公共支出决策机制是指公共支出各决策主体，为规范各自拥有的决策权力、提高决策质量、实现公共利益目标，在各种相互联系和相互作用的决策过程中，形成的关于公共支出决策权力分配、决策运作程序、决策规则和决策方式等一系列制度安排的总和。公共支出决策机制反映了公共支出决策系统的内在结构和运行机理。从公共支出决策系统的内在结构来看，公共支出决策机制涉及支出决策主体及其权力的配置，从而在决策过程中发挥不同的作用；从公共支出决策系统的运行机理来看，公共支出决策机制涉及支出决策的敲定及决策执行过程中各主体间相互作用的发展状况和变化趋势，确保支出决策正确，确定决策实施过程中各监督管理机构间相互作用的过程与方式（钱玉英，2010）。

2. 构成

公共支出决策机制包括决策主体及其权力的配置和行使方式、决策程序设计等内容。理论上，公共支出决策主体包括与公共资金的筹集、分配、使用与监督管理等各环节相关的一切个体或组织，如民众、财政部门、支出单位及主管部门、政府及行政首脑、政党和立法机构等。公共支出决策主体的多元化决定了决策权力的分配必须采取一定的分权形式，不同公共支出决策主体拥有各自的支出决策权力，这就是公共支出决策权力结构。公共支出决策权力结构在各国有很大不同，短期内，一国的公共支出决策权力结构一般是相对稳定的，但是各公共支出决策主体间的权力配置会因经济社会的发展变化而产生自下而上的诱致性变迁，少数情形下也会由于政治变革因素而带来自上而下的强制性变迁。

公共支出决策方式是公共支出决策主体行使决策权的方法和形式。公共支出决策方式会对决策过程中各决策主体所使用的信息和知识、判断准则、决策时间成本和决策执行成本产生重要影响（周毕文，2002）。公共支出决策技术方法可分为定性决策、定量决策和决策模拟三类。定性决策方法是根据决策主体的经验、知识，综合运用逻辑、理论思维，通过对公共支出目标价值、方案的成本收益等进行分析、判断，进行决策的一类技术方法。现代定性决策方法的核心是专家技术或智囊技术。定性决策方法方便灵活，适用于战略性决策和非规范化决策，有利于调动专家的智慧和积极性，但定性决策只是对公共支出质的分析，且受专家个体特征因素的影响较大。定量决策是根据调查研究、资料收集以及预测所获得的支出信息情报，运用运筹学、系统工程理论，建立公共支出决策分析的数学模型；然后借助电子计算机来求得支出决策的方案及各种预期目的的方法、技术。定量决策可以对支出决策问题进行全面精确的分析，但要求提供充分的量化信息且决策过程深奥难懂。决策模拟是定量与定性决策相结合的分析方法，如模拟决策过程，或把专家们的知识经验，通过编程存入计算机，再编制模拟专家解决问题的思维过程的程序来搜索解决问题的方案，为支出决策者决策提供论证依据（许文惠，1997）。而公共支出决策形式可分为专制型、精英型、民主型三种。专制型决策形式决策权力由居于公共资源控制中心的领导者个人（如政府首脑）行使，容易导致公共支出决策失误风险增加；民主型决策形式由广大民众（如纳税人）自己行使公共支出决策权力，有助于提高支出决策满意度，降低决策执行成本，但决策信息成本和形成统一意见的抉择成本也会大大增加。一个可行的选择是在民意调查基础上采取精英决策方式。因为在民众偏好和利益诉求多元化的现实情况下，由财经等领域专业人士组成的精英们代表民众决策，可以获得最低限度反映民众公共需求的选择方案，而民意调查则是一项成本低廉、可经常进行、可高效实施且具有较强针对性的公共偏好信息收集工具。然而，精英决策有效的前提是精英们能自始至终全面、持续和忠实地反映民众意见，现实中做到这点似乎比较困难（袁岳，2005）。因此依赖精英代表民众进行决策的方式更多地是反映了一种专业模式化观察视角，只能是决策方式的局部改进。

公共支出决策程序对决策结果的影响是决定性的。一般来说，公共支出决策过程决定决策结果；只要决策程序是公正的，决策结果就是合理的。在现代公共预算体系下，公共支出决策结果合理的标准已由过去的财政责任发展转变为有效率地配置资源以实现社会希望实现的绩效目标（普列姆昌德，

1999）。可见，设计一套合理的公共支出决策程序至关重要。

公共支出的主体决策权力配置、决策方式和决策程序对公共支出决策结果都有重要影响；而且，三者之间也是相互联系的。一方面，公共支出决策权力的重新配置会影响决策程序和决策方式。公共支出权力的重构会改变公共支出决策主体间的权力关系，改变公共支出决策信息流动方向，影响公共支出决策过程，同时公共支出权力的重构还通过为公共支出决策主体提供一个基本行动框架，从而对公共支出决策行为产生重要影响（马骏，2007）。另一方面，公共支出决策程序也会影响决策方式。如自上而下的支出决策程序下部门编制预算时不得不以贯彻政府首脑的政策意图为主，而自下而上的支出决策程序下部门就可更多地考虑自己部门的利益。又如，相对于传统预算，绩效预算、项目—规划预算、零基预算和新绩效预算的引入可以通过调整支出决策程序，对各主体支出决策方式产生积极影响（马骏，2007）。因此，不管是公共支出决策权力的重新配置，还是公共支出决策程序的优化设计，都会通过影响公共支出决策主体行使决策权力的方式，对决策结果产生重要影响。然而，几十年来的预算改革表明，虽然公共支出决策方式改革是最关键的，但也是最困难的（凯特尔，1992）。

（二）特点

1. 多元的支出决策主体

由于产权明晰，私人的消费和投资支出的决策主体也就比较单一。而公共支出领域，决策主体却是多元的。因为无数的私人个体为获取政府提供的公共产品和服务，让渡出部分资源由政府支配和使用。在个体的偏好与需求存在较大的差异，且不同的公共产品和服务由不同的政府部门提供的情况下，公共支出决策就不再是某个领导人或某个部门的事情，而是由众多行动者就其相互冲突的动机和目标达成一致意见或者妥协的过程。公共支出决策主体多元化，既是民主政治在公共产品提供领域发展的体现，也是现代社会专业分工的要求。民主政治要求由各支出利益相关者直接或间接地决定应该提供哪些公共产品、提供多少。公共产品的多样性和复杂性也要求多元化主体参与公共支出决策，提出意见与建议，有利于增强公共支出决策的科学性。公共支出决策主体主要有：立法机构、政治家或政府行政首脑、预算机构和官员、政府职能部门、利益集团和公民等。他们对公共支出决策的影响如下：

（1）立法机构对其的影响。立法机构是公共支出决策过程中最重要的参与主体之一，立法机构在公共支出决策方面拥有审批权、监督和控制权，而这一般是由一国宪法或其他法律所赋予的。在国外，立法机构大多是议会（如美国议会分为参议院和众议院；英国分为上议院和下议院）；在中国，立法机构是人民代表大会。议会成员举手投票通过公共支出项目议案，为公共支出立法。然而，议员们立法动机并不一致，为了再次当选，议员们不得不为各自所代表的选民或选区争取更多的支出项目，进一步通过与其他议员以"互投赞成票"的方式来提高其支出项目获得通过的概率。这增加了公共支出扩张的压力。

（2）政治家或政府行政首脑对其的影响。政治家或政府行政首脑在公共支出决策过程中发挥着重要作用，他们通常是政府预算的提交者，期望通过预算来实现自己的执政纲领，预算中公共支出规模和结构安排是贯彻他们执政理念的结果。在现代国家，一般政府都有几级，因而政治家或行政首脑可以是总统（总理），也可以是州长（省/市长）、县（区）长等。为了实现自己的政治抱负，政治家或政府行政首脑一般都倾向于扩大自己的公共支出决策权力，但这并不意味着必定导致公共支出规模扩张，因为他们中只有部分持扩张理念的，那些持节俭理念的政府负责人会支持立法机构削减支出预算。

(3) 预算机构和官员对其的影响。预算机构和官员是指政府部门中专门进行预算编制、管理和监督的机构和人员，被看成是支出的"削减者"和"财政的看守者"，在公共支出控制方面发挥重要作用。在美国联邦一级政府有总统管理与预算办公室（OMB），在中国中央和各级地方政府有财政部、财政厅和财政局等。预算机构和官员被赋予审查各部门的支出申请、协调资金分配、预算编制和支出决策执行的监督管理等职责。随着经济社会发展和政府职能扩大，预算机构的职能也由过去的控制取向逐步转变为政策取向，预算机构的官员不再是核减部门支出申请，而是鼓励支出部门在其支出项目间进行权衡，在政策过程中发挥着越来越大的作用（马骏，2005）。

(4) 政府职能部门对其的影响。政府职能部门是公共服务的提供者，是预算的最初提出机构和执行机构，在支出决策过程中扮演支出申请者和申请辩护者的角色。在公共选择理论中，政府职能部门也称为官僚。分析政府职能部门及其官员的行为在公共支出决策中的作用，必须要特别关注官僚的动机和目标。官僚与其他所有人一样，是效用最大化者。在官僚的效用函数中，官僚的薪金、职员人数、权力或地位、办公条件和公费活动等都是增加其效用的因素，追求效用最大化的官僚必定也会预算最大化者（郭庆旺等，1999），因此官僚有扩张公共支出规模的冲动。由于信息不对称，拨款单位（隶属于立法机构）并不清楚真实的公共服务提供成本信息，官僚扩张公共支出规模的冲动也往往会成为现实。然而，现实中有时官僚动机并不是预算最大化，而是服务于某项公共利益，或者完成某项公共职责（杰克逊，1982）。

(5) 利益集团对其的影响。利益集团是基于某种共同利益而组成的社会团体，利益集团通过竞选捐助和游说等活动影响立法，从而对公共支出决策产生重要影响。利益集团通常被认为是公共支出增长的助推者，因为它们会代表其集团所属成员努力争取更多的支出项目和经济利益，公共支出的决策主体很难削减一个强大利益集团支持的项目预算。然而，不能先验地认为利益集团必定扩张公共支出规模，因为利益集团之间的目标更多的时候是相互冲突的，一些利益集团支持更多的政府支出项目（如汽车和卡车司机想要更多的公路开支），而其他利益集团赞成更低的支出（如环保团体反对高速公路建设）；利益集团对公共支出规模的影响是一个实证的问题（缪勒，2010）。

（6）公民对其的影响。公民较少直接参加公共支出决策，对公共支出决策的影响是间接的，一般通过向其选举的代表和利益集团写信、打电话，或者通过参与民意测验，表达他们的需求偏好，对公共支出决策结构的决定产生间接影响；同时向政府和立法机构传递税收可接受性感受的信息，对公共支出预算形成约束（王海，2010）。

2. 专门的公共支出决策机构

由于公共支出决策的复杂性，使得当代预算决策往往是由一系列相互独立地行使各自功能，但又相互协调配合的决策机构共同完成。从决策的功能过程来看，决策过程中的利益表达与整合、政策制定与执行等均由专门机构承担；从决策的技术过程来看，决策过程中的信息收集、制定可行方案、选择方案、对执行结果的评估与反馈等也由专门机构完成。功能完备、结构合理的决策机构有助于实现公共支出决策的科学化、民主化。它一般由以下几个部分组成：

（1）决策中枢系统。决策中枢系统是公共支出决策组织机构的核心与灵魂，支出决策信息系统和咨询系统都是在中枢系统的领导下运行并为之服务。支出决策中枢系统拥有最高的公共支出决策权力，负有全面的支出决策责任。其主要任务有：提出公共支出决策问题，确立决策目标；确定支出方案选择的价值标准和选择方法，进行支出决策；负责监督决策实施，根据执行情况的信息反馈完善决策等。在我国公共支出决策中枢系统包括党委、人大和政府三个支出决策系统，具体来说，政府支出预算编制要体现党的政策意图，人大则是使这种支出安排合法化。西方国家各政党的决策权由其议会的议员、总统所代表和行使，议会和总统构成其支出决策的中枢系统。

（2）决策咨询系统。决策咨询系统是公共支出决策中枢系统的思想库和智囊团，主要负责：协助核心决策者发现问题，确定公共支出决策目标；通过定性定量分析和可靠性论证，为公共支出决策者提供解决问题的方案、途径和方法；根据执行中实际情况的变化协助决策者设计和调整决策实施办法。由于公共支出决策涉及学科门类多，决策者个人的知识、经验和能力有限，且决策一旦失误后果十分严重，公共支出决策离不开咨询（许文惠等，1997）。咨询机构的独立性、咨询人员的专业性等使得咨询机构的分析可靠性强，有助于提高决策质量。英国最早成立的枢密院、美国的思想库（专家顾问委员会）、日本的脑库，我国财政部科研所、国家社科院财贸所、国务院发展研究中心、全国财政学会等都是公共支出决策咨询系统。

（3）决策信息系统。信息是人们为认识和改造世界的需要而获得的有关事物的特征及运动状态的表述，文件、报表、档案等是信息的载体。公共支出决策信息是公共支出决策的基础，是决策思维的原料，信息质量的高低决定决策的可靠性、可行性，信息越多、越全、越准、越及时，公共支出决策的广度、深度就越大。公共支出决策过程实际上就是公共支出决策信息的收集、处理、传递、变换的过程，优化的公共支出决策目标有赖于高质量的公共支出决策信息的收集，科学的决策方案的形成和抉择倚重于科学的信息处理，顺利的决策实施取决于反馈信息及其有效利用。公共支出决策信息系统是指由专职人员、设备及有关工作程序组成的专门从事与公共支出决策有关的信息的收集、加工、传递、贮存工作的综合机构，包括信息网络系统和信息收集加工机构等，如我国的"金财"工程、财政部信息网络中心、统计局等。现代社会信息丰富，需要成立专门的信息系统，形成网络，来收集大量的信息；现代社会信息爆炸，需要专门的机构、设备和人员对原始信息进行科学处理，才能向公共支出决策者提供高质量的信息；现代社会信息处理技术有了质的飞跃，信息处理技术设备需要专门的组织和人员来操作、管理。公共支出决策信息系统根据公共支出决策主体的决策信息需求，收集、整理、加工和贮存相关信息，并将决策信息分送和反馈给公共支出决策中枢系统。及时获取、尽快处理和充分利用信息，是现代经济社会发展对公共支出决策的客观要求，也是信息系统的重要责任。

（4）决策监督系统。公共支出决策监督是指对公共支出决策主体的决策行为和决策内容进行监督，包括公共支出决策主体是否具有法定资格、是否依法行使决策权，公共支出决策活动是否遵循科学的决策程序及进行可行性论证，决策执行有无偏离决策目标，决策内容是否切合实际、符合民意和法律法规要求等内容。决策监督是公共支出决策科学化和民主化的保障。因为：一是公共支出决策作为一种政治权力，必须受到监督，否则容易造成决策权的滥用和私利化，我国秦汉以后建立的行政监察御史系统就是一种体制内的自我监察机构。建立有充分权力的监督机构，以权力制约权力，是防止公共支出决策权力异化的重要手段。二是公共支出决策具有多目标、多层次、多影响因素的特点，决策面临的经济社会环境也在不断发生变化，只有对做出决策的过程进行监控，才能使公共资金的分配和使用符合民众的公共需求；只有对决策执行过程进行监控和信息反馈，才能矫正不符合民众需求的公共支出目标，矫正公共支出政策执行过程对既定支出目标的偏离。三是公共支出决策主体的某些违法失职行为，如违背规定程序的私自定调子、批条子、立项目等，必须通过决策监控才能发现问题，纠正失误，给予制裁。公共支出决策监督系统是依法建立的，享有公共支出决策审批权和监督权，对公共支出决策者的决策行为、决策内容和决策实施中遵守法制情况进行监督的机构。一般来说公共支出决策监督分为外部监督和内部监督两种形式，前者如立法和司法机构对政府、上级政府对下级政府公共支出决策行为的监督，后者如财政部门内部监督机构对预算编制、执行机构的监督。在中国各级党委和纪委发挥着重要的监督作用，新闻媒体和人民群众也是公共支出决策监督不可或缺的重要力量。

（5）决策执行系统。公共支出决策执行是指将决策中枢系统所做出的公共支出决策指令付诸实施，从而实现公共支出决策目标的行为。公共支出决策的目的是为了向社会提供符合需要的公共产品和服务，支出决策的制定仅仅是决定向社会提供何种、多少公共产品和服务，至于这种决定是否正确，各支出部门和单位又能否有效实现政策目标，都需要公共支出决策的执行过程来实现。公共支出决策执行过程和结果的信息反馈也为后续的公共支出决策提供了重要依据。即便公共支出决策是正确的，决策目标的最终实现也取决于公共支出决策的执行情况和结果。因此，公共支出决策机制的优化也理应包含公共支出决策执行效果提高之意。预算是各国公共支出决策形成的最终结果，是一个国家的年度财政收支计划，具有事先性和法定性的特点。由于经济社会的发展变化给预算执行过程带来了不确定性，这就需要：一方面，确立一定的标准对公共支出决策执行进行控制，以确保各部门单位在执行预算过程中不偏离支出目标，降低公共资源浪费和减少支出腐败等；另一方面，根据客观环境和条件的变化适当调整和修正公共支出决策方案。因此，在执行控制与适当调整之间实现预算平衡的努力成了现代公共预算管理的难点和重心。不过，从世界各国的实践来看，公共支出决策执行的结果更多地呈现出支出膨胀的趋势。

3. 法制下的公共支出决策规则

从政治的角度看，决策既受利益的约束，也受决策规则的制约。公共支出决策规则是关于制定公共支出决策规则的规则，即公共支出决策权在各决策主体间的分配，它决定着不同层级的支出决策主体或同一层级的不同支出决策主体在决策过程中的基本权限及其限制。将公共支出决策规则用法律的形式固定下来，可以对各主体在支出决策过程中拥有何种权力、怎样使用权力进行明确界定，有助于形成一个有序的政治竞争环境；可以对决策主体进行决策管理的范围和职权进行明确规定，防止越权行为的出现；可以对不同决策主体间有冲突的决策行为进行协调。

在公共支出决策规则体系中，有四个方面的规则是决定性的：支出决策权在中央与地方之间的分配、在不同政府部门之间的分配，支出决策权的行使方式和对支出决策权的限制（许文惠等，1997）。在单一制国家，全国只有一个宪法，中央的支出决策权力居于主导性地位，地方受中央的统一领导，地方的公共支出决策权力由中央的法律文件规定或改变。在联邦制国家，联邦和地方各有自己的宪法，联邦和地方的公共支出决策权力分别由各自的宪法所规定，联邦无权任意改变地方所拥有的支出决策权力。对同层级政府来说，公共支出决策权力也可能分散在不同部门手中。在许多国家，财政部门拥有公共支出决策的核心权力，但财政部门的支出决策往往是根据政府行政首脑的执政需要来制定的，且立法机构有时会通过立法（如社保法、教育法等）方式使支出自动安排[①]。我国则明确

[①] 加拿大每年中央预算支出中有约70%的法定支出，不需要通过当年的预算审议程序，如对公民的养老金支出、对省的转移支出、公务员工资和债务利息支出，这些支出因明确的支付标准或事先确定而不由政府所控制（王椿元、杨心葵，2008）。

赋予计委在基本建设支出、经贸委（国家经济贸易委员会）在国有企业技术改造基金、科委（国家科学技术委员会）在科技三项资金方面拥有财政资金的分配权。从公共支出决策权力的行使来看，有首长制和委员会制两种类型。首长制下政府行政首脑居于公共支出决策的主导地位，而委员会制下公共支出决策由多数委员组成的委员会共同做出。委员会制在决策时间及人力花费上比首长制大，但能集思广益，可防止首长制下的独断专行。我国过去实行委员会制，《中华人民共和国宪法》（1982年）重新规定决策权的行使实行行政首长负责制，但行政首脑在做出决定前要召开常务会议听取意见，因此，我国的首长制是一种领导个人负责与民主协商、个人负责与集体领导相结合的制度，既保证了行政首长的个人责任，又防止了领导的专权和独断。

4. 规范的公共支出决策程序

程序是事物运动、变化和发展的顺序、方法和步骤所组成的一个连续过程。决策程序一般包含三个必然的活动过程：发现问题、制定解决问题的各种方案、选择和检验方案。决策者要做出科学、正确的决策，必须遵从决策活动的客观规律——决策程序，决策者按照决策程序进行决策并不能保证决策一定正确，但遵从决策程序是决策正确的必要条件。公共支出决策程序即决策主体依职权在公共支出决策过程中所遵循的步骤，包括如下几个环节：提出公共支出决策问题、确定支出决策目标、收集相关信息资料、拟订各种支出分配方案、评估各种支出方案、选择最优支出方案、执行决策的支出方案、对支出方案执行结果进行追踪反馈。公共支出决策程序既指公共支出决策时要按照客观规律依次在各环节之间有序进行，同时也指每个决策环节要按照一定的程序进行，如调查程序、决策方案拟定程序、可行性论证程序、听证程序、咨询和协调程序、审议和审批程序、公布程序和备案等。在不同类别的公共支出决策过程中，公共支出决策程序的具体内容和形式有些差异，如经常性公共支出与项目性支出，但不管哪种形式的公共支出决策，都应遵循事先明确规定的决策程序。公共支出决策程序规范化就是要将公共支出决策程序纳入法制化和制度化轨道，公共支出决策程序合法、适当是决策结果科学合理的必要条件，程序审查也是司法机关对公共支出决策行为进行审查的重要内容。我国宪法规定了在公共支出决策领域必须遵循民主集中制的决策运行程序，要求在公共支出决策做出前广泛听取并正确集中大家的意见，防止独断专行。可见，公共支出决策程序的规范化有助于公共支出决策的民主化和科学化。

（三）影响因素

1. 社会生产方式

经济基础决定上层建筑，不同的社会生产方式对公共支出决策机制的选择产生重要影响。在奴隶社会和封建社会，与自给自足的小农经济相适应的是分散的个体生产方式，在"鸡犬之声相闻，老死不相往来"和"国"与"家"不分的农业社会时代，人们之间几乎是隔绝的，决策权力向上高度集中于统治阶级，一切公共事务决策都由上层统治阶级做出，并自上而下地执行；政府权力很少受到限制，导致行政权力支配社会。因此，小农经济生产方式下形成了专制型公共支出决策机制。随着经济社会由农业社会向工业社会转变，与商品经济相适应的是社会化大生产方式。在工业化及后工业化时代，市场经济的发展和完善需要劳动力和资本等生产要素充分流动，这就要求政府向市场分权。市场经济下公民社会的兴起形成了各种利益诉求团体，催生了民主政治。社会化大生产条件下，公共支出决策主体是多元的，民众既可选择自己参与公共事务决策，也可聘请代表进行决策；各决策主体权力一般较为分散、独立和相互制衡，决策往往采用自下而上的方式进行。因此，市场经济社会化大生产方式下形成了民主型或精英型公共支出决策机制。

2. 国家的基本政治制度

国家的政治制度是公共权力的组织体系，最主要的国家制度是国体、政体和国家结构形式。国体是国家的阶级性质，用以说明哪个阶级掌握政权；国体决定了公共支出决策权力掌握在居统治地位的阶级手中。国家结构形式有单一制和复合制两种，从公共支出决策权力的政府层级分布来看，单一制国家公共支出决策权力中央大于地方，地方公共支出决策部分由中央政府决定；而复合制国家（包括联邦制国家和邦联制国家）的地方拥有较完全的支出决策自主权，联邦（或邦联）政府只对本级政府公共支出进行决策。

政体是国家政权的组织形式。根据国家最高权力机关产生的方法和任期限制，政体一般可分为君主制和共和制两类。君主制是由君主执掌国家最高权力，君主通常是世袭产生，且无任期限制的政权组织形式。君主制又可分为专制君主制和立宪君主制两种形式。专制君主制的特征是国家最高权力完全属于君主，所有臣民必须绝对服从君主的意志，君主的权力不受其他人（或机关）限制和监督，君主对国家的专制统治依靠忠于君主的军队和官僚机构，封建社会时期基本上实行专制君主制。立宪君主制以君主为国家元首，但君主的权力在一定程度上受宪法的限制，根据君主权力受限制程度的差异，可以将立宪君主制分为二元君主制和议会君主制两种。二元君主制中存在君主和议会两个权力中心，君主仍掌握政府任命权、解散议会权和钦定宪法权，但其权力受议会和宪法的限制；议会君主制中议会是国家权力中心，政府由议会产生并对议会负责，君主受宪法和议会的限制，有虚名而无实权，如英国和日本。

在人类政治史上，共和作为一种政体，是作为君主政体的对立物而产生的。理想的共和政体遵循以下三项原则：公、共、和。"公"即公平、公正的政体,公的制度体现为限任制、中立国家和权力的分权制衡、法律面前人人平等;"共"即统治权由社会所有成员共同分享,共的制度体现为官的限任制、定期选举、自由秘密投票制度;"和"即和平的方式参与和处理政治事务和政治纠纷,体现为信仰自由、言论自由、结社自由等(刘军宁,1998)。共和制是国家最高权力机关和国家元首由选举产生,并有任期限制的政权组织形式。共和制主要有议会制和总统制两种政体。议会共和制中议会是最高权力机关,政府由在议会拥有多数议席的政党(或政党联盟)组成,并对议会负责。当议会对政府的施政方针不支持,通过不信任案时,政府就要辞职,或者解散议会,重新大选选出新议会,新议会仍然通过不信任案时,政府必须辞职。实行这种政体的国家如意大利、奥地利和印度等。总统共和制中总统和议会按不同职能分别享有国家最高权力。政府由总统组织并向总统负责,而不直接向议会负责,总统由普选产生,总统既是国家元首又是政府首脑,握有行政实权。总统与议会之间的权力相互制约,总统有义务向议会报告工作,可以对议会的法案行使否决权,但无权解散议会,如美国。此外,还有一种委员会制的共和制形式,如瑞士,在委员会制中国家最高行政权由委员会集体行使,委员会制政体由联邦议会和联邦委员会组成,委员从议会中选举产生,委员地位平等,集体行使行政权,议会有立法权,委员会执行议会的决议,但无权否决议会决议案和解散议会,议会也无权使委员会辞职(俞可平,2010)。

在社会主义国家,政权组织形式一般是民主共和制。民主共和制所要建立的是个多数人统治的、具有"公立、公平、公共"权力的国家(刘军宁,1998)。具有典型意义的民主共和制形式有巴黎公社制、苏维埃制和人民代表大会制。巴黎公社制是工人阶级政权组织的早期形态,是不成熟的社会主义国家政权形式。在巴黎公社制中,公社委员会由普选产生,对选民负责，受选民监督，随时可以撤换；公社委员会实行"议行合一"的原则，统一行使立法权和行政权；公社废除旧国家的常备军、警察和宪兵，代之以武装的人民；公社建立人民公仆制度，废除旧国家的官僚特权制和高薪制。苏维埃制是第一个社会主义国家苏联的政权组织形式，是对巴黎公社原则的继承和发展。在苏维埃制中，苏联最高苏维埃（俄文音译，意为代表会议）是最高国家权力机关，又是最高立法机关，其他一切国家机关由它产生并向它负责，苏维埃代表由人民选举，对选民负责，并且可以随时撤换；苏维埃政权由无产阶级政党领导，党通过苏维埃的组织形式实现无产阶级和劳动人民当家作主；苏维埃政权建立人民的武装部队，废除旧的常备军。人民代表大会制度是我国的政权组织形式，在人民代表大会制中，全国人民代表大会是国家最高权力机关，国家的行政机关、司法机关都由人民代表大会产生，并受它监督，对它负责，人民代表大会的代表由人民选举产生，向选民负责，受选民监督，与选民保持密切的联系，选民有权罢免不称职的人民代表，人民代表大会实行民主集中制的组织原则，把民主基础上的集中和集中指导下的民主结合在一起，保证人民当家作主，保证各级人民政府能在民主的基础上集中有效地处理国家事务（俞可平，2010）。

在各种不同类型的君主制中，君主与议会的相对权力大小决定了公共支出决策权力的分布结构，以及支出决策程序和方式。专制君主制中封建君主握有绝对权力，"国"与"家"不分的封建国家支出决策权力集中在最高统治者皇帝手中，支出决策程序自上而下进行；二元君主制中君主的权力受议会的限制，君主的家计开支不能任意扩大，征税权受议会限制；议会君主制中君主实行薪俸制，议会拥有绝对的权力，君主支出和政府的一切开支须得到议会的批准。相对于专制君主制，立宪君主制的支出决策权力要分散些，支出决策也不再是简单地自上而下执行。在各种不同类型的共和制中，总统与议会的相对权力大小成为决定支出决策权力构成、决策程序的重要影响因素。与议会制相比，总统制中总统由民选产生，总统及其组阁的政府拥有较大的公共支出决策权力，当然这种权力也受到议会制衡；议会制中政府由议会中占多数议席的政党组阁而成，且向议会负责，政府的支出决策权力大大削弱，议会行使最高支出决策权力；委员会制中支出决策由委员会集体做出，议会对支出议案进行立法，委员会执行议会的支出决议。而社会主义的民主共和制中，行政及其他机关对最高权力机关负责，公共支出最终决策权在最高权力机关的手中，最高权力机关代表由人民选举产生，代表人民行使支出决策权力，公共支出决策权力以在民主基础上集中的方式实现，公共支出决策充分尊重民意。

3. 决策主体的素质

决策主体可以是个人，也可以是决策组织或机构，决策组织或机构是由多个人组成的决策集体。人是决策系统的核心要素，是诸多公共支出决策影响因素中最积极、最活跃、最能动的一个因素。决策者的素质是指决策者在先天禀赋基础上，通过后天的学习和实践锻炼而获得的品德、知识、才能、心理等要素在限定时间内的状况（许文惠等，1997）。决策者在政治思想、知识、能力、气质和性格等方面的素质，会对公共支出决策结果产生重要影响。公共支出决策既涉及公共资源如何配置更有效率的经济问题，涉及公共资源如何配置更能促进公平的社会问题，也涉及资源如何在不同个人和群体中进行分配的政治问题。决策者持有怎样的政治立场和观点，是否具有较高的政治鉴别能力和政治敏感性，直接关系到其所代表的阶层的社会利益和社会价值能否较好地实现。渊博的科学文化知识和丰富的社会生活实践经验，是决策者驾驭全局、运筹帷幄、进行科学决策的前提。能力是知识的运用，决策者的组织协调能力、对新事物的认知能力和公共支出决策能力等是有效决策的必要条件。气质是个人固有的一种典型而稳定的心理特征，不同气质的人对问题的判断和处理方式不同；性格是个人的典型性行为方式，气质和性格对决策者把握决策机会、选择决策方式和方法等有重要影响。

当决策主体是一个组织或机构时，决策主体的素质高低由决策集体的智能结构所决定。现代国家公共支出决策主体是多元化的，立法机关、政府、财政部门、其他职能部门、利益集团、政党、研究机构和大众传媒等都直接或间接地参与公共支出决策活动，尽管各主体在决策权力和决策影响力方面存在较大差异。决策集体要发挥其整体功能，需要把不同智能优势的人有机地、合理地组合成一个科学的群体智能结构，让各决策个体扬长避短、相得益彰，决策集体内部目标一致、和衷共济，产生思维共振，才能充分发挥集体智慧，提高决策效率。科学的群体智能结构有助于形成民主集中制的公共支出决策方式，有助于公共支出决策过程的民主化和科学化；而合理的知识结构、经验结构、能力结构和个性结构是公共支出决策集团智能结构优化的必然要求（许文惠等，1997）。

4. 政治文化

政治文化是指一个民族特定时期流行的一套政治态度、信仰和感情，政治文化由政治理想、政治道德、政治价值观和政治意识等组成（阿尔蒙德、鲍威尔，1987）。在社会文化中政治文化与公共支出决策机制关系最为密切，政治文化是关于政府应该做什么、如何来做以及如何来处理政府与民众关系的价值观、信念和态度。政治文化一旦为个人所获得，便成为个体心理结构的一部分，并在其决策行为中得以展现；尽管政治文化的这种影响不是决定性的（安德森，2009）。如在美国有三种政治文化（包括个人主义的、道德的和传统主义的政治文化）对公共支出决策产生重要影响。个人主义的政治文化强调个人利益，认为政府是用来实现民众公共需要的功利性工具，政治家把职位看作是控制政府支出偏好或奖励的手段。在个人主义政治文化熏陶下，公共支出决策主体多元化，权力比较分散，容易形成民主型公共支出决策机制。道德的政治文化视政府为发展公共利益的机制，政府为民众提供公共服务，人们接受政府对经济社会生活的更多干预，对公共政策问题更加关注。在道德的政治文化背景下，公共支出决策权力相对集中，决策程序更多的是自上而下地进行，公共支出范围较为广泛。传统主义的政治文化以家长主义和精英主义的观点看待政治，主张用它来维持既有的社会秩序，真正的权力掌握在极少数人手里，多数人在政治上是相对被动的。在传统主义的政治文化影响下，公共支出决策权主要集中在政治家和精英们手中，民众的公共需求由少数握有实权的人所代表，容易形成专制型或精英型公共支出决策机制（埃拉扎尔，1984）。而我国公共支出决策权力向上集中于政府及其相关部门，民众缺乏参与公共支出决策的意识和机会，形成了专制型公共支出决策机制；人民代表大会制的建立在公共支出民主化决策方面进行了制度改进，听证会制度、参与式预算等也使公共支出决策更为民主，但毫无疑问中国公共支出决策的民主化进程还有很长的一段路要走。

5. 科技发展水平

科学技术的迅猛发展，尤其是计算机与互联网的快速发展，为公共支出决策提供了先进的信息处理技术，也提供了多样化的民众与政府沟通渠道，有助于提高公共支出决策的科学化与民主化水平，也有助于加强对公共支出决策执行的监管。首先，科技发展使公共支出决策更为科学。相关的信息越多、越全、越准、越及时，公共支出决策就越可靠、可行。前计算机时代，信息量少，信息面窄，信息传递速度慢，支出决策主要凭决策者的有限知识、阅历和经验，决策的主观随意性和风险性很大。计算机网络技术日新月异地发展，不但提高了支出决策基础数据处理能力与信息传递速度，提供了运用定量方法分析各支出备选方案优劣的技术条件，而且还能够在一定程度上通过智能模拟再现支出决策过程、预测支出决策结果（许文惠等，1997），极大地提高了公共支出决策的科学化水平。其次，科技发展使公共支出决策更为民主。互联网技术为公民社会中民众参与公共支出决策提供了更多途径，诸如电子投票、电子选举、电子民意调查、电子邮件等能以较低的成本、更快的速度将民众偏好反映给支出决策者，也有助于促进决策各方进行良好的沟通、达成理解与共识，还从根本上重塑了政府回应民众公共需求的能力，促进了公共支出决策民主化的发展。最后，科技发展使公共支出决策执行管理更为有效。计算机与互联网技术的发展使支出决策执行的信息反馈更为顺畅、及时，这为支出决策方案和具体实施方案因时因势地进行修正与调整提供了可能，从而提高了公共支出决策效率。

6. 国家法治化水平

法治，即法的统治。法制，是法律制度。法治是具有特别价值内涵——以自由、平等、人权为精神的法制制度，法治是与人治相对的概念，但法制却可以是人治底下的法制（程燎原，1999）。在人治社会中，政府公共支出决策权力、程序和方法均不受法律制约，决策者个人意志、情感、偏好和品性等对公共支出决策产生直接影响，决策权行使时任意性大；决策层次越高，决策权力越大且越不受法律控制（钱玉英，2010）。在法治社会中，政府公共支出决策活动基本上都有立法机关制定的法律作为决策依据，各决策主体都会依据相关法律制度的规定进行决策。如果支出决策规则有明确的法律规定，支出决策权行使有法律保障，支出决策程序合法适当，那么支出决策结果就必定是合理的。法治化水平是公共支出决策民主化和科学化的保证。通过法律规定，决策核心主体的垄断性权利被削弱,其他决策主体及公民被赋予参与公共支出决策的民主权利,这有助于提高支出决策的科学性和民主化程度。

三、公共支出决策机制优化

(一) 内涵

如前所述,决策机制指决策主体在其权力范围内按照一定的决策程序进行决策的制度安排。判断决策机制优劣的标准是看这种制度安排是否与决策的运行规律相符。公共支出决策机制优化,是指通过重构公共支出决策权力,规范公共支出决策程序,改进公共支出决策方法,调整公共支出决策规则等措施,实现公共支出决策民主化、科学化和法治化的制度优化过程。具体见图1-1。其中,民主化是公共支出决策价值理性的体现,科学化和法治化是公共支出决策工具理性的体现。

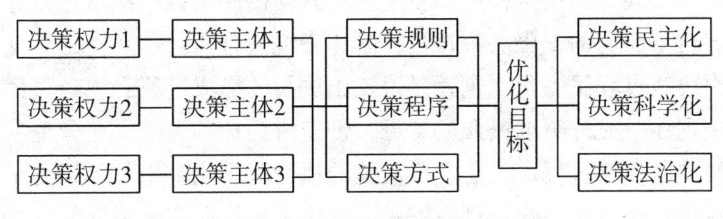

图1-1 公共支出决策机制优化框架

(二) 判断标准

1. 公共支出决策民主化

公共支出决策民主化是指政府在支出决策过程中,保持与民众的密切互动,最大限度地创造条件使民众了解相关的决策信息,充分表达其关于支出决策方案的意见和建议,甚至直接参与支出决策,以达到决策结果符合民意、决策方式考虑民力、最终实现民众利益的目标。公共支出决策民主化,主要包含公共支出决策价值民主化、决策程序和方式民主化等内容。

公共支出决策价值民主化。公共支出决策价值民主化是指政府要以反映和实现民众的利益作为其公共支出决策的根本宗旨。这就要求政府在支出决策过程中要深入基层民众，广泛听取民众的意见与建议，了解民众对于政策问题的意向和愿望，最终做出符合广大民众利益的抉择。支出决策价值民主化对政府支出决策的民主化、科学化意义重大，在某种意义上来说，政府支出决策能否做到民主、科学和有效，取决于支出决策主体能否自始至终地以反映和实现广大民众的切身利益作为其支出决策的根本价值取向。

公共支出决策方式民主化。基层民众对政府支出决策的广泛参与是我国民主政治的基本要求。为了保证基层民众参与政府支出决策权利的实现，确保做出的决策符合广大民众的利益，有必要通过法律形式赋予民众对政府重大支出决策信息的知情权和决策的参与权。

公共支出决策程序民主化。公共支出决策程序民主化意味着自下而上的支出决策过程，具体来说包含两层含义：一是支出决策过程民主化。也就是说支出决策的形成过程必须经过民主程序，充分听取民众的意见，创造机会让广大民众充分地参与支出决策过程。二是支出决策的执行程序民主化。如果支出决策符合广大民众的利益需求，支出决策是在广大民众的直接或间接参与下完成，支出决策过程也是自下而上地做出，则支出决策结果必定是民众满意的，支出决策的执行也就容易得到民众的配合，甚至成为民众的自觉行动。

2. 公共支出决策科学化

科学是指正确地认识客观事物的规律。支出决策科学是指政府的支出决策符合经济社会发展的客观规律和民众需求的实际。政府支出决策科学化要求政府及其职能部门在科学的决策理论指导下，运用科学的决策方法和手段，做出符合客观实际的决策。公共支出决策科学化主要体现在以下几个方面：

全面、准确和及时的决策信息。能获取全面、准确和及时的决策信息是科学决策的前提，信息失误必定导致决策失误。传统的支出决策主要依靠领导者个人的学识、经验、品质和能力，注重定性分析，决策主观性强，很难保证支出决策的科学性与可行性。现代社会日新月异，政府支出决策面临的经济社会环境越来越复杂，支出决策主体必须积极变革传统的经验决策观，掌握更多、更全面和更准确的信息，以正确把握民众的真实偏好，正确认识经济社会环境的特点及各因素对支出决策的影响，尊重客观经济发展规律，制定出先进、可行的决策方案，及时执行决策，发挥政府支出决策的应有效力。

规范、健全的决策程序。规范和健全的决策程序是公共支出决策科学化的技术保证。规范、健全的支出决策程序意味着，首先要规范支出决策领导者的权力，将各级政府、各地方、各部门和各单位领导者的支出决策权力限制在一定范围内，防止擅自决策和越权决策。如在采用民主集中方式决策时，各决策主体内部也要处理好集中决策与个人负责之间的关系，个体之间分工负责，职责与权限要明确且对应。不要事事集体讨论，最后成形式上集体领导、实质上无人负责的局面。需要集体决策的，则必须严格按事先制定的程序和原则进行表决，防止少数人越权独自处理重大支出决策问题的现象出现。其次，要制定规范的政府支出决策程序，防止决策权的滥用。缺乏严格、规范的决策程序，支出决策行为必定出现混乱，支出决策权力也会被滥用。规范的支出决策程序是支出决策科学化的重要保证。从政策议题提出，到调查研究、开会讨论以形成多种备选方案，再到邀请专家进行咨询、论证和可行性分析以确定最优方案，进而到政府决策领导小组进行表决通过方案，以及立法机关的审议，各个环节都必须进行严格地规范，确保政府支出决策过程变得有章可循。最后，要制定健全的决策程序，确保支出决策科学性。健全的支出决策程序包括问题发现、目标确定、方案设计、分析评估、方案选优和方案执行信息反馈等环节。支出决策程序科学是指决策的每个环节都有着其自身科学的含义，各环节之间又有着有机联系，所有环节一起构成一个科学的决策系统。

科学的决策技术和手段。科学的决策技术和手段是实现支出决策科学化的工具。传统的支出决策主要依靠决策领导者的个人经验、能力，以定性分析为基本特征，存在决策时间长、信息不足、决策滞后和决策结果不确定等问题。现代社会经济条件下决策环境日趋复杂多变，政府有必要扩大计算机技术、现代网络与通信技术和数学分析方法在支出决策领域的应用范围，构建政府支出决策数理模型，编制政府支出决策管理与应用软件，对与支出决策客体和决策对象有关的大量信息进行综合、定量的分析，对支出决策的各备选方案进行可行性分析和多层面、多视角比较，权衡利弊得失，以避免政府支出决策失误，提高政府支出决策的准确度、时效性和科学性。

3. 公共支出决策法治化

支出决策法治化是法治原则在政府预算决策领域的具体应用和体现。所谓公共支出决策法治化是指政府及其职能部门依照宪法和相关法律法规赋予的权限和法定的程序进行决策，不得出现超越相关法律法规规定的决策行为。公共支出决策法治化与法制化的区别在于：前者强调以法来治，即政府的支出决策权力要受到法律的制约，从而保障民众的权利，是一个与"人治"相对的概念；后者强调建立和维护法律制度，即政府支出决策在一定的法律制度框架下运行，法制并不必然排斥人治，甚至还可能出现"人治底下的法制"。法治是市场经济基础之上、民主政治体制之中的治国方略，现代市场经济国家呼吁民主政治的建立与完善，因此，应将"法治化"而非"法制化"作为公共支出决策机制的优化目标。

政府支出决策法治化的前提是有法可依。公共支出决策法治化要求应有规范政府及其职能部门支出决策行为的相关法律法规，做到有法可依。这并不意味着要专门制定一部关于政府公共支出决策的法律法规，而是指有关法律法规要对政府支出决策行为所涉及的方面进行明确的法律规定，如对支出决策主体权力的划分、支出决策权的行使方式、决策的基本程序和违反法律法规的责任等以法律的形式进行明确规定，确保政府支出决策的所有行为都有相应的法律依据，得到法律的明确许可。只有相关的支出决策法律法规制度完备，才有可能将政府及其职能部门的支出决策行为置于法律框架下，用现有的法律规章制度去限制政府部门可能出现的滥用权力行为，才能真正保障民众的切身利益。

政府支出决策法治化的核心是要严格依法决策。完备的支出决策法律体系只是为政府支出决策法治化提供了制度条件，如果政府及其职能部门在支出决策过程中置这些法律法规于不顾，支出决策法治化就只能是一句空话。支出决策主体严格按照法定的权限和程序进行决策，是支出决策法治化的核心要义。严格依法决策意味着：一是政府决策主体有法律至上的意识，其支出决策行为不受领导者个人意志左右，不受部门利益、局部利益影响，决策行为符合法律要求是最重要的。二是如果出现决策失误，要有一套发现和纠正错误决策的机制，将支出决策纠错机制进行制度化处理，也是政府依法决策的要求所在。三是要建立和完善政府公共支出决策情况通报和监督检查制度，通过对政府支出决策主体是否依法行使决策权力、是否按照法定决策程序进行决策等方面的监督，对重大支出决策进行跟踪监督与检查，来防止政府支出决策权力的滥用。

政府支出决策法治化的根本保证是违法必究。权力同时也对应着责任，公共支出决策法治化要求建立起支出决策权力与法律责任之间的法律关系，当政府及其职能部门违反相关法律法规规定时应追究其法律责任，做到违法必究。建立政府支出决策失误责任追究制度，对支出决策主体的违法乱纪行为和决策失误行为，视情节轻重和后果危害程度来追究决策主体的责任。（罗依平，2006）。

政府公共支出决策的民主化、科学化和法治化是相互联系的有机整体。首先，支出决策民主化是科学化和法治化的前提。没有民主化，就无法深入了解民众的需求，不能广开言路吸纳民众意见和利用民众智慧，就不能对决策客体和环境进行正确认识，就无法实现决策科学化。没有民众和各级立法机关对政府及其职能部门的监督与制约，支出决策就会偏离法律的宗旨和要求，支出决策权力就会被滥用，也就谈不上决策法治化。其次，支出决策科学化是民主化的必然要求和最终目的。只有确立科学的决策程序，运用科学的决策方法和手段，才能使民主的功能得以整合，最终制定出反映民众需求、集中民众智慧的支出决策方案。同时，没有科学的决策程序和方式，民主就只能是形式上的民主，而不是真正意义上的民主。最后，支出决策的法治化为民主化和科学化提供了保障。没有民主的制度化和法律化，民众就无法依据法定程序选择支出决策者、无法通过法定程序参与支出决策，无法通过运用法律手段保护自身的权益，决策民主化就无从实现。没有决策民主化，决策科学化也会没有保障。因此，决策民主化、科学化和法治化虽然是公共支出决策机制优化目标的几个方面，但是只有同时兼顾，才能协调各种利益关系，促进社会公共利益的实现。

（三）效应

公共支出决策科学化、民主化和法治化，会对经济、社会发展带来重要影响，有助于资源配置效率的提高、促进收入的公平分配和社会的稳定发展与繁荣。

1. 资源配置效应

资源总是有限的，人类的欲望是无限的。如何把有限的资源在各种不同用途间合理、有效地利用，就是一个资源配置问题。资源配置的方式主要有两种：市场机制和计划机制。市场机制主要是通过价格机制与竞争机制等实现资源最佳配置，计划机制主要是通过政府计划等行政性手段对资源进行安排使用。预算是国家的年度财力收支计划，预算的编制、审批和执行涉及公共支出决策主体间权力的划分、决策程序和规则的制定和决策方法的选择等内容。公共支出决策机制优化会改变政府公共支出的规模和结构，从而对公共资源的配置效率产生重要影响。公共支出决策科学化有助于确定政府公共支出的最佳规模，正确安排公共支出结构；公共支出决策民主化有助于提供适合民众需求的公共产品，优化公共支出结构；公共支出决策法治化有助于规范各级政府间、各政府职能部门间的支出决策权力，把政府支出决策行为置于法律制度框架下，降低公共支出决策的随意性和不确定性，减少行政成本，提高公共资金的使用效率。公共支出决策机制优化，有助于形成更为合理的计划配置与市场配置的资源比例，有助于公共资源在各种用途间合理分配，有助于提高公共资源对市场的引导与调控效果。

2. 收入分配效应

市场经济条件下按生产要素（劳动、资本、土地等）的数量和质量进行收入分配，由于天生禀赋的不同，个人拥有的要素的数量、质量有很大差异，个人拥有的要素在市场上所实现的价格也不相同，从而导致收入分配不公。市场初次分配所带来的不公是市场失灵的表现，只有依靠政府才有可能有所改善。政府财政的一个重要职能就是利用财税手段调节收入差距，促进收入公平分配，实现社会经济的稳定发展。公共支出决策民主化，能使低收入阶层的民意更有机会反映到支出决策过程中去，最终提供的公共服务也更符合广大中低收入者的需要。增加教育支出能促进个体间的起点公平，增加社会保障支出、救济支出和补贴等，能改善低收入阶层居民、丧失劳动能力的居民及其子女的生活健康状况，提高其实际收入水平与整体福利水平,维护社会稳定。公共支出决策科学化有助于配置最适量的公共资源并进行再分配,以实现特定约束条件下的社会福利最大化。公共支出决策法治化有助于权利性支出(提高中低收入者福利水平的教育、社会保障等)的稳定增长。能否更好地促进收入公平分配,是判断公共支出结构优化是否合理的标准,进而也是判断公共支出决策机制是否优化的标准。促进收入公平分配,也就成了公共支出决策机制优化的社会经济效应之一。

3. 其他效应

公共支出决策机制优化,还有利于经济发展稳定。民主、科学的支出决策方式有助于获取更多的宏观经济信息和更全面的微观经济信息,对经济形势做出更准确的判断,投入更合适的公共资源和使用更合理的支出手段进行宏观经济调控。符合法定程序的支出决策可减少领导的独断专行和主观臆断,在法治框架下运行的支出政策制定和执行可确保支出调控沿着既定的目标前进,减小宏观经济波动,增强宏观经济调控效果。

公共支出决策机制优化,还有利于维护社会安定团结的政治局面。公共支出决策是一个利益再分配的过程。如果支出决策规则得到了各方的认可,决策过程是由各方直接或间接参与的,决策结果也反映了各方的利益诉求,那么政治局面必定是稳定和谐的。公共支出决策民主化,在支出决策过程中广纳民意、倾听民声、集中民智,一定能有效化解社会冲突与矛盾,促进社会成员的友爱团结,维护安定祥和的政治局面。

(四)途径

1. 重构公共支出决策权力体系

决策权力在各决策主体间的分配形成公共支出决策权力体系(即决策权力结构)。一般来说,公共支出决策权力体系应对决策权力在议会与政府间的分配、在政府内部各职能部门之间的分配、在议会内部的分配以及民众和利益团体如何进入决策过程进行规定（马骏，2007）。各主体间决策权力关系不同，预算信息的流向也会有差异，从而形成的公共支出决策过程不同。公共支出决策权力结构也为决策主体设置一个决策主体行动的框架，从而对其如何决策产生重要影响。可见，调整决策权力结构会改变决策结果，重构公共支出决策权力体系有助于提高公共支出决策效率，这是公共支出决策机制优化的重要内容。

2. 公共支出决策过程的程序化

程序是事物运动、变化和发展的顺序、方法与步骤所组成的一个连续过程。公共支出决策过程程序化是指把决策主体根据其职权在公共支出决策过程中所应遵循的步骤固定下来。对于大部分的支出，尤其是经常发生的支出项目，通过制定一套例行程序来决策，可以大大降低决策成本；而对于偶然发生的支出需求，则可以特定问题特殊处理。公共支出决策是一个多环节决策活动组成的连续过程，公共支出决策程序是由多个子程序组成的程序总体，其中调查程序、支出决策方案拟定程序、可行性论证程序、听证程序、咨询和协商程序及审议与审批程序是相对重要的程序。程序化决策能有效降低决策成本，公共支出决策程序经由一定法律法规所明确规定后，变成一种强制性程序。各决策主体必须按规定的程序进行决策，否则，就要接受司法审查，程序不合法是公共支出决策无效的一个重要原因。而遵守了法定程序的决策，其结果也必定是为人们所接受的。可见，公共支出决策过程程序化是公共支出决策机制优化的又一重要内容。

3. 公共支出决策规则的制度化

现代社会公共支出决策主体多元化，公共支出决策规则既涉及上下级政府之间决策权力的分配问题，也涉及同级政府各职能部门之间、政府与立法机关之间决策权力的分配问题，还关系到民众和利益集团能在公共支出决策过程中发挥怎样作用的问题。将权力在各决策主体间的分配用法制制度的方式固定下来，有利于各决策主体在各自的职权范围决策，避免越权行为，协调可能的决策冲突。同时有利于规范决策主体的决策行为，将责、权、利对应起来，避免权责不清。现实中下级政府公共支出决策经常要面临来自上级意见的干扰，上级根据形势需要调整下级支出决策权力的情况也时有发生。可见，为增强决策结果预期，有必要将决策规则制度化，这也是公共支出决策机制优化的重要手段。

4. 公共支出决策方式的民主化

由领导者个人做出公共支出决策的方式虽然决策效率高，但决策失误的可能性也大大增加。现代国家的公共支出决策理应更多地采用民主方式决策，在将公众的支出偏好集合为社会整体偏好的过程中，由于直接民主参与者众多而决策成本太高，适用范围较窄，代议制民主成了各国的主要决策方式。然而代表们能否真正代表民众的诉求在各国有较大的差异，如何做到符合民意，且决策效率高、成本低，是理论界、实务界共同关注和长期探索的难题。我国的民主集中制就是具有中国特色的民主决策方式。尽管有关公共支出决策最优的间接民主方式难以找寻，然而，公共支出决策方式偏向更民主化却是一个已达成的共识。公共支出决策方式的民主化，理所当然地成为公共支出决策机制优化的必备条件。

5. 公共支出决策技术的科学化

现代公共支出决策目标多重，决策环境复杂多变，为应对不确定性和降低决策风险，需要运用一系列现代化的科学理论和技术手段进行决策。现代科学技术，尤其是系统论、控制论、信息论和马克思主义哲学，为现代决策技术提供了理论基础，数学的发展为决策技术提供了赖以使用的科学方法，电子计算机和计算技术为决策提供了有效的操作手段。决策者只有运用科学的决策技术和方法,才能准确、及时地掌握和分析信息,了解支出对象的需求和状况,正确判断决策问题及原因,确立公共支出政策目标,提出并选择出最优的决策方案。公共支出决策技术科学化是决策科学化的重要保证,是公共支出决策机制优化的又一重要内容。

第二节 公共支出决策机制优化的理论模型

一、理性与有限理性决策模型

理性是指在给定条件和约束的限度内适于达到给定目标的行为方式。理性既可指运用才智进行选择的过程,也可指抉择本身。[①] 理性决策模型假设决策者具有完全理性,认为公共支出决策满足个人效用(或社会福利)最大化和边际效用相等两个经济学基本假定。决策者具有完备的决策信息和逻辑一致的、稳定的偏好体系,有超强的计算能力,能准确计算支出备选方案中那个能实现个人效用(社会福利)最大化的方案。公共支出的理性决策模型最早关注公共支出最优总量决策问题,提出了公共产品配置的边际效用理论,认为当整个社会中公共产品的边际正效用等于纳税的边际负效用时,公共支出总量达到最佳。[②] 关于各类公共支出比例的决策,理性决策模型认为:如果最后一单位公共支出在不同支出用途上带来的社会福利是相等的,公共支出结构的决策就是理性的;如果支出的

---

① 赫伯特•西蒙. 现代决策理论的基石 [M]. 杨砾,徐立,译. 北京: 北京经济学院出版社, 1988: 4.

② Pigou A C. A Study in Public Finance [J]. *Macmilllan & Co.*, 1928.

相对效应或相对价值较高，则该公共工程项目是可以选择的；① 如果资本性支出总额获得了最佳宏观经济调控效果，则该支出总量就是合理的。② 在美国的支出决策实践中，线性预算、绩效预算、项目预算、零基预算、新绩效预算等方法的逐步引入，反映了公共支出决策改革经历了一个由简单的投入成本控制—投入产出控制—预算进程控制—预算结果控制的转变；这些改革都是理性主义思想在公共支出决策中的运用（牛美丽，2003）。③

现代计算机技术的快速发展为公共支出决策主体收集、处理和分析信息提供了便利，从而大大地提高了其理性计算和决策的能力。在理性主义思想指导下，公共支出决策程序、方法有了较大的改进，公共资金配置效率也有了一定程度提高。然而，公共支出决策的理性决策模型还是受到以下几个方面的质疑：一是单纯的经济学理论基础无法为公共支出决策提供足够的理论支撑。为实现效用最大化，需要支出决策者在不同支出之间进行价值比较，而不同项目间的价值往往缺乏可比较性，因为这是一个哲学领域的问题。二是公共支出决策过程受利益集团的影响，决策结果不只是由效用最大化原则来决定，更是各种政治势力较量的结果。④ 理性决策模型主要关注公共支出决策的经济效率方面，认为决策技术的改进能帮助全智全能的经济人实现效用最大化。然而，公共资金配置过程中的各种冲

---

① Black R V. Criteria and Planning for Public Works [R]. Washington: National Resources Board, mimeographed, 1934, 165–168.

② Clark J M. Economic of Public Planning Works [R]. Washington: Government Printing Office, 1935. Gayer A D. Public Works in Prosperity and Depression [R]. New York: National Bureau of Economic Research, 1935.

③ 牛美丽. 美国公共预算改革：在实践中追求预算理性 [J]. 武汉大学学报：社会科学版, 2003 (6): 795–801.

④ Key V O. The Lack of A Budgetary Theory [J]. *The American Political Science Review*, 1940 (34): 1137–1141.

突实质上是政治冲突，试图把公共支出决策看作是一个理性的、纯粹的技术过程而非政治过程的努力只能是徒劳。三是现实中难以具备理性决策所要求的确定性环境条件。理性决策模型假定公共支出决策者在一个详细说明和明确规定的环境中进行"最佳"选择，然而，决策信息不可能是完全的，搜索信息是有成本的，设计的决策方案不可能是完备的，最优方案的计算可能是极为复杂的甚至是不可能的。注意力是一种稀缺资源，哪个支出项目能成为决策议题是由大部分决策者或公众的情感决定的。因此，完全理性的最优化决策不可能也没有必要，现实中更多的只能是一种寻求满意原则的有限理性决策。①

二、渐进决策模型

基于有限理性假设和多元主义的政治基础，林德布卢姆（Lindblom，1959）提出应建立一种基于满意准则的渐进调适决策模型。在林德布卢姆渐进决策理论基础上，费诺（Fenno，1962）和威尔德韦斯（Wildavsky，1964）将渐进决策理论引入预算决策分析。在渐进主义看来，公共支出决策是渐进的，因为：

（1）支出决策目标或结果是渐进的。现实中公共支出决策目标被设定为仅仅对局部的和有限的支出进行决策，这是一种在保持支出政策持续基础上的边际改进。公共支出决策只关注支出政策的微小或逐步变化，政策分析也集中在他们相对熟

---

① 赫伯特·西蒙. 现代决策理论的基石［M］. 杨砾，徐立，译. 北京：北京经济学院出版社，1988：45-48.

悉和较为人知的经验上，这可大大减少需要分析的因素及复杂程度。①

（2）支出决策过程是渐进的。在现实中，预算从未被作为一个整体而彻底审查过，决策者们并不会对所有可能的备选方案进行权衡以分析项目的价值，而是在上年支出数额基础上重点关注预算的边际增加或减少，也就是说公共支出决策者在决定公共资金的分配时遵循边际调整的法则。戴维斯等（Davis et al., 1966）通过对1947—1963年间56个美国联邦政府机构的部门预算申请和国会拨款决策的研究，也证明了公共支出决策过程确实是渐进的。

（3）决策的方法是通过边际比较做出方案选择。渐进主义认为，公共支出决策者决策时无需先建立社会福利方程，无需综合考虑所有影响社会福利的因素，只需对各方案带来的各种边际价值差异进行比较，从而在决定方案同时也选择了政策目标或价值，而不是像理性主义那样先设定一个价值目标，然后去全面分析各项可能的方案，并做出最优的政策选择。这主要是因为决策者们很难确定对某个抽象的价值或各价值目标组合的偏好，但可以较为容易地在比较具体方案边际价值差异的基础上做出选择。②

（4）决策权力是分散和自下而上行使的。渐进主义认为，现代公共支出决策是政治多元化时代众多参与者一起讨价还价的结果，除传统的立法部门和行政机关间的权力斗争外，诸多利益集团也在支出方案选择过程中发挥着自己独特的影响力。

---

① Lindlbom C E. The Science of "Muddling Through" [J]. *Public Administration Review*, 1959 (19): 79-88.

② Lindlbom C E. The Science of "Muddling Through" [J]. *Public Administration Review*, 1959 (19): 79-88.

由于事先没有明确的价值目标,在利益集团施加压力的影响下,各决策主体通过"共同调整"实现最终方案选择。公共支出决策不但是倾向分权方式的,而且也是自下而上行使的。渐进主义认为,公共支出决策是建立在对各参与主体的要求进行汇总和协调基础上的,是一种自下而上的预算决策方式,体现了"公众分权"和"参与式民主"的态势(董静,2004)。[①]

(5)公共支出决策机制是各方共同调整的"黑箱"过程。由于公共支出决策的影响因素众多,各支出决策主体在简化自身决策的同时,在没有事先规划的情况下通过实际行动逐步协调彼此间的不同意见,直至达成最终的决策。由于意见和行动的共同调整过程复杂,非几个简单的决策原则和决策标准就能说明清楚,因此也被称为"黑箱"过程。

(6)决策信息要求不高。在理性决策条件下决策者们必须考虑所有的价值目标和替代方案等,需要的信息不但要量大,而且还要及时、准确。渐进主义决策者们无需考虑所有的价值目标和备选方案,只需对提出的政策及其后果进行分析,对替代方案的边际价值差异进行比较,仅仅考虑支出增量调整,支出政策不会发生大的跳跃。决策者的广泛参与可以产生信息互补,而且决策也主要依据过去的实践和经验做出,所需的决策信息大大简化。[②]

总之,在决策范式上,渐进决策模型强调公共支出决策是怎样,理性决策模型强调公共支出决策应当怎样,这反映了渐

[①] 董静,苟燕楠.公共预算决策分析框架与中国预算管理制度改革[J].财贸经济,2004(11):38-43.

[②] Lindlbom C E. The Science of "Muddling Through" [J]. *Public Administration Review*, 1959(19):79-88.

65

进决策模型源自于对实践的经验总结,而理性决策模型则是一种抽象的理论。在政治哲学立场上,渐进决策模型反映了多元主义观点,而理性决策模型倾向精英主义论。① 渐进决策模型对应的原型是当代西方国家(尤其是美国),因此,它对于美国的公共支出决策有较强的解释力。

但是,渐进决策模型也在以下方面受到争议:一是对于渐进的界定。渐进决策理论的支持者们被批评为根据自己研究的需要来界定"渐进",渐进的概念始终都是模糊不清的和形式多样的,② 渐进决策模型研究中的渐进概念有 12 种之多,③ 渐进的增长范围也相当宽泛,正负 20%~30% 都被认为是渐进的支出决策结果。④ 二是渐进支出决策的经验分析方法存在问题。年度间支出高度相关的直接原因有可能是研究没有控制支出数据的长期趋势,⑤ 用部门支出总额数据来进行分析会高估支出的渐进程度,使各项目间支出的消减或增加相互抵消。⑥ 渐进决策模型只能解释支出决策的 86%,其他的支出决策是

---

① 荀燕楠. 政府治理理念重塑基础上的"新公共预算决策"[J]. 上海行政学院学报, 2005 (2): 32, 46-49.

② Robinson S E. Punctuated Equilibrium Models in Organizational Decision Making [M] //Morcol G. Handbook of Decision Making. New York: CRC Taylor & Francis, 2007.

③ Berry W D. The Confusing Case of Budgetary Incrementalism: Too Many Meanings for a Single Concept [J]. *The Journal of Politics*, 1990 (1): 167-196.

④ Bailey J, Conor R O. Operationalizing Incrementalism: Measuring the Muddles [J]. *Public Administration Review*, 1975: 60-66.

⑤ Gist J R. Mandatory Expenditures and the Defense Sector: Theory of Budgetary Incrementalism [M]. London: Sage, 1974. Moreland W A. Nonincremental Perspective on Bedgetary Policy Actions [M] //Randall B R, Franklin G A. Policy Making in the Federal Executice Branch. New York: Free Press, 1975.

⑥ Natchez P B, Bupp I C. Policy and Priority of Budget Process [J]. *American Political Science Review*, 1973 (67): 951-963.

由经济、社会、政治环境的变化，随机冲击和外生变量的干扰所致。① 三是规范方面渐进决策模型不能包容多元的预算要求。无法保证所有利益集团对决策发挥同样的影响，② 以上年度支出数为基础进行讨价还价而形成的增量预算，没有反映大多数公民的支出需求。③ 渐进决策模型也无法解释支出的消减，没有将支出决策环境作为内生变量纳入到预算决策过程中。④ 可见，渐进决策模型并不是万能的，存在许多缺陷，只适用于财政收入充裕且稳定的预算环境。渐进决策中的支出基数不再是一个不变的量，它受资源、政治、文化和其他经济社会的不确定性因素影响。⑤ 新增税收能在多大程度上实行渐进决策也是一个悬而未决的问题。⑥ 为弥补渐进决策模型的缺陷，一些学者开始另辟蹊径，以解释支出中的突变，于是间断均衡理论应运而生（邝燕华，2011）。⑦

三、间断平衡决策模型

间断平衡理论最早由生物学家古尔德（Gould）提出，用

---

① Davis O A, Dempster M A H, Wildavsky A. Towards a Predictive Theory of Government Expenditure: US Domestic Appropriations [J]. British Journal of Political Sciencep, 1974 (4): 419-452.

② Rubin I S. Aaron Wildavsky and the Demise of Incrementalism [J]. Public Administration Review, 1989 (1): 79-81.

③ 马骏. 中国公共预算改革：理性化与民主化 [M]. 北京：中央编译出版社，2005: 43-56.

④ Rubin I S. Aaron Wildavsky and the Demise of Incrementalism [J]. Public Administration Review, 1989 (1): 79-81.

⑤ Wildavsky A. Budgeting: A Comparative Theory of Budgetary Process [M]. New Brunswick: Trabsaction Publishers, 1997.

⑥ Rubin I S. Aaron Wildavsky and the Demise of Incrementalism [J]. Public Administration Review, 1989 (1): 79-81.

⑦ 邝艳华. 公共预算决策理论述评：理性主义、渐进主义和间断均衡 [J]. 公共行政评论，2011 (4): 145-164.

于分析生物进化遵循无跳跃性突变的模式;① 后被经济学家马歇尔（Marshall）引入到经济学的均衡分析中。20世纪90年代柏马吉特和琼斯（Baumgarther& Jones）将其运用到预算决策分析中，从项目被提上支出决策议程及获得优先考虑的角度，对预算频繁的小变动和偶然的大变动进行了解释。所谓"间断"就是预算的间断性变动，间断平衡理论把预算的微调或渐进变动过程视作一种稳定状态，即"平衡"。当预算出现间断改变后，预算议程就会重新回到渐进和稳定的模式。间断平衡是指预算经过间断性变动重新实现平衡状态的过程。② 间断平衡理论认为，平衡被打破的原因主要有两个：

一是议程的波动。由于支出决策者处理信息的能力是有限的，某项支出能否进入决策者议程取决于支出所要解决的问题能否成功吸引决策者的关注。支出决策者们一般会关注如下三个方面的问题：①问题重要性和问题变化的指标。如婴儿死亡率上升意味着需要在胎儿保健方面增加支出。②发生了焦点事件或公共危机。如纽约世贸中心爆炸使人们开始关注恐怖主义，这意味着需要增加联邦执法机构的专项基金。③问题情况的信息反馈。如系统化的监管、评价信息和民众的投诉，也会成为影响一项支出能否进入议程的重要因素。③ 决策者的注意力是稀缺资源，问题成功吸引决策者注意并成为一项议题是新支出项目获得批准的第一步。其次，由于决策过程存在信息成本、认知成本、决策成本和交易成本，议题只有克服了这种体制摩擦，并成功吸引决策者的注意力，才能顺利进入决策者的

---

① Gould S J. The Panda's Thumb: More Reflections in Natural History [M]. New York: Norton, 1980.

② Baumgarther Frank R, Jones Bryan D. Agendas and Instability in American Politics [M]. Chicago: University if Chicago Press, 1993.

③ Kingdon John W. Agendas, Alternatives, and Public Policies [M]. Boston: Little Brown, 1984.

决策议程。① 另外，议题还需要在议程中保有一定的优先位置，因为决策者不可能同时处理所有议题，某些议题会从议程中删除或逐渐消失。社会上也因此出现了一批政策企业家，他们投入时间、精力、金钱和名声，力图推动议题进入决策者议程并确保其优先得到处理。各种议题在议程中的消长是支出平衡被打破的重要原因。

二是政策的变化。在支出决策时，多党制、政府部门间权力制衡和利益集团的游说等都可能限制政策过快和大幅地变动，从而使议程趋向稳定。从而，大的支出变动决策需要一个机动的政策子系统来突破这种稳定的惯性，挫败或分解现有议程中拥有政策议题的子系统。② 一般来说，政策形象和政策管辖部门决定着政策子系统的成败。政策形象是指不同利益团体对某一议题有截然不同的理解和讨论方式，议题的支持者会用最恰当的术语来描述和证明该支出政策的正当性，而议题的反对者则会从另一个极端来阻止支出政策的通过。政策形象的好坏在较大程度上影响着议题在议程中的排位。政策管辖部门也会对议题能否得到重视产生重要影响。由于不同管辖部门所接受的议题是不相同的，议题由中央政府还是地方政府，及由政府职能部门中的哪个部门做出决定，会对议题在议程中的排位产生影响。另外，议题的政策形象与管辖部门之间也有可能相互影响，如核能方面的议题若置于环保部门的管辖之下，核能支出议题得到通过的可能性就会大大下降。③ 政策形象或管辖部门变化会带来政策子系统的不稳定性，从而为大的支出间断

---

① Jones B D, Sulkin T, Larsen H A. Policy Punctuations in American Political Institutions [J]. *American Political Review*, 2003 (1): 151-170.

② Baumgarther Frank R, Jones Bryan D. Agendas and Instability in American Politics [M]. Chicago: University if Chicago Press, 1993.

③ Baumgartner Frank R, Jones Bryan D. Agenda Dynamics and Policy Subsystems [J]. *Journal of Politics*, 1991 (53): 1044-1071.

改变提供了可能。另外，还有来自决策主体的影响。众所周知，决策者个人偏好虽然不易改变，但偏好关注度却会随决策环境背景的感知而发生转变。对众多议题进行排序选择时，决策主体有时会做出相反或替代的选择。①

从经验研究来看，美国政策转变会引起支出大的非渐进转变。② 如 "大社会" (The Great Society) 和冷战军备建设，就是引起预算出现较大变化的重要原因，在此情况下，支出优先权被重新调整。关于美国联邦预算的研究表明还注意力的转变也引起了支出的间断。③ 关于 1940—1998 年间美国社会保障预算的研究也表明存在政策驱动的预算间断，如 1950 年程序法的修正和 1983 年的社会保障紧急救援，就带来了社会保障支出预算的间断。④ 关于美国 1965—1992 年间 38 个大城市的六项预算功能支出变化的研究表明，地方政府预算存在由于议程转变而带来的支出间断变化，并且不同支出的间断变化性程度不一样。⑤

间断平衡模型把认知心理学的注意力分析、政策科学的议程政治和政策变迁等运用到公共支出决策研究中，夯实了公共支出决策的理论基础，拓宽了公共支出决策理论的研究视角，

---

① Jones Bryan D. Reconceiving Decision-Making Democratic Politics [M]. Chicago: University of Chicago Press, 1994.

② True James. Is the National Budget Controllable [J]. Public Budgeting and Finance, 1995 (15): 18-32.

③ Jones Bryan D, Baumgartner Frank R, True James. The Shape of Change: Punctuations and Stability in U. S. Budgeting [R]. 1947—1994. Paper presented at the Midwest Political Science Association, Chicago, 1996.

④ True James. Attention, Inertia, and Equity in the Social Security Program [J]. Journal of Public Administration Research and Theory, 1999 (9): 571-596.

⑤ Jordan Meagan M. Punctuated Equilibrium as a Comprehensive Theory of Local Government Budgeting: The Proof is in the Tails. Ph. D. diss [R]. University if Kentucky, 1999.

丰富了公共支出决策的研究内容,[①] 但间断平衡理论在解释性研究和理论模型构建方面没有实质性突破。[②] 间断平衡理论建立在对支出频繁的小变动和偶然的大变动的观察基础上,尽管有关预算变化分布的假设检验支持了支出间断平衡模式存在,但基本上是描述性研究,缺乏深入的解释性研究。间断平衡模型没对支出间断平衡变化进行清晰的因果分析,衡量体制摩擦的决策过程中存在成本难以量化测量的问题,各成本间的相互关系难以观察,缺乏对各成本与支出决策过程间的作用机制分析。[③] 从而影响了间断平衡模型的进一步发展与应用,目前渐进预算模型仍然处于主流地位。

四、集团决策模型

集团理论由美国政治学家杜鲁门（Truman，1951）提出,后被厄尔·莱瑟姆（Earl Latham，1965）引入到公共政策分析过程中,他认为"公共政策是某特定时间内集团间斗争所达到的平衡,它体现了那些一直试图获取优势并相互竞争着的派系或团体之间出现的均衡的态势"。集团决策模型认为,集团就是基于一定利益而形成的社会政治团体,集合在一起的目的是向其他群体或组织提出利益要求,采取一致性行动使其利益要求得以实现,集团也即利益集团。它假定：现代政治是各利益集团是为影响公共政策而展开的一系列活动,政府仅仅是在各利益集团争斗和力量对比基础上制定政策结果。在集团决策

---

① 邝艳华.公共预算决策理论述评：理性主义、渐进主义和间断均衡 [J]. 公共行政评论，2011（4）：145-164.

② 於莉.省会城市预算过程的政治——基于中国三个省会城市的研究 [M]. 北京：中央编译出版社，2010：41-155.

③ Robinson S E. Punctuated Equilibrium Models in Organizational Decision Making [M] //Morcol G. Handbook of Decision Making. New York：CRC Taylor & Francis, 2007.

模型看来：①预算过程是各利益集团争取自身利益的政治过程，公共支出政策制定是该政治过程的决定性阶段。②公共支出政策制定过程是相互竞争着的各利益集团之间力量达成平衡的过程，一项公共支出政策被提议乃至获得通过实质上是各支出利益集团间利益发生冲突的过程及相互妥协的结果。① ③在公共支出决策过程中各集团必定为获取公共资源而相互竞争，问题的关键不在于回避或克服这些竞争，而是由权力部门制定合理和法制化的竞争规则。④公共支出决策结果代表和反映了占支配地位集团的利益，随着各利益集团力量的消长，公共支出政策代表的团体利益也在发生变化。②

集团决策模型为公共支出决策提供了一个特殊的研究视角，它分析了在多元的政治社会里，各利益集团如何在相互竞争过程中形成大体一致的公共利益，并最后制定出公共支出政策的过程。但是，集团决策模型过分夸大了集团的重要性和影响力，低估了公共支出权力机构自身的作用，忽略了其他政治因素对公共支出决策的影响，也不能分析非多元政治情形下的公共支出决策过程。③

五、精英决策模型

精英理论在19世纪末由意大利社会学家莫斯卡、帕累托和德国社会学家米歇尔斯引入政治学研究领域，经美国政治学家拉斯韦尔、社会学家米尔斯和经济学家熊彼特等的民主改造，成为二战后分析美国公共政策制定的重要工具。精英理论认为：一切社会都由有权的少数和无权的多数组成，治理社会

---

① David Truman. The Govermental Process [M]. New York, 1951: 37.
② 詹姆斯·安德森. 公共政策 [M]. 唐宪, 译. 北京: 华夏出版社, 1990: 24.
③ D G Smith. Pragmatism and The Group Theory of Politics [J]. *American Political Science Review*, 1975 (58): 610.

的是少数精英，而不是多数的民众；统治别人的少数人并不代表被统治的广大民众，精英大多出身于上层阶级；非精英可以变为精英，这是精英体系稳定的需要，只是"精英流动"是一个缓慢、渐进的同化过程；精英们在社会制度保持不变的重要意义，以及社会的基本竞争规则等方面达成了共识，但精英们之间也会存在竞争，存在方式方法而不是根本目的方面的分歧；公共政策主要反映的是精英的志趣和价值观，而非民众的要求；精英们是保守的，从而政策改革只是缓慢的量变而非大幅度的质变；政策制定过程中精英们对民众情绪的摆布大于民众情绪对精英价值观的影响。①

在精英决策模型看来，公共支出政策要反映"民众的要求和呼声"，与其说是表达了民主的真谛，倒不如说是描述了一种神话。公共支出政策是自上而下制定的，精英们出于维护其在体制中的地位，制定政策有时也会考虑民众的需要，有时还会为了大众的利益进行支出政策改革，对支出政策进行渐进调整。精英决策理论认为，精英集团之间进行的信息交换促使他们就什么社会状况值得国家关注达成一致，新的支出项目是否能进入政策议程由精英们决定。政治家参与竞选离不开精英人物的经费支持，获胜后也会尽量制定符合捐助者们偏好的支出政策，以获得精英们对其下一步竞选的源源不断的金钱支持。精英们所在的组织为利益集团提供资金支持，利益集团代表精英们的利益对相关的支出政策立法进行院外游说，同时给予参选官员竞选捐助。在民意的制造过程中，媒体精英把精英集团的观点传达给公共支出决策者和民众，告诉当选的官员们必须解决哪些问题，告诉民众哪些问题息息相关。实际上大众媒体一直在引导人们思考。在政策议程基本设定、政策导向和

---

① 托马斯·戴伊，哈蒙·齐格勒. 民主的嘲讽 [M]. 孙占平，等，译. 北京：世界知识出版社，1991：1-7.

方针已经确定，大众传媒做好了舆论造势之后，国会、总统和法院开始了支出政策的直接制定过程。在这个过程中，利益集团之间会进行大量的讨价还价、损人利己、游说劝说、妥协让步、你争我夺的行为，当选官员之间也会进行人事协调和政治分肥行为。支出政策合法化过程最终决定哪些机构控制哪些支出项目及可获得的经费数目。随着社会规模的日益扩大和复杂化，行政机构被赋予的支出政策执行权力也随之膨胀，对支出政策执行过程的监督和执行效果的评估就显得格外重要，以确保精英集团的政策在执行过程中不发生严重偏离（戴伊，2002）。[1]

尽管在美国的政治文化中，民主的观念根深蒂固，但华盛顿的精英们大多数并不相信民众有足够的智慧对公共支出政策问题提出明智的意见和建议。大多数美国人也根本不相信政府会对他们的政策观点给予多大程度的关注，不相信政府会多么明了他们的问题和疾苦。当前在美国普遍流行和推崇的仍然是由公众广泛推动的、自下而上的"民主—多样化"的传统政策制定程序。自上而下的精英决策模式并不是一种很受欢迎的政策制定模式，也不是政策的一剂良方。它仅仅提供了一种分析模式，以便于理解和解释一种民主制度中公共支出决策的真实情况。当然，精英决策模型也因其忽视现代民主国家中公民的参与对支出决策的影响而受到批评。

第三节 公共支出决策机制优化的基础理论

一、公共产品理论

公共产品是由政府提供用来满足社会公共需要的、具有消

---

[1] 托马斯·戴伊. 自上而下的政策制定 [M]. 鞠方安, 吴忧, 译. 北京: 中国人民大学出版社, 2002: 3-18.

费性质的非竞争性和受益的非排他性的物品。根据各公共产品非竞争性和非排他性程度的不同，公共产品可分为纯公共产品和混合物品。理论上，纯公共产品应由政府全额提供，而混合物品则应根据其公共性程度来决定政府提供资金的比例。由于混合物品的种类繁多且特性不一，现实中很难精确把握某类具体的混合物品政府拨款的比例。公共产品按层次性还可分为国际性的、全国性的、区域性的和地方性的公共产品，各层次的公共产品应由相应层级的政府来提供。理论上，公共支出规模由公共产品的边际效用等于纳税的边际负效应决定，各级政府的公共支出规模由公共产品的层次决定，政府公共支出的结构由各类公共支出的边际效应相等决定。实践中公共支出规模受到经济发展水平提供财政资金的可能、不同经济发展阶段民众对公共产品需求的变化、非常时期纳税人的税收容忍度增强以及公共选择过程中的各主体经济人行为等因素的影响，[1] 各国公共支出规模和结构大不相同，且会随着时间的推移而发生变化。公共产品理论认为，公共支出的目的是提供满足民众需要的公共产品，公共支出决策结果应体现民意，民意表达有民众直接参与决策和选派代表参与决策，这就要求公共决策主体多元化，决策权力非集中化，决策方式民主化以及自下而上地决策。公共产品具有层次性，各级政府应履行其职责，分别提供相应层次的公共产品，为了防止上级政府任意下派事权，应建立规范的政府间财政关系，决策规则需要法治化。

二、公共选择理论

公共选择是指通过许多人根据已确立的规则在政治上的相互作用所做出的选择，公共选择理论研究如何利用政治过程来

---

[1] 刘京焕，陈志勇，李景友. 财政学原理 [M]. 北京：高等教育出版社，2011：27-28.

决定由政府提供的产品与服务数量（海曼，2011）。公共选择理论通过将经济人的自利和理性特点引入公共支出决策分析，从需求角度分析了怎样把个人偏好集合为社会偏好的支出决策过程，从供给角度分析了官僚机构怎样利用信息不对称实现自身效用最大化从而偏离支出决策方案的过程，分析了政治家、立法机构和党派和利益集团等在支出决策中所起的作用和对支出决策结果的影响。

公共选择理论主张通过事先规定"游戏规则"来有效约束决策主体行为，提出了公共支出决策规则法治化和宪政要求。关于公共支出决策规则，公共选择理论认为，根据形成最后决议所需要的支持者在总投票人数中所占比例由100%降到0，支出决策规则可以分为全体一致同意规则、2/3（或4/5）多数规则、简单多数规则、相对多数规则、特定少数人同意规则、一票赞成规则和无需集体中任何人同意规则等。其中，根据特定少数人同意规则进行投票的结果是寡头政治，而决策由某位特定投票人做出的情形是君主政治（或专制），最为极端的情形是集体中的人不投票，决策由外部力量（如殖民）或特定的风俗习惯强迫集体成员遵从的结果。这些少数票规则的决策交易成本低，政治外部成本很高，不符合市场经济民主政治的要求。而在多数票规则下，按简单多数规则的支出决策只需要超过50%的赞成票就可通过决议，是实践中常用的普通规则。在一些重要的支出决策上，有可能需要更多的人（如2/3或4/5）投赞成票才可通过，以确保支出决策不违背更多人的利益。但是，随着要求同意的人数比例增加，决策的交易成本也大大增加。一个极端是支出决策需要集体中所有人同意，这时决策不会对任何人产生外部负效应，但全体一致同意是如此之难以至于交易成本变得非常大，甚至根本无法达成一致意见。公共选择理论认为，支出决策时应该选择外部政治成本与决策交易成本之和最小的那个多数比例作为最优多数。另外，如果投票者具有单峰偏好，对支出方案两两投票的多数票规则结果就会是中间投票人偏好的方案。[①] 然而，现实中很难保证单峰偏好条件，从而导致按简单多数规则对两个以上的备选支出方案投票时，会出现任何一个单独的方案都无法获得简单多数赞成票，执意按此规则进行决策的结果是易导致高昂的交易成本，甚至需要进行第二轮投票。一个解决高交易成本的办法是采用相对多数规则，只要获得相对多数赞成票该方案就可胜出。但是，多峰偏好可能会使按相对多数票规则进行决策的结果不稳定，一旦改变投票议程支出决策结果就可能截然不同，从而出现"投票悖论"。计点投票规则给每位投票人分配有一定数目的"点"，投票人可以自由决定将点分配给各备选方案，点数最多的方案获胜。计点投票规则能更好地显示出投票人的多峰偏好，保护了对某个方案有强烈意愿的少数投票人的权利，但提高了部分人采取策略行为的可能性，提高了决策成本。[②] 总之，公共选择理论对支出决策规则进行了详细的论证说明。尽管这种"一人一票"的集体决策形式只考虑了数量上的平衡，而没有考虑投票人发言的质量，从而会损害决策的有效性。而且多数票规则存在很高的决策成本，集体决策一旦失误还会使决策责任追究变得困难。[③] 从而公共选择理论的集体决策规则在实践运用中碰到了许多困难。但是西方国家仍然认为集体决策比个人决策能更好地反映多方利益需求和吸收多方智慧，从而使决策更民主、科学。应该说，不同类型的集体决策规则适合不同类型的决策，支出决策涉及公众利益面越

[①] 丹尼斯·缪勒. 公共选择理论 [M]. 韩旭, 杨春学, 等, 译. 北京：中国社会科学出版社, 2010：96-97.

[②] 大卫·N. 海曼. 财政学理论在当代美国和中国的实践应用 [M]. 张进昌, 译. 北京：北京大学出版社, 2011：76-106.

[③] 安蓉泉. 地方政府决策机制的认识与实践问题分析 [J]. 中国特色社会主义研究, 2007（6）：59-63.

广，支出事项越重大，适合越多数的规则；日常的支出决策则采用简单多数即可。

实际上，集体决策也是一种民主决策形式。随着多数的比例逐步提高，民主决策会带来越来越高的交易成本。而解决这种支出决策低效的方法之一就是民主集中制决策方式，通过民主方式了解民众需求对支出方案的偏好，并将其个人偏好集合成社会偏好的顺序。在此基础上再通过少数人的集中决策，可有助于从财力可能的供给角度（而不仅仅是从民众需求）选择支出方案，也可有助于从长远的经济社会利益角度（而不仅仅是从个体眼前利益角度）来选择支出方案。民主基础上的集中方式决策将大大提升决策效率，符合社会长远利益目标。西方发达国家民主决策规则运行中出现的大量低效问题告诉我们，公共选择投票规则的不断优化也不能完全解决民主中可能出现的低效，民主集中的决策方式提供了解决低效问题的思路。

公共选择理论主张公共支出决策自下而上进行，在充分集合民意的基础上进行支出决策，提出了公共支出决策方式民主化要求。然而，如果投票者意识到对某种公共产品的偏好强度与其为此支付的税收成正比时，会隐藏其真实偏好，导致公共产品提供与真实的公共需求之间偏离，公共支出政策不符合真实的民意。

公共选择理论认为地方公共产品提供应通过纳税人"以足投票"的方式促进地方政府间有效竞争，全国性公共产品应根据直接民主或间接民主方式基础上形成的需求数量和结构，由中央政府或联邦政府供给。此理论提出要科学界定中央政府与地方各级政府间的职责与事权，主张实行财政联邦制主义。

三、民主理论

民主的字面含义是指"由人民自己来统治"。由于历史发展的复杂性与曲折性、人类认识的局限性和差异性，绝对的、无条件的民主是不存在的。不同的人类历史发展阶段形成了不同的民主模式。美国政治学家大卫·海尔德认为民主可分为古典模式和现代变形两类，古典民主模式包括雅典民主、文艺复兴时期的保护型民主、发展型民主、直接民主，民主的现代变形有精英民主、多元民主、合法民主和参与民主。[①] 在古希腊城邦国家雅典城形成的古典民主制下，市民直接参与立法和行政过程，参与公共事务的决定。但雅典民主只适用于规模极小、人口很少的古代城邦国家。文艺复兴时期，人们从漫长的中世纪宗教桎梏下解脱出来，形成了保护型民主，强调个人的私有财产、安全和自由等权利，认为国家和社会存在的目的只是为保护个人权利，个人与他人利益永远存在着对立和冲突，只有建立民主政府才能使政治决策和公共利益相适宜，把"保证个人不受独裁政治干涉而追求自我利益"作为验证自由民主国家的标准。产生于19世纪的英法资产阶级国家的发展型民主，强调民主在国家和社会关系中的作用，认为参与政治生活不仅能保护个人利益，而且能使人性最大限度地得到发展、完善，认为在复杂的社会中代议制民主是最好、最理想的实现形式。马克思和恩格斯提出的直接民主，有社会主义民主和共产主义民主两种形式。社会主义民主强调公共事务由金字塔式的公社或委员会管理，立法和行政等政府官员服从于经常性的选举、监督和罢免等。共产主义民主强调社会自我管理，所有公共事务由公众集体管理，采取协商一致的公民决定原则

---

① 黄文扬. 国内外民主理论要览 [M]. 北京：中国人民大学出版社，1990：395—422.

等。20世纪科技迅猛发展，西方世界流行一种竞争的精英主义思想和技术统治的观念。精英民主认为，现代社会的规模、复杂性和差异性使得直接民主难以实现政治稳定。广大群众的政治感情冷漠，不能正确理解和判断公共事务，无法制定决策，只有通过民主选举，选择一批有技术、有能力的专家和最信赖的领袖人物（即政治精英），代表他们进行行政管理，以保证国家管理政治、经济和社会事务的高效化。科技进步为现代社会统治提供了必要手段；强大的议会制度、竞争的政党政治及法治可对庞大的官僚机构进行监督与权力制衡，能有效防止掌握国家权力的官员独裁专断。在战后西方社会出现的多元利益集团的影响下，多元民主模式形成了。多元民主认为个人在政治生活中很少能起较大作用，个人与利益一致的其他成员组成无数个团体（即利益集团），多元利益集团之间通过无休止的讨价还价，影响国家和地方政府公共政策的制定，并改变着社会力量的基本结构。在当代英美新右派思想影响下形成的合法民主，认为现代国家已经强大到危害自由的基础，为保证个人权利不受侵犯，国家的权力和活动应被限制在法律范围内。在当代欧美新左派影响下形成的参与民主，认为当代国家和公民社会是分离的，社会不中立、不公正，公民权利异化，自由和个人的发展只有在社会和国家事务中直接地、不断地参与才能实现，而且个人的参与必定是有效的和有价值的。

总之，古今中外的民主理论提出了公共决策可以采取直接的形式，也可通过选出精英或个人参与等形式进行国家和社会事务管理，还可采取协商一致和集体管理的方式进行公共事务管理。建立民主制度不但可保护民众的自由、财产和安全，而且有助于其人性的发展与完善。现代社会多元的利益集团会通过各种途径施加压力影响公共政策制定。现代国家日益强大，国家权力和活动必须限制在法律范围内，以保证个人的权利不受侵犯。

四、系统优化理论

优化是个古老的话题。从 17 世纪微积分中的极值问题到后来的拉格朗日乘法,从生物的遗传与进化到蒸气机时代、计算机时代的优化技术和智能计算,无不涉及对最优问题的探索。优化理论作为一个重要的数学分支,主要研究最优方案的比较、选择与最优解的计算。把优化技术运用到工程领域,如生产调度和计算机工程、模式识别、系统控制和人工智能等,可用于找寻工程问题的最优解。系统是指由相互作用与依赖的子系统组成的、具有特定功能和共同目的的有机体。系统优化原理是指对各子系统运行进行组织、协调和控制,使其整体上获得最优绩效的过程。系统优化理论认为,系统的整体功能并不是各部分功能的简单相加之和。为使系统的整体功能达到最大,必须通过目标整合、利益协调等方式,把系统内部各成员之间的目的分歧、利益冲突而导致的摩擦与内耗降到最低;系统内部各成员自身处于最佳状态,并且各成员目标一致,关系和谐,系统内部的凝聚力就强;如果系统对外部环境的适应能力也较好,则系统的对外竞争能力必定很强。

在系统优化理论看来,公共支出决策机制优化,实质上是指通过各支出决策子系统在决策过程中的相互协调配合及动态演化,实现公共支出最优决策的过程。公共支出决策子系统由决策中枢系统、决策咨询系统、决策信息系统、决策监管系统和决策执行系统五大子系统构成。公共支出决策机制优化要求五大子系统分工明确、各司其职、互相协调,为公共支出决策的民主、科学和有效而共同努力,以实现公共支出决策系统的整体最优。

第二章

中国公共支出决策机制的历史演变

第一节 计划经济条件下的公共支出决策机制

一、公共支出决策的主体及权力配置

计划经济时期（1949—1992年）中国几乎所有资源都由中央实行计划配置与管理，虽然政府支出广泛涉及经济社会事务的方方面面，但预算只是整个中央计划的反映，公共支出决策权力却是高度集中在个别机构和部门手中。要厘清计划经济条件下的公共支出权力结构，必须将其置于中国当时的国家权力架构体系中去分析。

（一）横向的支出决策权力结构

以中央为例，从公共支出决策权力的横向分布来看，全国人大常委会和国务院在党的领导下开展工作。党政关系是最基本也是最复杂的关系，中共中央（特别是中央政治局）与国务院长期以来有着十分密切的工作关系，保持着合署重要决策文件的传统（周光辉，2011）。国务院在讨论国家预算等之前，必须报中央政治局讨论并原则通过，以确保政府工作不脱离党中央领导，政府各部门对中央决议和指示的执行情况要定

期、及时地向中央报告。在组织上，国务院总理一般也是中央政治局常委，而且在中央政治局和书记处下设立财经、政法、外事、科学和文教五个中央工作领导小组，这使党中央各工作部门职能得以拓展，包括了从主要管理政府相关部门的干部拓宽到直接管理政府部门的业务工作。党通过制定方针政策，直接影响并决定着政府预算的安排和公共支出结构与比例，同时也通过政策调整改变着政府支出的方向和数量。安排财政资金以落实党的方针政策，是政府编制预算时需要考虑和保证的。

国务院及其职能部门的公共支出决策权力。从经济体制来看，中国计划经济可分为两个阶段：一是纯粹的计划经济时期（1949—1979年），二是有计划的商品经济时期（1979—1992年）。中国政府及其职能部门的预算权力随着经济体制的发展而有所变化。整体来看，财政部作为名义上的预算机构，其公共支出决策权力被削弱。改革开放前，预算只不过是计划的反映，计划委员会则是实质上的"核心预算机构"，计划委员会编制的有关国民经济社会发展的各类计划是党的方针政策的具体体现，财政部门的公共支出安排仅仅是为计划实现提供的资金支持，在计划主导着资源配置的环境下，财政部门是名义上的预算机构。由于计划是跨部门的，支出按其在经济建设中所起的作用进行功能分类。外交经费实行全额预算管理；行政事业单位支出则由财政制定定额标准，实行"统收统支"、全额预算管理和差额预算管理等形式；基本建设支出1958年以前由财政部门决定，之后由财政委托建设银行办理，改革开放以来部分项目实行基本建设拨款改贷制度，1988年后又针对能源、交通和原材料等重点建设项目建立了中央基本建设基金制，由建设银行按计划管理，专款专用，在财政预算中列收列支；经营性投资由国家各专业投资公司负责，非经营性投资即为中央各部门的基建项目支出；国防支出决策由中央军委掌控，由中国人民解放军总后勤部具体组织实施；科技支出的部分决策权在20世纪80年代中期划到科技部门名下。另外，随着政府的分权让利和商品经济的发展，各部门的预算外资金规模迅速膨胀，财政部门的预算权力被进一步肢解，形成一种"碎片化"的支出决策权力格局（彭健，2006）。

《中华人民共和国宪法》（以下简称《宪法》）赋予人民代表大会"审查本级总预算及本级总预算执行情况的报告，批准本级预算"的权力，全国人民代表大会是法律意义上拥有最高支出决策权力的机构。

（二）纵向的支出决策权力结构

纵向的支出决策权力结构安排受国体的制约和财政体制变化等因素的影响。我国是一个单一制国家，政府间财政关系的变化由中央主导，在计划经济时期这种由中央主导的财政体制改革尤其明显，从而引发了纵向的公共支出决策权力结构变迁。新中国成立以来，中国的支出决策权力是集权型的，尤其是在确立我国政府预算制度的初期，预算管理权限主要集中在中央，一切财政收支项目、收支程序、税收制度、供给标准、人员编制都由中央制定，地方预决算由中央财政部核定审查。党通过发展扩大组织，不但将党员发展到政府及其各职能部门，还建立一套从中央到地方的各级党组织，确保中央政策的贯彻落实。上级政府有权任命下级政府的党委书记，使得党委书记只能以执行上级意图为己任，预算体制改革也就可以自上而下的顺利推进。尽管我国设有中央、省、地市、县和乡镇五级政府，各级政府有自己的财政收支范围，但是新中国成立以来我国的预算体制历经了数次改革（见下表2.1），改革重点在财政收入的划分方面。地方政府的事权范围也随着财政体制的演变而变动，有时地方政府不得不为完成上级政府下达的考核指标而努力，地方的公共支出决策权力被上级政府削弱，直到1980年地方与中央"分灶吃饭"后各级政府预算才得以逐渐独立，支出决策权力有所增强。地方政府事权大于财权，于是转向寻求预算外收入来源，这进一步弱化了地方预算内公共支出决策权力。因此，计划经济下地方政府的公共支出决策权利从整体上来看是不充分的。

表 2.1　　1952—1992 年我国预算体制的演变

时期	预算体制
"一五"时期	划分收支，分类分成，分级管理
1958 年	以收定支，五年不变
1959—1970 年	总额分成，一年一变（但 1968 年实行收支两条线办法）
1971—1973 年	定收定支，收支包干，保证上缴（或差额补贴）
1974—1975 年	收入固定比例留成，超收另定分成比例，支出按指标包干
1976—1978 年	收支挂钩，总额分成
1980—1984 年	划分收支，分级包干
1985—1987 年	划分税种，核定收支，分级包干
1988—1992 年	多种形式的包干财政体制

资料来源：彭健. 政府预算理论演进与制度创新 [M]. 北京：中国财政经济出版社，292.

可见，在计划经济条件下，党委的公共支出决策权力被强化，人大的则被弱化；财政部门的公共支出决策权力被弱化，计委的则被强化；上级政府的公共支出决策权力被强化，下级政府的则被弱化。

二、公共支出决策的程序和方式

公共支出决策程序反映三个方面的内容：政府间和同级政府各部门间的公共支出决策权力的运行规律，以及某项具体支出决策应该遵循的客观规律。从政府间的支出决策权力运行来看，由于下级政府的决策权力被上级政府削弱，部分公共支出项目因上级政府政策规定必须优先得到保证，呈现出自上而下的公共支出决策程序形式。从同级政府各部门的支出决策权力运行来看，党委制定经济社会发展方针政策→政府下达编制预算指令→计委编制政府各部门的计划指标→财政部门编制支出计划→提交政府审定→政府提交党委审定→政府提交人大讨论通过。其中，不同功能类别的支出决策权在部门还是在财政有所不同，外交、国防等支出有优先得到保证的权利，更多类别的支出规模由计委确定，支出结构由财政决定。如国防支出的决策程序就是：由中国人民解放军总后勤部对军队需要的各项开支，编制成国防预算，报经军委领导审批，再由财政部办理拨款，中央军委负责各项经费的管理，年终按实际开支数编报决算，军费的预决算均由总后勤部报中央军委，批准后再由总后勤部送财政部。从某项具体支出的决策来看，计划经济条件下，不管是人大和政府，还是财政部门和其他职能部门，具体决策时很少依据科学和严格的决策程序（提出问题→确定目标→收集资料→拟订方案→评估方案→选择方案→执行方案→追踪反馈）进行，也没有为日常公共支出决策制定并公布决策程序，公共支出决策程序化程度低，决策不规范。

从公共支出决策方式来看，计划经济条件下多为领导者个人拍板决定，经验决策为主，决策质量的高低完全取决于决策者个人素质，这容易导致主观主义错误。计委通过制定计划为各部门单位配置资源，计划方法虽然是一种具有理性主义倾向的决策方法，但由于缺乏足够的决策信息，很多决策都是在没有进行充分的调查分析与详细的方案比较情况下，以决策者个人经验和知识等为基础的定性决策，决策的科学性没有保障，且这种定性决策无法适用涉及范围广的复杂问题。从决策方法来看，支出决策权力集中于个别领导者或少数个人，很少有民众和基层单位参与；习惯把决策过程中的意见分歧政治化，把支出决策意识形态化，动辄上升到阶级斗争层面，为避免意见分歧公开化导致民众觉得党内闹分裂，往往采取封闭决策方式；特定条件下才会征求社会团体或民主党派代表的意见，这又使公共支出决策有时带有明显的精英决策特点。

可见，计划经济条件下公共支出决策是一种专制决策、精英决策，是一种定性决策和理性主义倾向的决策，这就决定了决策程序必定是自上而下的、非程序化的和不规范的，公共支出决策的科学化程度低。

三、公共支出决策的监控机制

公共支出决策的监控包括对公共支出决策的"以权制权"和支出决策的程序控制两类。前者是指通过其他权力（如立法权力）对公共支出决策权力进行制约，形成一种权力的分立与制衡，来进行支出决策的监督；后者是指通过制定规范的决策流程并将其制度化，要求常规的公共支出决策按照事先规定的程序进行决策。从监督主体来看，对公共支出决策的监督来自立法机关、财政部门及其监察机构、审计机关、社会中介和社会舆论等部门、单位和团体（于国安，2006）。计划经济时期，只有财政监察机构发挥了一定支出决策执行和监督的作用，而人民代表大会作为立法机构，其支出决策监督和决策执行监督的作用相当有限。

新中国成立初期，我国在借鉴前苏联经验基础上，结合中国实际情况，建立了一种偏行政性质的公共支出决策监督模式。"一五"时期，我国初步建立了公共支出决策的监督制度，除陆续颁布了一系列预算法规外，还成立了财政监察部门，这也为监督财政政策和财政法规的贯彻执行及财经纪律的维护起到了很重要的作用。但大跃进时期财政监察力度大大削弱，1958年财政监察机构被撤销，预算监察机制未得到应有发展。直到1979年7月，在国务院推动下各地建立健全了财政监察机构，加强了监察队伍建设。1985年各地财政监察部门还集中力量对支出决策及执行情况的合法、合规性进行了突击检查。

人大会作为全国人民代表参政、议政的场所，除了对支出决策进行立法之外，还有一个重要的职责就是代表全体人民监督支出决策的执行。然而，计划经济时期，我国人大会不仅支出决策的监督权被弱化，而且支出决策执行的监督权也被虚置。尽管1954年我国的《宪法》及《中华人民共和国组织法》（以下简称《组织法》）都确认了各级人大有权审查和批准同级政府的预算和决算，1982年修正后的《宪法》进一步明确了人大常委会的预算监督权（张树剑，2011）。但是计划经济条件下，我国党政关系密切，使得政府部门的行政自由裁量权过大，权大于法的情况经常发生。预算编制过于粗糙，预算资金从财政部门拨付出去后，各部门自主决定开支范围和形式，加上相关支出决策执行信息不透明，人大仅仅能从支出决策是否符合程序和支出是否合法等角度对支出决策进行粗略监督，作用十分有限。

从决策程序控制来看，计划经济时期我国公共支出决策领域并没有制定科学的决策程序。首先，自上而下的决策、领导者个人和精英们的经验决策等，意味着名义上为民办事的支出决定是在没有考虑民众需求的基础上进行的。其次，计委制定计划，财政为各部门单位编制预算的做法，导致支出决策执行的程序控制只能到财政拨付给各部门单位款项这个环节，至于巨额的支出在部门单位如何使用，根本无法进行程序控制。因此，计划经济时期通过程序控制的方式进行公共支出决策的监控的意义也不大。

四、公共支出决策的信息基础

（一）国民经济和社会发展信息统计水平较低，统计方法落后

尽管新中国成立后不久，我国建立了一个配合国民经济和社会发展的信息统计系统与网络，在全国范围内设立了统计机构，配备了统计工作人员。但是，改革开放前我国的统计工作都是封闭式的，统计工作是为了服务于计划经济体制，是对中央、地方各级政府的计划执行情况进行的一种检查监督。这种状况一直延续到1992年市场经济改革前，因此，统计也称为"计划统计"。统计信息多从计划制定需要出发，虽然在一定程度上可满足宏观经济决策的需要，但几乎很少有针对政治、经济和社会决策主体需求的微观数据统计。统计部门多采用先由基层统计部门收集统计报表，层层汇总与上报数据的方法，没有抽样调查，实行MPS体系（物质产品平衡表体系）严格区分物质生产与非物质生产的统计。改革开放后，统计核算体系从MPS转向SNA（国民经济账户体系），也借鉴国际惯例采用抽样调查方法，但层层上报汇总为主的方式并没有发生改变。说明当时我国的经济社会发展信息统计水平较低，更细致深入的决策信息仍然无法获得，信息统计方法有待改进。

（二）支出决策的信息基础薄弱，信息失真情况严重

革命战争年代形成的保密习惯，一直延续到和平时期的经济建设与社会管理中。不管是涉及国家安全、军事安全的信息，还是一般性公共政策信息，一律实行严格的保密制度。统计信息作为国家机密，没有批准不得对外发布。1951年公布实施的《保守国家机密暂行条例》，规定了国家机密涵盖的范围，国家财政计划、国家概算、预算、决算、各种财务以及与社会政治生活相关的大量信息都是保密范畴。缺乏相关的经济

社会发展状况基础信息，就不可能针对专门的复杂问题进行研究，只能凭借个人的经验决策，公共支出决策的科学性就不可能得到保证。

计划经济时代，不仅信息贫乏，而且信息失真。基层单位收集资料、层层汇总上报的做法，使得下级单位为了得到上级的认可和提拔的机会，故意夸大经济数据。尤其是在长期的阶级斗争过程中形成了个人崇拜、一言堂和领导独断专行的社会风气，决策权力高度集中，决策者的信息主要来自下级的层层上报，经济人动机使决策信息高度扭曲，"人有多大胆，地有多大产"就是当时信息极度失真的最好描述。信息贫乏和失真使得做出的支出决策几乎不可能正确。

（三）支出科目粗，支出信息透明度低

计划经济时期我国预算科目按"两列五级"设置，从新中国成立初到1970年支出一直采用按费用类别划分，具体分为经济建设支出、文教等事业发展支出、国防支出、国家行政管理费用和其他支出等。从1971年开始主要按支出用途分类，预算指标编制时将支出按支出用途或费用性质分为基建支出、企业挖潜改造资金、科技三项费用等。在将支出按计划指标口径列示支出用途基础上，再按部门或用途设"款"，使支出用途与计划指标口径一致，以表明财力上保证了经济计划实现。这种强调支出按部门归口的做法，模糊了支出性质，使一些属性相异的支出归口于同一部门内，使得由部门和基层单位统计出来的部门支出信息失真（王金秀、陈志勇，2013）。

从预算编制方式来看，一直采用单式预算方式，不利于分门别类地对支出进行信息汇总和研究分析。经济建设支出、文教科卫等事业发展支出等与国防支出一道被列为机密信息，从而使得普遍民众无法了解预算情况，专家无法获得相应支出信息开展研究，人大无法对支出决策进行有效监督，支出决策建立在直觉经验基础上，科学性得不到保证。

五、公共支出决策的实施效果

公共支出决策的实施效果可分为两个层面：一是公共支出决策本身是否正确，判断的方法是公共支出的规模是否适度、结构是否合理，具体可观察支出有没有提升经济效率、公平收入分配和促进社会稳定；二是公共支出决策执行是否有效，这取决于各部门对支出政策意图的正确领会和支出方案的正确实施，具体可通过对各部门的绩效评估来检查支出决策的执行效果。

计划经济时期公共支出决策实施效果的评估，需要分阶段来进行。新中国成立初期到1957年年底，中国当时人口众多、族群多样、经济落后、地区差异明显，相对集中的支出决策权力体系确保了短时期内动员和整合足够的资源，投资部分重大建设项目，开展大规模经济建设。这段时期的财政支出使国民经济得以恢复，并得到快速发展，公共支出决策是有效率的。但是往后的60年代和70年代，历经了政治动荡、社会危机，财经纪律被极度破坏，决策权力高度集中，伴随着决策的主观性、随意性、盲目性和专断性，重大决策失误不可避免，经济发展停滞甚至倒退。公共支出决策毫无效率可言，社会也极不稳定。70年代末开始的改革开放解放了思想，政府放权让利的结果是市场规模的相应扩大和公共支出比重的下降，地方政府有了更多的自主权，也带来了各地方政府及其职能部门预算外收支的急剧膨胀。公共支出决策的经济效率提升，社会发展稳定。从公平标准来看，计划经济时期整体上是收入差距是非常小的，在平均主义或吃大锅饭的思想影响下，这种人为地控制收入差距的方式是以牺牲经济效率为代价的，是一种低效率水平上的公平，是一种结果的公平。

公共支出决策执行效果。改革开放前在高度集中的计划经济体制下，预算是计划的具体体现，集权的行政管理体制基本能确保公共支出决策的执行本身是高效的。但是在不同的年代支出决策本身的科学性不一样，使得各部门有时"用正确的方式做了正确的事"，有时"用正确的方式做了不正确的事"，当然也有可能是"用错误的方式做了错误的事"，或者"用错误的方式做正确的事"，使得支出决策的执行力度强弱与决策效果高低没有必然联系。改革开放后，政府分权、财政分权的结果是各部门预算外支出决策权力加大，个别部门（如科技部门）在预算内也获得了一定的法定财力分配权力；而政府在此阶段只加强了财政收入领域的分配与管理，支出管理未提上日程，尽管分权促进了市场发展，但支出规模膨胀，财政资金使用效率低下，支出决策的执行效果不佳。

第二节　市场经济条件下的公共支出决策机制

一、公共支出决策的主体及权力配置

顺应市场经济体制改革带来的利益主体多元化形势，我国治国理念也发生了转变，在公共支出决策权力配置方面，加强了全国人民代表大会在预算审批方面的权力。如，在《宪法》基础上，1994年颁布的《中华人民共和国预算法》（以下简称《预算法》）进一步明确了人大及其常委会在预算审批和监督方面的职责。部门预算改革后通过"提前介入"程序强化了人大的法定初步审查权力，同时预算收支分类科目改革为人大对预算进行实质性审批创造了条件。在党委领导下的"行政主导型"预算模式下，人大拥有的更多的还是监督权。从法律上来看，政府（主要指行政首长）在公共支出决策方面的权力是编制本级预算草案，但行政首长一般是领导政府的全面

工作，预算草案的形成过程实际上是行政首长在财政部门的辅助下完成的，预算决策是在党委领导下的行政主导型决策。

政府处于公共支出决策的核心地带，但公共支出决策法定最高权力机构是人大，在党的统一领导下，人大对政府的支出决策进行监督、评价。政府在保证党委政策得到足够财力支持的情况下，行政首长（如省长或市长等）对预算决策有着决定性的影响。政府编制出来的预算先报党委，上"省委（或市委）常委会"是政府预算过程的一条不成文的工作惯例。而在政府领导高层，公共支出决策分配权则是相对集中的，省长（或市长）对财政工作具有实质性主管权，分管财政的副省长（或副市长）仅仅是协助省长（或市长）的工作而已，分管省长（或市长）并没有获得与分管政策领域相匹配的支出决策权，仅有份额很小的省长（或市长）预备金或类似的固定经费。这就在一定程度上强化了财政厅长（或局长）与省长（或市长）的直接关联，暗示并鼓励了财政厅长（或局长）与省长（或市长）而非分管领导作为直接负责的对象，同时也强化了财政在编制部门预算时的支出决策权力。

财政部门是名义上的"核心预算机构"。市场经济体制改革逐渐瓦解了计划体制在资源配置方面的支配性地位，原来由计划委员会集中的资金分配权逐渐地被各个部门肢解，预算不再是计划的反映，不再是一个有效的财政约束工具。1999年开始实行的控制取向的部门预算改革，为财政部门替代计划委员会成为"核心预算机构"提供了基本的制度框架。在政府内部控制体系逐步建立和完善过程中，通过推动综合预算、零基预算、"二上二下"的预算编制程序和绩效监督和评价等改革，财政部门逐渐转变成为一个集中预算分配权，并尽可能地对支出部门的财政预算活动进行有效控制的"核心预算机构"（於莉，2010）。财政部门负责本级预算的编制和审查，对各支出部门的各种预算要求进行评估和筛选，同意某些预算要求而拒绝另一些预算要求，支持那些有生产效率的资源申请而抵制那些没有效率的资源申请，扮演着资源保护者的角色。其他有预算分配权的部门扮演准预算机构的角色。在许多地方，发改委拥有基本建设支出的决策权力，建委有城市维护建设专项资金的分配权力，教委有教育附加费使用的安排权力，科委有科技三项费资金的分配权力，经委有企业挖潜改造资金的分配权力。而各职能部门扮演预算申请者和支出拥护者的角色，支出部门通过预算编制过程以及预算执行过程中的追加程序，向财政部门提出支出申请，并对财政部门给其申请做出的（否决）答复以及调整方案进行申辩，以得到更多的支出和最大的自由。

在各部门内部，资金分配权力有几种不同的模式。第一，支出决策权力在部门领导和主管。由支出部门首长和财务主管、其他分管领导等内部关键人员拟定部门内预算资金的初步分配方案，预算资金的分配主要考虑部门内部纵向上的等级对应性和横向上的平衡性。第二，支出建议数由基层单位提出。由支出部门下属的二级预算单位或内设机构提出预算项目建议，并进一步汇总到部门的财务主管或财务处室，然后报送局长办公会讨论通过。虽然这样的模式下是"先有项目后有预算"，但项目建议与以前年度资金的安排和使用直接相关。第三，支出决策权力的横向分解模式。如科委管理的经费，有的地方对科技三项经费实行计划、项目和经费管理三分离，由三个不同的副局长来分管、由三个不同的内设处室来具体执行，局长的任务是制定政策，营造环境，对计划要点和项目计划的综合平衡与最终确定进行管理。

二、公共支出决策的程序和方式

我国现行政府公共支出决策一般按"二上二下"的程序进行。具体过程如下：单位自下而上报送各项支出建议数，逐级汇总后,由主管部门报送同级财政部门(一上)。财政部门根据政策法规、经济社会发展规划和各项支出测算所确定的预算数额,以及本级政府批准的基金收费计划,自上而下按预算级次下达支出控制数(一下)。单位根据所下达的支出控制指标,调整核实本单位的各项支出,结合其他支出,按预算编报要求,正式编制年度预算草案,逐级报送主管部门,经主管部门审核汇总,报送同级财政部门,财政部门汇总各部门预算,形成本级政府总预算草案,将本级预算和下级预算汇总成总预算,报同级政府常务会议(有时还需要报党委常委会)讨论通过。政府预算草案要于人大会开会前一个月提交给人大常委会及财经委员会进行初审,人大会期间提交人民代表大会按规定程序审核批准,成为具有法律效应的文件(二上)。审核批准的本级预算由财政部门在规定期限内向各部门批复下达,各主管部门再批复所属各单位预算(二下)。部门内部的支出决策过程也有自上而下的模式,此时,内部支出决策过程始于支出部门领导、财务主管、其他分管领导等内部关键人员拟定的部门内预算资金初级分配方案,而非始于二级预算单位提出的支出项目建议。从政府间支出决策权力运行来看,自分税制改革以后,上级政府有对下级政府的转移性支付,部分采取了配套拨款形式。另外,上级制定的部门性法规决定等强制要求保证某些支出项目的支出最低额度或总额增长的最小幅度,如教育支出、科技支出、农业支出和计划生育专项经费等。这些法定支出分解了地方政府公共支出决策权力,使这部分支出的决策程序呈现出自上而下的范式。公共支出决策程序部分由支出权力的配置所决定(上述两种情形的决策程序),部分独立于决策权力的分配,反映支出决策的行动顺序。从某项具体支出的决策来看,随着部门预算改革的进一步深入,支出决策越来越多地依据科学和严格的决策程序进行决策,部分经常性支出也基本实行规范的程序性决策。

随着市场经济体制改革进一步深入，我国政治行政体制领域也相应发生了较大变化，政府职能的转变和财政压力的加大对公共支出决策的方法和形式提出了改革的要求。从公共支出决策方法来看，主要表现在如下几个方面：一是基数预算法。基数预算法是以过去年度的实际预算支出数为基础，考虑影响预算年度支出变化的各因素来确定支出计划指标，编制预算的方法。基数预算法是一种传统的支出决策方法，是渐进主义思想在预算决策领域的体现。渐进主义预算理论认为公共支出决策是一种讨价还价的政治过程，讨价还价的结果是建立在权力分配基础之上的。由于权力分配相对稳定，因而预算的分配也相对稳定，年度间只有较小的调整。在传统的功能预算下我国各级政府一直都采用基数预算法。基数预算法的优点是方法简单，决策成本低，适合预算管理水平较低的阶段采用。但是长期实行基数预算法，不合理的支出项目不但无法从支出决策中剔除，而且还被固化和不断放大。随着市场经济转轨和改革的不断深入，政府职能发生了很大变化，政府支出的范围和重点理应同步发生改变。二是零基预算法。因为基数预算法给我国带来了部门支出规模膨胀和资金使用效率低下等一系列问题。于是，在20世纪末开始的部门预算改革过程中许多地方引入了零基预算法。所谓零基预算法是指不考虑过去年度的支出情况，一切从效率出发，根据预算年度各部门、单位的实际情况和需要确定预算方案的支出决策方法。理论上，零基预算法确实有剔除不合理项目的重要作用，而且在基层单位提出项目请求时呈交的各方案详细分析材料增强了预算系统的透明度和责任性。但是，零基预算由基层单位由下到上根据实际需要提出预算请求，结果是支出预算变得非常大，在财政资源有限的现实条件下，根本无法满足支出部门需求。而且，零基预算法强调决策信息完全，以保证与支出决策相关的影响因素在方案设计、选优时都能被考虑在内。零基预算法还强调技术理性，要求预算决策真实完整地反映环境的变化,预算调整应遵循客观环境变化,而不是利益相关者相互讨价还价的结果(牛美丽,2010)。财力的限制、过于理性化和缺乏对政治的考虑,使零基预算法这种看似完美的支出决策方法在实践中没有用武之地,我国各地的零基预算试点改革要么严重走样,要么宣告失败,现阶段仅仅在项目支出决策时有借鉴零基预算法的"确认决策单位"和"决策包排序"技术。三是绩效预算法。绩效预算法是以经济社会发展战略和规划为导向、以绩效目标为出发点、以成本为基础、关注公共产出、强调预算结果的支出决策方法。我国陆续启动的部门预算、国库集中收付和政府集中采购等领域的改革加强了对公共支出规范性和安全性的管理。然而,饱受民众诟病的"政绩工程""形象工程"和"豆腐渣工程"等仍然屡见不鲜。同时,支出部门"重分配、轻管理""重投入、轻产出"和"争项目、争资金"等情况仍然长期存在。因此,2003年开始部分省市开始引入绩效预算法,试图通过对支出效率和效果的评价,强化资金使用情况对支出申请的约束作用。然而,由于法律制度、管理和技术水平和专业人员缺乏等因素的制约,绩效预算法的运用在我国还只是处于起步阶段,要发挥其重要作用未来还有很长的一段路要走。

从我国公共支出决策形式来看,主要有如下几个方面的转变:一是开始从个人决策逐渐向民主决策转变。计划经济体制下决策权力过分集中在个别机构(如计划委员会)或领导者个人身上,个人决策往往取代集体进行决策。市场经济发展带来利益主体多元化,要求公共支出决策向民主化推进,在公共政策制定和预算决策过程中不少地方开始探索民主集中制、会议民主制、民主协商制和参与式民主等民主决策方式。二是开始从经验决策逐渐向科学决策转变。传统"拍脑袋"的经验决策方式主观性太大,容易导致支出决策失误,带来严重后果。现代经济社会日益复杂化给公共支出决策提出了更高的要求，公共支出决策前广泛收集相关信息，决策过程中综合运用定量分析与定性分析相结合的技术以及聘请专家学者参与决策，增强了公共支出决策的科学性。三是开始从封闭决策逐渐向开放决策转变。如部分地方在支出项目立项前增加了民众表达意愿的环节，并把民意结果作为决策的重要依据。聘请专家学者参与支出方案的设计与评估，人大会审批预算时允许媒体进行实时报道等。诸如此类的公共支出决策环节的改进与开放，有助于提高公共支出决策的透明度，提高决策的科学性。四是开始从非制度化决策逐渐向制度化决策转变。随着《宪法》《预算法》的修订和完善，以及预算管理领域改革的进一步推进，有关公共支出决策主体的权力界定、程序要求、方法和形式采用等都有了较为明确的法律制度规定，预算决策的制度化程度有了明显提高。另外，随着公民权利意识的增长，基层民众参与地方政府支出决策的积极性有所提高，部分地方也开始推行参与式预算，取得了良好的效果。

三、公共支出决策的监控机制

从部门间支出决策权力的制衡来看，主要是指支出决策领域立法权对行政权的制约。人民代表大会作为我国的立法机关，对政府部门公共支出决策的监督制约体现在以下的四个环节：

一是预算编制阶段的监督。在预算编制前，各级政府一般都会以各种文件的形式将政府编制预算的意图、政策建议等传递给人大及其财政经济委员会和预算工作委员会，人大的专门委员会一般也会列席预算编制前政府财政部门的有关会议，参与对下年度预算编制工作的讨论，并会在此前吸纳社会专业人士发表对于财政预算的意见，且充分向政府表达。人大常委会的预算工作委员会还会在这个阶段组织人大代表到政府各个部门听取预算编制情况报告，主要是在预算报告和预算草案进入法定审查程序之前，了解社会民众对预算安排的期望。听取有关部门预算执行情况的通报，听取财政部门关于本级预算执行和预算编制情况的通报，就预算报告起草和预算草案编制交换意见、提出建议，并提出预算分析报告，为人大审查预算做准备，也可以直接代表公众社会提出修改和完善的意见。政府预算草案编制出来后要在人大会召开前的一个月提交人大预算工作委员会（简称预工委）进行"预先审查"，预工委开会讨论并提出修改意见，要求财政部门进一步修改。预审结束后（人大会召开前的一个月）人大常委会财经委员会开始初审，人大常委会可以根据其了解到的情况，在初审中就具体项目提出修正建议。在人大会期间，人大常委会成员还可联名提出对特定支出项目的质询，要求相关部门给出相应的口头或书面解释，从而形成一种对政府公共支出决策是否符合民意的一种事前监督与制约。

二是预算执行的监督，主要包括对预算调整的审查和预算执行报告的审议。根据《预算法》规定，人大有审查和批准本级预算调整方案的权力，预算调整审查是人大对预算决策进行监督的一项重要内容。我国《预算法》还规定，预算执行过程中因特殊需要增加支出或减少收入，使原批准的预算中举借债务的数额增加的部分变更，需要报本级人大会批准。通过对预算执行过程中的预算调整进行重点监督，对增加的公共支出项目的合规性和合理性进行审查。我国《预算法》规定各级政府应当在每一预算年度内至少两次向本级人民代表大会或其常委会作预算执行情况的报告。通过对季度或半年预算执行情况报告的审查，人大实现对政府及其职能部门是否按其所批准预算的既定方向执行进行监督。如果人大及其常委会对某个重大支出问题有疑义，还可成立特定问题调查委员会进行调查、取证，形成相应的决定或决议，提交人大或其常委会。特定问题调查权的行使可使人大的监督责任落实到具体单位、个人,并且有明确的处理意见和建议,避免权力机关的监督成为经验教训的总结(杨灿明、王金秀,2010)。

三是审计机关的监督。根据《中华人民共和国审计法》(以下简称《审计法》)规定,我国审计机关有权对政府及其职能部门的财政收支的真实性、合法性和效益,依法进行审计监督,各级政府应当每年向本级人大常委会提出审计机关对预算执行和其他财政收支的审计工作报告。

四是财政部门的监督,包括内部监督和对一般预算单位的监督。我国在财政部门内部建立了主要负责监督检查的处室,还有财政部派驻各地的财政监察专员办事处,代表本级财政部门监督本级和下级政府及其所属各部门、各单位的预算执行情况。

从决策程序的控制来看,包括部门之间和部门内部支出决策程序和具体环节决策程序的控制两类。由于传统预算编制过程存在职责交叉、相互扯皮、管理效率低下等问题,预算改革后,我国建立了一种相互分离的预算治理结构,以防止公共支出决策权力失控。具体做法是:将预算编制环节独立出来,使预算编制、执行和监督分别由财政部门、其他部门和审计三个部门来进行。审计部门对政府各职能部门的公共支出活动的合规性与合法性进行审查与评价。在财政部门内部,预算的编制、执行和监督则分别由预算处(科)、业务处(科)和监察处(科)来进行。监察部门依据法定权限和程序,对部门单位预算的合法性、真实性和有效性,实施审查、稽核检查。通过将预算编制、执行和监督三个环节相互分离,解决了传统预算过程一个部门(或科室)因"身兼数职"导致的管理混乱与低效,彼此之间形成相互约束和相互监督,可以防止部门(科室)权力的膨胀和滥用。在其他职能部门(如科委)内部,预算资金的分配过程也实行了计划、项目、经费管理的三分离,将三项职能分别赋予三个内设处室,并由三个分管领导

（副局长）来分管这三个方面的工作。随着我国法治化的进一步推进，对各部门的支出决策程序进行了规定和要求，尤其是对日常人员经费和公用经费支出，主要是通过定员定额方式来实现对公共支出决策的控制。对于项目支出决策，有的地方通过制定详细的管理制度，要求按如下程序完成项目支出过程：部门发展计划→项目的可行性论证→在项目备选库中确定申报项目→编制项目支出预算→财政部门审批项目支出预算→项目实施→项目监督检查与绩效考评。支出决策程序的建立和完善使预算改革后公共支出决策科学化程度有所提高。

当然除了立法机关、财政部门、审计部门对公共支出决策进行监督外，社会中介机构（如会计师事务所、审计师事务所）也会在前三者监督职能部分让渡及预算单位内部监督社会化的情况下，行使监督职责。随着财政透明度的逐步提高，社会公众越来越关注政府的公共政策制定，信息技术的发展也使得预算的编制与执行过程置于公民监督之下（于国安，2006）。

四、公共支出决策的信息基础

公共支出最终形成的是公共产品和服务，这些政府提供的公共产品和服务是否为民众所需求的、是否能有效的调控经济、是否能解决市场活动中的外部性问题等，首先取决于支出决策主体对经济社会信息的掌握程度。从支出决策的基础信息统计来看，市场经济改革后我国建立了国民经济社会的政府综合统计、部门统计体系，以及国家统计局、省（市）统计局、区（县）统计局和街（乡）统计科四级统计网络，逐步建立起一套比较完善的统计指标和统计标准体系，可以基本反映国民经济社会发展的基本情况，便于对各类统计信息和统计数据的分类研究。建立了统计报表制度和实行专门调查方法，可收集经济活动的基本资料和特定目的下的经济活动信息资料。各类纸质和电子的综合年鉴、行业和部门年鉴可为公共支出决策提供较为完备和充分的基础信息资料，便于支出决策的分析与预测。

在财政信息领域，1999年推行了"政府财政管理信息系统"（2002年被国务院命名为"金财工程"）。构建了包括预算管理、国库集中支付和国债管理等财政业务管理系统和宏观经济预测分析系统等构成的财政业务应用系统，以及连接财政部、省级财政厅、地市财政局的三级纵向计算机网络系统，连接各级财政与同级预算部门（单位）、人民银行、央行代理银行等的三级横向计算机网络系统。通过预算指标管理、用款计划报批和政府采购订单编审等形式对支出决策的执行过程进行控制，通过对财政收支管理全过程的资金流动的详细记录，实现财政管理的现代化和信息化，提高公共支出决策及预算执行系统的运行效率，增强预算编制与执行的透明度，对支出部门预算执行进行有效监督，防治腐败现象的产生。"金财工程"完整地保存了宏观经济和预算执行方面的数据，可促进公共支出决策模型的建立，既为支出决策科学化提供了数据支持，又为财政管理提供了科学的分析依据。

市场经济条件下我国预算科目由过去的按"两列五级"设置，1998年开始演变为"两列五级三部分"，在一般预算收支科目和基金预算收支科目基础上，增加了债务预算收支科目，以加强对政府债务的管理。由于一般预算收支与基金预算收支在性质上相互雷同，界限模糊不清，且三部分既非复式预算，又非单一预算。2007年对政府收支分类体系进行了进一步改革，扩展了政府预算收支分类的涵盖范围，使其包括预算内、外收支和行政事业单位的自有收支。借鉴国际通行的政府预算收支分类体系，对支出实行按经济分类和功能分类，设类、款、项三级科目，从不同侧面、以不同方式反映政府支出活动，公共支出的相关信息更加细致、全面和完整。

在预算编制方式上，从1992年开始由原来的单一预算按各种预算收支不同的来源和资金的性质，划分为经常性预算和建设性预算两部分，开始试编复式预算。1998年起将预算分为一般预算、基金预算和债务预算三部分，充分体现了"一要吃饭，二要建设"的指导思想。为了对政府以不同身份进行的收支活动加以区分，以便反映不同性质预算资金的来源和使用情况，对不同的预算资金采取不同的管理办法，从而更加有效地管理预算资金，在2009年5月《国务院批转发展改革委关于2009年深化经济体制改革工作意见的通知》要求下，从2010年起我国开始编制公共财政预算、中央国有资本经营预算、全国和地方政府性基金预算和社会保障预算的复式预算体系。从而使公共支出的信息，无论是数量上和质量上都有很大程度地提高。

在信息公开上取得了实质性进展。2008年5月1日开始实施的《政府信息公开条例》规定了公民申请信息的权利，也规定了政府信息公开机构有提供信息的责任和义务，国家预算、决算是政府信息公开的最重要的内容。2010年财政部印发的《财政部关于进一步做好预算信息公开工作的指导意见》，对地方财政和中央部门提出了部门预算至少要公开的"下限"。针对公众广泛关注的"三公"经费问题，国务院办公厅发布了《2012年政府信息公开重点工作安排》，要求中央部门公开其公务车辆购置数量和保有量，因公出国（境）团组数量及人数、公务接待有关情况等。省级政府工作报告的"三公"公开也在两年内推进。国务院部署了公共财政资金管理与使用、民生热点、招投标以及价格收费等领域的信息公开工作。国务院办公厅还发布了《机关事务管理条例》，对"三公"、政府采购、会议管理及责任追究等方面作了具体规定。

中国地震局还在 2012 年 7 月 19 日公布了部门的"三公"经费和行政经费决算数据。地方各级政府也在推动财政决算、"三公"经费以及行政经费等信息公开方面进行了一些积极尝试。尽管支出决策信息的数量、质量仍有待进一步提高，但与计划经济时代的信息状况不可同日而语。

五、公共支出决策的实施效果

公共支出规模是否适度、结构是否合理是评判公共支出决策本身是否正确的依据。而对公共支出的绩效评价则是判断公共支出决策执行是否有效的方法。

（一）公共支出规模的适度性问题

市场经济改革以来，我国预算内公共支出规模增长变化情况如下表 2.2 和图 2.1 所示。

表 2.2　1992—2012 年间中国公共支出规模增长变化情况

年份	全国总支出（亿元）	人均公共支出（元）	总支出/GDP	中央支出/GDP	地方支出/GDP
1992	3 742.20	319.38	13.90%	4.35%	9.55%
1993	4 642.30	391.70	13.14%	3.71%	9.43%
1994	5 792.62	483.32	12.02%	3.64%	8.38%
1995	6 823.72	563.38	11.22%	3.28%	7.94%
1996	7 937.55	648.55	11.15%	3.02%	8.13%
1997	9 233.56	746.89	11.69%	3.21%	8.49%
1998	10 798.18	865.51	12.79%	3.70%	9.09%
1999	13 187.67	1 048.42	14.71%	4.63%	10.08%
2000	15 886.5	1 253.44	16.01%	5.56%	10.45%
2001	18 902.58	1 481.08	17.24%	5.26%	11.98%
2002	22 053.15	1 716.83	18.33%	5.63%	12.70%
2003	24 649.95	1 907.49	18.15%	5.46%	12.69%

表2.2(续)

年份	全国总支出（亿元）	人均公共支出（元）	总支出/GDP	中央支出/GDP	地方支出/GDP
2004	28 486.89	2 191.50	17.82%	4.94%	12.88%
2005	33 930.28	2 594.93	18.35%	4.75%	13.60%
2006	40 422.73	3 075.19	18.69%	4.62%	14.07%
2007	49 781.35	3 767.63	18.73%	4.30%	14.42%
2008	62 592.66	4 713.23	19.93%	4.25%	15.68%
2009	76 299.93	5 717.49	22.38%	4.48%	17.91%
2010	89 874.16	6 702.48	22.38%	3.98%	18.40%
2011	109 247.80	8 108.35	23.09%	3.49%	19.60%
2012	125 712.30	9 284.23	24.22%	3.62%	20.61%

数据来源：根据历年《中国统计年鉴》和《中国财政年鉴》进行整理。

从表2.2可知，20年来我国公共支出规模由1992年的3 742.2亿元增加到2012年的125 712.3亿元，年均增长速度19.21%。公共支出一直在以远超经济增长的速度急剧扩张，使得年人均公共支出由1992年的319.38元增加到2012年的9 284.23元，20年增长了28倍。虽然我国在市场经济改革之初的支出规模绝对数和相对数都偏低，但在如此强劲的超经济增长势头下，现阶段的公共支出规模已经很大。公共支出是政府通过计划方式配置的资源，公共支出规模大小反映了政府与市场的关系状态。从公共支出占GDP的比重来看，我国1992年为13.90%，到2012年已上升到24.22%，这个比例虽不及福利国家的情形，但已逼近发达国家水平，更何况这还只是预算内统计的部分，加上事实上仍然存在的预算外和制度外部分，大口径的公共支出占GDP比重会远超过这个比例（许多学者估算大约在30%~35%）。社会最终产品政府分走的多了，留给市场主体自主发展的资源就相对较少，市场经济的发展就会受到制约。然而市场需要政府解决一些公共问题，必须要由政府来配置一定资源。因此，公共支出规模理论上有一个最佳值，此最佳值由一个国家的经济社会环境与条件所决定。一般来说，政府的公共目标是多重的（如促进经济增长、社会公平等），适度的公共支出规模只能是特定目标下的最佳公共支出规模。而进一步评价公共支出决策是否有效就主要看公共支出有没有促进经济增长，有没有促进社会公平。

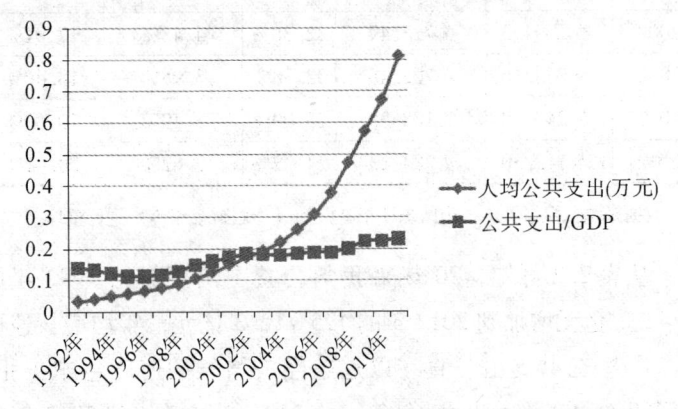

图 2.1　1992—2012 年间中国公共支出相对规模增长情况

从公共支出在中央与地方各级政府间的分布来看，中央政府本级支出占 GDP 的比重 20 年虽有波动，但整体变化不大，在 3%~6%变动，但地方政府支出占 GDP 的比重已经由 1992 年的 9.55%上升到 20.61%。说明我国中央政虽然集中了大部分的财力，但真正由中央本级政府支出的较少，近年来不足 20%，其余通过转移支付的方式由地方政府使用。中央本级支出少地方政府支出多，这符合公共产品和服务的层次性特点，只是主要由中央转移支付指明用途的方式侵蚀了地方政府提供地方公共产品时的决策自主权，在一定程度上产生效率损失的问题。

关于我国公共支出的经济增长效应。市场经济改革以来，随着公共支出规模不断扩张，中国经济一直持续增长。但是相关研究却没有得出"中国总的公共支出规模扩张必定带来经济增长"的结论（龚六堂、邹恒甫，2001；庄子银、邹薇，2003），只有地方公共支出规模的增长在一定程度上促进了经济增长（孙文祥、张志超，2004）。从促进经济增长的角度来看，我国最优公共支出规模大约是占 GDP 的 24%（马树才、孙长清，2005）、25%（汪东华，2006）或 27.9%（张明喜、陈志勇，2005）。2012 年我国公共支出规模占 GDP 比重已达24.22%，这表明公共支出规模无继续增长的必要。不过值得注意的是这只是预算内统计的部分，实际上大口径的支出规模是远超此比例的，因此，未来有必要抑制公共支出的过快增长，也就是说在支出决策时要尽可能地在总量控制的前提下优化支出结构。当然，要真正控制住公共支出规模的增长速度，了解影响公共支出规模增长的因素是非常必要的。相关研究表明，人口规模（方福前，2000）、政府部门的管理效率、信息网络技术（周伟林，1997）、财政分权（胡书东，2001）和政府间财力的纵向不平衡（孙群力，2008；李婉等，2010）等导致了我国地方公共支出规模扩张。

关于我国公共支出规模的收入分配效应。政府一直以来就被民众期望有义务解决收入分配不公的问题，公共支出是调节收入差距的重要手段，政府可通过征收累进所得税和遗产赠与税等形式将钱从富人处拿走一部分，通过转移支付和其他支出形式把钱补贴给穷人，达到缩小贫富差距的目的。市场经济条件下我国的公共支出规模和收入差距变化情况如下图 2.2 所示。

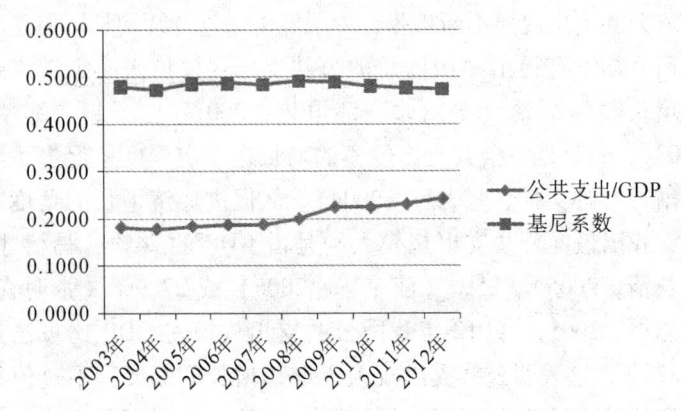

图 2.2　2003—2012 年间中国公共支出规模与收入差距变化情况

数据来源：公共支出/GDP 根据《中国统计年鉴》和《中国财政年鉴》数据整理，基尼系数为国家统计局公布的数据。

从图形上来看，我国近十年的公共支出规模快速扩张，且并没有呈现出与收入差距明显负相关的趋势，如在 2008 年和 2009 年公共支出规模增长较快，但收入差距达到历史之最，基尼系数达到甚至超过 0.49。相关的实证研究也表明，我国的公共支出规模增加并未有效缩小收入差距（王莉，2010），只有中央财政支出有促进收入公平分配的效果（孙文祥、张志超，2004）。

（二）关于公共支出结构的合理性问题

不同历史时期一国公共支出结构会呈现出明显差异。市场经济改革以来，我国公共支出结构发生了一系列变化，如下图 2.3 所示。从 1995 年到 2011 年，医疗卫生支出、科技支出和教育支出等占财政支出的比重均有一定提高；文化体育类支出占比有小幅增长；社会保障类支出占比有很大增长，由 1995 年的 1.69% 上升到 2011 年的 10.2%。所有这些支出占比的增加说明了政府公共支出正在向民生领域倾斜，这符合经济发展阶段理论的观点，经济发展到一定水平后，政府在经济建设方面的基础设施投入比重会减少,而用于民生和社会福利等方面的支出比重会增加,民生类支出的相对增长有助于广大民众同享改革发展成果,是支出结构优化的表现。国防支出受国际政治经济形势及兵员制度改革的影响有所下降,但是行政管理费支出有一定幅度增长,从 1995 年的 7.89%上升到 10.1%。我国行政管理费支出占比居高不下,甚至继续上升,说明我国行政机构臃肿、预算软约束和官僚主义等导致经费使用效率低下问题依然严重,需要进行更深层次的改革。

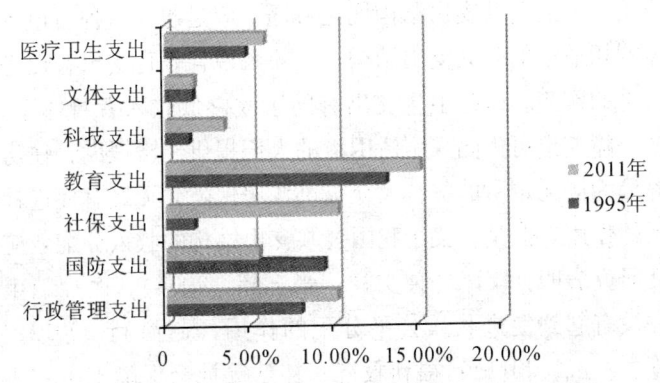

图 2.3　1995 年和 2011 年我国公共支出结构变化情况

注：所有数据均是根据 1996 年和 2012 年的《中国财政年鉴》资料进行整理而得。本书选择 1995 年而不是 1992 年的支出数据作为比较对象是因为,1992 年才开始实行市场经济试点,而 1994 年分税制改革后,中国的财政体制才朝市场经济条件下的公共财政方向发展,随着市场经济的建立和逐步完善,政府的公共支出重点也在逐渐发生变化。因此,用 1995 年的数据进行比较更有意义。

关于公共支出结构的经济增长效应。有关学者运用中国省际面板数据的研究结果表明,公共支出中用于基建、科技、文教、医卫方面的支出显著地促进了经济增长,但这种经济效率呈现出从东到西逐渐递增的趋势(郭玉清、姜磊,2009)。至于各类公共支出到底应该占多大比例,学者们借鉴西方经验,采用计量经济模型测算的结果是：公共支出中的科研支出最佳数量是占GDP的0.8%,教育支出则是不低于GDP的2.4%（马栓友,2001,2002）,行政管理支出和国防支出均应控制在GDP的10%以内（于长革,2004）。而根据我国2011年的支出情况来看,科研支出占GDP的比重为0.81%,教育支出占GDP的比重为3.49%,行政管理支出和国防支出占GDP的比重为3.6%,均在能促进经济增长的有效范围内。

关于公共支出结构的收入分配效应。理论分析认为,公共支出的范围与分配顺序,是政府活动范围和方向的体现,市场经济条件下的公共支出结构优化目标,应是建立一种与市场经济体制相适应的公共支出结构。一般来说,教育支出有促进起点公平的作用,医疗卫生支出有助于改善低收入者身体素质,社会保障支出可为陷入生活困境的人们提供经济援助,住房支出等可为居无定所的贫苦大众提供住房保障,无疑有促进社会公平的作用。但是,关于我国公共支出结构的收入分配效应的实证研究表明：教育（孙文祥、张志超,2004）、医疗卫生支出并没有起到促进收入公平分配的作用（赵海利,2012；彭锻炼、左武,2011）；福利救济、补贴等社会保障支出缩小了收入差距（王莉,2010；赵霞等,2011；董拥军、邱长淳,2008）；基础设施建设、工交商业事业费、行政管理费和挖潜改造支出等扩大了收入差距（刘成奎、王朝才,2008；刘穷志,2008）；而农业支出缩小收入差距的效果不明显（孙文祥、张志超,2004；彭锻炼、左武,2011）。

（三）关于公共支出执行效果的评价

1. 公共支出决策的执行情况

公共支出决策的结果最终体现为预算,而公共支出决策的执行结果则由决算来反映,所以公共支出决策执行情况可从预算与决算的对比分析中得到解释。根据《关于2012年中央和地方预算执行情况与2013年中央和地方预算草案的报告》,

2012年我国公共支出为125 712.25亿元，其中，中央公共支出64 148.27亿，完成预算的100%。从主要支出项目来看，教育支出3 781.52亿，完成预算的100%；科技支出2 291.5亿，完成预算的100.3%；文体支出494.68亿，完成预算的100.2%；医疗卫生支出2 048.2亿，完成预算的100.6%；社保和就业支出5 753.73亿，完成预算的100.1%；住房保障支出2 601.6亿，完成预算的122.9%；农林水事务支出5 995.98亿，完成预算的109.2%；节能环保支出1 998.43亿，完成预算的113%；交通运输支出3 969.22亿，完成预算的111.3%；国防支出6 506.03亿，完成预算的100%；公共安全支出1 880亿，完成预算的102.9%。可见，从中央预算执行情况来看，主要支出项目中只有教育和国防支出预算与决算总额数相等，其余科技、医疗卫生、社保与就业、住房保障、农林水事务、节能环保、交通运输、公共安全等支出均在总额上决算超出了预算，至于每类支出下的细目，预算数与决算数的差异不得而知。据笔者对地方政府预算执行的调研结果来看，决算与预算之间存在差异是普遍存在的现象。越是基层政府，这种差异越大，许多乡（镇）一级的政府预算数只占决算数的50%。由于我国多年来税收都超经济增长，且部门在编制预算时预留收入增长空间，以获得一笔巨额的超收收入，来应付执行中各种不确定的因素。而这种不确定性主要由与预算过程相分离的政策不断被制定出来所致。

2. 公共支出的绩效

从公共支出总体绩效来看，中国省级公共支出的总体效率较高（以2009年为例），且省际间存在明显的绩效差异，大多数省份处在支出的规模报酬递增阶段，可进一步增加公共支出规模以获得更高的支出效益（金荣学、宋弦，2011）。地级市（以2003年乐山市为例）公共支出总体绩效不佳，支出的速度指数好而效益指数差，支出促进了经济增长但债务过重不利于社会稳定，公用经费和人员经费比重大政府运转成本高，在教育、医疗卫生、社保和治安等方面的支出效益尤其有待进一步提高（徐一心等，2005）。从支出结构的绩效来看：教育（以2004年东部七省市的初等教育为例）支出综合绩效和分类绩效在东部沿海各省市之间存在较大差异，说明我国公共支出差异导致了教育资源在空间配置上不平衡，从而拉大了各地教育发展水平差距。这不但与教育机会均等、教育公平的原则相矛盾，也与义务教育的初衷不相符。未来应加大初等教育支出力度，以逐步实现初等教育服务均等化（李志勇、楚昕，2008）。城镇基本养老保险支出（以1998—2010年天津市为例）绩效总体水平不高，年度间有明显差异，但绩效水平呈提升趋势（许春淑，2012）。医疗卫生支出绩效（以2009年为例）总体水平较高，且大多数省份呈规模报酬递增趋势，支出的全要素生产效率也呈上升趋势（金荣学、宋弦，2012）。科技支出（以1997—2003年科技成果转化与应用支出为例）绩效，虽然我国科技支出力度在不断增强，但科技成果的转化与应用并不理想（于宁，2005a）。而研发支出规模（以1995—2003年为例）仍然不够，研发支出绩效虽然稳定但仍然较低（于宁，2005b）。

3. 支出决策执行过程中的腐败

公共选择理论认为，政治家和官员也是经济人，其行为动机也是追求个人利益最大化。从民众纳税到政府部门提供公共产品和服务要经过多个委托—代理环节，信息不对称导致政府官员利用手中职权为自己谋利，贪污腐败不可避免。而我国公共支出的审批程序较西方国家简化，支出决策权力缺乏较好的制衡机制和完善的制度约束，政府官员在支出决策上有较大的自主权，可以较容易地利用职权进行寻租，比如，官员为行贿者提供更低的准入门槛、更便捷的审批手续，或提供更多的政策补贴以及力度更大的专项资金支持，来谋取更多的私利。据历年《中国法律年鉴》统计测算，1998—2011年我国国家公职人员贪污贿赂案件共立案129 286起，涉案人数达164 405人；渎职案件立案数为35 846起，涉案人数达47 648人。由于行贿官员的资金终究是来自私人部门从官员处获得的公共资源，官员利用职务之便占用或侵吞公款的腐败行为，必定会减少基础设施或其他公共服务等方面的投入。而且政府为反腐建立监督机构也需要耗费大量可用资源，因此，腐败会扩张无效公共支出规模，挤占有效公共支出规模，或改变公共支出结构，最终影响经济增长、收入分配和社会稳定。这一点已经在我国得到实证验证。中国的腐败不但浪费了大量公共支出（杨灿明、赵福军，2004），而且降低了政府文化、教育、公共卫生等支出比重（吴俊培、姚莲芳，2008），增加了科学支出和武装警察部队支出（郭杰、杨杰、程栩，2013）。这或许是因为军事、高技术产品和大型基础设施建设项目等的价值不容易评估，受贿机会较多，腐败的隐蔽性高，而文化教育和医务人员工资等必要支出刚性强，受贿机会较少。腐败导致部分领域支出过度而另一些领域支出不足，被腐败扭曲的支出结构降低了政府支出效率，使公共支出促进经济增长的作用被削弱（刘勇政、冯海波，2011），而且腐败通过经济性支出、社会性支出和维持性支出对经济增长的抑制作用依次增大（周鑫晨，2013）。

第三章

我国公共支出决策机制的现状分析

第一节 我国公共支出决策机制的运作特征

一、公共支出决策受执政党影响大

（一）支出决策过程中执政党居核心地位

现代政府基本上都是政党政治，政党在政府决策中发挥着至关重要的作用。我国现行政治体制决定了中国共产党在公共政策制定中的主导作用和核心地位。具体到公共支出决策领域，政府和人大在党的领导下分别扮演编制和审批预算的角色。

表面上，我国的公共支出决策始于预算的编制，然而，事实是各部门要根据党和国家的方针政策来进行财力的安排和预算编制，在提出公共支出项目时必须紧密结合国家的经济社会发展规划和年度经济社会发展目标。中国共产党作为执政党，将其制定的方针政策转化为支出决策的方式有两种：一是通过党代会和中央全会制定的政策性文件，直接贯穿于社会生活的各个方面，包括预算编制与执行全过程；二是通过政治领导的方式，使党的主张通过法定程序变成国家意志，对公共支出决策产生间接影响。通过中共中央与国务院联合发布政策方案；或中共中央提出政策意图，由国务院制定具体方案，人大讨论通过；或各级政府根据党的方针政策来制定颁布具体的政策方案等法定程序，党的主张变成国家意志（罗依平，2006）。

（二）党对人大和政府的具体领导形式

预算过程中人大及其常委会与同级党委间的关系，主要是通过中共中央文件以及各级地方党委文件的形式来加以明确的。人大工作是党的工作的重要组成部分，党委对人大及其常委会的领导主要是通过以下四种形式来实现的：一是在人大常委会建立党组，通过党组来发挥党在人大及其常委会的领导核心作用。人大常委会党组是同级党委的派出机构，受同级党委的领导并对其负责，党委可以通过向同级人大常委会党组提出工作任务和要求来实现其对人大工作的领导。二是通过对人大常委会（包括专门委员会）组成人员的推荐任免，来实现对人大常委会机关的领导。三是党委定期听取人大工作汇报并专题研究人大工作，建立党委人大工作会议制度，在新一届党委产生后一般都会召开党委人大工作会议，以加强和完善党对人大工作的领导。四是建立了党委和人大之间的联系沟通制度。包括：党委主要负责同志联系人大工作制度和人大常委会党组成员列席党委常委会制度。

在地方，虽然宪法和其他相关法律并没有直接赋予地方党委配置、管理和监督预算资金的权力，但作为地方工作各项事业的领导核心，地方党委可以通过对地区重大事项的讨论、决策过程，通过对政府党组的领导以合法途径将党委的意见转化为政府政策、政令并付诸实施，以及通过向政府党组和政府推荐、委派领导干部等形式来影响预算过程。此外，地方层面上普遍采取的最高行政首长兼任地方党委常委和副书记的制度安排，在地方行政首长做出公共支出决策前，已经从党委会获悉政策意图，政府的预算安排实质上是对党政策意图的具体化，这样的制度安排在很大程度上保证了地方党委对行政预算过程的领导。在地方政府公共支出决策的结果（预算草案）出来后，提交到"党委常委会"讨论通过，这已成了政府预算过程中一条不成文的工作惯例。从党政首长个人的支出决策权力来看，党委书记比省长（或市长）大，但书记个人很少直接介入预算活动，"书记花钱一句话，市长花钱一笔划"，书记是通过"以管人的形式"来"运行"预算过程中的权力的（於莉，2010）。党委大多数时候是以一种相对间接的方式来影响预算资金的分配过程，偶尔在一些特殊的公共支出项目上也会有例外，如许多地方党委通过党委宣传部掌握着文化事业建设费和宣传文化基金，完全不由政府及财政部门来安排。

二、政府主导公共支出决策过程

（一）预算改革后人大对公共支出决策的影响仍然有限

从同在党委领导下的人大与政府在公共支出决策中的作用及相互关系来看，我国公共支出决策呈现出行政主导的特征。尽管部门预算改革后，许多地方人大常委会通过对法定初步审查程序的强化以及"提前介入"程序的采用，开始不同程度地参与到预算资金分配过程中来，但是既有的预算决策模式并没有从根本上改变，预算优先顺序和政策议程的确定几乎与人大常委会的政策偏好与选择无关。

（二）政府掌握着公共支出决策的决定性权力

鉴于人大在公共支出决策过程中处于被弱化的地位以及党委对政府支出决策的领导，我国地方政府预算过程具有"行政主导"特征，即地方行政机构负责本级预算草案的编制工作。在行政首长负责制下，地方最高行政首长在财政部门及相关部门的辅助下完成预算草案编制，把预算草案提交给党委常委会讨论通过后，再报人大及其常委会审批。

以省级政府领导高层的公共支出决策权力分配为例。在分管领导体制下，按照职能分工的逻辑，每个副省长都分管某个或几个方面的工作，这就意味着政府领导高层政策领域主导权也基本按此划分，进而也需要将与贯彻政策相关的预算资金分配权力进行相应配置。省级公共支出决策权力运行的实践大致形成了如下三种政府领导高层的权力分配模式：

一是预算产权模式。在这种模式下，维持各个部门运行之余的财政资金在各领导之间根据其权力大小进行分配，然后由各领导在其政策领地内进行再分配，这相当于领导们各自获得了一定的预算产权。在预算额度范围内，领导们可以自主地决定支出项目和额度，财政部门为其额度内的支出请求进行拨款。预算产权模式主要是那些财政资金充裕的省份采用，因为一个政策领地预算产权规模的增加必然要导致其他政策领地预算产权规模的减少，在财力紧张的省份预算冲突就会非常激烈，解决冲突的交易费用就非常高，理性的领导人不会选择预算产权这种非正式制度安排。

二是部分等级制。在这种模式下，预算产权依然存在，每个政策领地及其分管领导仍然对某一部分资金拥有类似于产权的资金分配权力。不过，为了改进资金的配置效率，由某个主要省级领导（一般是省长或分管财经的常务副省长）对每个分管领导做出的资金分配决策再次进行合理性审查，财政部门根据分管领导和主要省级领导的意见决定是否向部门拨款。部分等级制模式主要在具有以下特征的省份采用：财政资金比较充裕，且省级政治中的领导人不仅具有提高资源配置效率的动机，而且拥有比较强的政治支持，但这样政治支持没有强大到足以取消或放弃预算产权。

三是完全等级制。在这种模式下，分管领导并没有因为其明确的分管领域而当然地享有与该领域相关的支出决策权，其分管领域的预算资金总量仅仅是分管部门预算资金加总的结果。在其所辖部门内，人员和公用经费以外的项目支出预算并没有经过分管领导间的"切块"过程，分管领导也无法为分管部门争取更多的预算资金，保护其支出部门既有预算份额的力量也比较有限。可见，完全等级制下，虽然各个领导人在各自的政策领地仍然具有政策制定权力，但是他们并没有相应的预算产权，支出决策权力集中在主要领导人（省长或分管财经的副省长）手中。财政部门拨款只看主要领导人的批示。这是一种比部分等级制更集权的支出决策分配模式，主要是省级财政资金非常紧张的省份采用，因为在资金紧张的预算环境中，更加需要限制或取消分管领导的支出决策权力，以降低协调预算冲突带来的高额成本（马骏，2005）。

三、财政的核心预算机构地位不明确

计划经济条件下，计划委员会是核心的预算机构。市场经济改革后，我国《宪法》和1994年《预算法》都规定了人民代表大会作为立法者有权审批监督政府的预算，但人大并未真正获得预算的修正权和调整权，对预算的审批和监督能力也因预算科目粗、信息简略而相当有限，本来应该属于人大的公共支出决策权力就主要由政府"行政预算体系"来行使。政府负责预算编制与支出决策权力行使，具体事项由财政部门操作，如具体编制本级政府预决算草案、具体组织本级预算执行、提出本级预备费动用方案、具体编制预算调整方案等。尤其是部门预算改革后，财政部门的预算权力有进一步增强。但是由于预算权力被肢解，财政部门并未成为实质意义上的核心预算机构，许多资金的分配权都不在它的控制范围内，如计划委员会决定基本建设支出，经贸委决定国有企业技术改造基金，科技厅决定科技三项资金等。这导致中国省级预算中实际上存在多个预算机构，模糊了财政部门作为核心预算机构的地

位，财政无法从总体上对支出总额进行控制。在财政部门内部的预算审查也是非常分散的，对每个部门的支出审查由各个业务处室分别进行，这使得财政部门审查部门资金时并没有关于各部门的整体资金情况信息。另外，各部门拥有的大量预算外资金也使得支出决策权分散得更严重，尽管2011年我国已开始将预算外资金纳入到预算内管理，但这部分支出决策的实质性权力仍在部门，是财政无法统筹安排的。没有明确的核心预算机构的结果是支出总额无法得到有效控制，项目支出的有效性也无法得到保证。

四、预算过程与政策过程相互分离

公共政策制定后必然导致一定的政策成本，形成一种资金要求，因此，政策与预算之间应该是紧密联系的，或者说政策过程和预算过程之间应该是高度整合的，如此做出的公共支出决策才会是资源的有效配置。因为如果政策过程完全不受预算过程控制，政治家在政策制定时完全不考虑政策成本，公共支出膨胀就不可避免。如果预算过程完全不受政策过程控制，政策就无法落实，资金的分配就会完全不受战略计划引导并陷入混乱，部门的支出冲动就会导致支出失控。现实中，整合政策过程和预算过程是一件相当困难的事情，政策过程和预算过程常常存在冲突，世界各国都存在不同程度的政策过程与预算过程分离，且发展中国家尤为严重（Caiden，1980）。我国计划经济条件下计划就是政策，预算则是计划的反映，政策决定预算，政策过程与预算过程基本上是整合在一起的，虽然这种整合因为计划缺乏效率而没有多大意义。市场经济条件下我国进行的预算改革重点是在政府内部加强行政控制而不是立法机构对政府预算的政治控制，没有对政策过程或者说政策制定体制进行改革，政策过程和预算过程存在较为严重的分离。

以省级公共支出决策为例，我国政策过程与预算过程的分离体现在以下三个方面：一是横向层面正式制度领域存在的政策过程与预算过程的分离。如在"二上二下"的预算编制过程中，部门上报预算建议数后，财政部门会给部门下达预算编制控制数（一下），各部门据此编制预算。但在"一下"后，仍然会有新的政策出台，这会对正常的预算编制过程产生干扰，进一步弱化预算过程的约束力。即使在预算执行过程中，新的政策仍然会出台，财政部门不得不安排相应资金。这些后来安排的支出项目没有与预算中的支出项目进行竞争与比较，无法保证支出决策的资源配置效率。二是横向层面非正式制度领域存在的政策过程与预算过程的分离。尽管行政首长负责制下政府领导高层预算分配权力相对集中在行政首长手中，但是分管领导们仍然可以通过"批条子"的方式，要求财政部门为其支持的部门项目安排资金。财政部门则在分管领导的"盘子"里拨钱给部门，由于财政部门领导的职级低于分管领导，一般是不会也不能进行政策合理性与政策成本的审查。有时在某些省份即使这些分管领导并没有明确地拥有对某一数量资金的分配权，但是在预算执行过程中他们也能通过进行政策提议或政策制定的方式，在一定程度上影响资金的分配。三是纵向层面正式制度领域存在的政策过程与预算过程的分离。由于中国地方政府缺乏完全的预算自主权，省级部门执行当年预算的过程中，中央政府（国务院及各部委）会制定新的政策并要求省级部门执行，且大多数情况下并没有为这些政策实施提供全部的资金，这就导致了中央强制性政策的制定与省级预算过程的分离。有时省级部门也会按中央的方式要求县市一级政府来执行中央政策，从而将政策成本转嫁到下级政府，形成新的政策过程与预算过程的纵向分离（马骏，2005）。

第二节　我国公共支出决策机制的弊端

一、公共支出决策主体权力配置存在的问题及原因分析

（一）人大公共支出决策权力弱化，审查监督难以到位

尽管《宪法》规定各级人大有审查本级预算草案和批准本级预算的权力，各级人大常委会有监督本级预算执行、审批本级预算调整方案以及在人大会召开前的一个月对政府预算草案进行初审的权力。且《预算法》进一步强化和具体化了人大及其常委会有关预算审查监督的法定权力。从法律意义上来看，人大及其常委会是公共支出决策的最高权力拥有者。但是，实际工作中人大及其常委会的预算审查监督权力被弱化，远没有发挥其本应有的审查监督之功效。以省级为例，原因可以归纳为如下几个方面：

一是我国预算年度起始时间先于部分省市人大审批预算时间，形成对人大审批权力有效行使的挑战。我国预算年度为历年制，从每年 1 月 1 日到 12 月 31 日。地方人大会一般在一到三四月份召开。在预算年度开始到人大会召开的这段时间（有的省份长达四个月之久），省级政府按照上一年度同期的预算支出数额安排支出，这就意味着每年省级政府支出中有很大一部分没有按照人大审批的预算执行。

二是人大虽有法律意义上的预算审批权，但是《宪法》和《预算法》均没有对人大的预算权力进行明确而详细的界定。实践中人大通常只是将自己的行动定位于"整体通过政府预算"的层面上，在审批预算过程中从来没有行使过预算否决权。人大常委会在预算初审中有时对具体项目行使一定的预算修正权，但这种预算修正权对政府没有足够的约束力，只

起到为人大代表审查、修改预算提供某种建议的作用。

三是根据《宪法》和《中华人民共和国地方组织法》(以下简称《地方组织法》)规定,省级政府要向本级人大负责并执行其决议,又要向国务院负责并执行其决议。《预算法》也规定国务院对省级政府按规定报送备案的预决算,如认为有不适当之处,需要撤销批准预决算的决议的,可提请全国人大常委会审议决定。由于上下级政府间是领导与被领导的关系,上下级人大常委会不是领导与被领导的关系,这意味着省人大常委会对本级决算的审批权力是不完全的,省级决算的调整合理与否不受本级人大常委会的限制,由国务院委托财政部进行的审查意见所决定,从而削弱了省人大常委会的监督权力以及指导下年预算资金的分配能力。

四是《预算法》只把预算执行中因特殊情况需要增加支出或减少收入,使原批准的、平衡的预算出现赤字,或使举债数增加的部分预算调整审批权赋予了人大常委会,将超收部分带来的预算变更批准权排除在人大常委会之外,仅要求财政部门一年向人大常委会作两次报告,人大预算工作委员会可以提出意见,予以监督。这削弱了人大对预算决策的审批权和预算执行的监督权。

五是人大常委会的机构设置和人员配置结构等问题。我国早在1981年4月20日中共中央下发了《关于批转彭真同志在全国各省、自治区、直辖市人大常委会负责同志两次座谈会上的讲话纪要的通知》中,明确要求地方党委要为地方人大常委会解决工作中的实际困难,如办事机构的设置、人员编制和经费问题、办公地址和办公用房等。在各省人大中许多地方长期以来都是通过财政经济工作委员会处理与财政预算有关的工作,直到部门预算改革多年后才成立财政经济委员会。作为工作机构,财政经济工作委员会不像财政经济委员会一样有提案权和审议交付议案的权力,这在一定程度上削弱了人大有关预算审查监督的效力。即使设立了专门委员会，财经委员会等仍然存在组成人员兼职比例过高和结构不合理等问题，兼职委员很难保证有足够的时间、精力来履行其职权，每五年换一届委员的方式也使专家委员的变动比较大，导致相关工作无法形成连续性。

（二）政府领导高层支出决策权力配置不当降低资源配置效率

在中国的分管领导体制下，形成了预算产权模式、部分等级制和完全等级制三种政府领导高层的权力分配模式，这三种模式在促进资源配置效率提升方面效果不一。在预算产权模式下，限额内主管领导们可以自主地决定其支出项目和额度，财政部门为其额度内的支出请求进行拨款。由于政策领地内的项目不需要统一在各领导们掌控的资金之间进行竞争，而且政策领地内的资金分配取决于领导个人的偏好和各个部门的游说，因此，主管领导们根据预算产权进行的支出决策无法保证资源配置效率。在部分等级制下，在部门和分管领导做出决定之后，主要领导人还要进行支出决策的再次审查，由于主要领导人可以站在全局角度来审视支出决策是否有效率，因而起着财政资金使用"看门人"的作用。而在完全等级制下，由于分管领导没有政策领地内的预算产权，支出部门只有通过更积极地发展与财政部门官员，尤其是财政厅长的私人关系，来获得拨款支持。分管领导也倾向于通过具体而又相对频繁地与主要领导人展开讨价还价的方式来维护自己在分管政策领域中的自主性与权威。同时也由于分管领导未得到一份相对分管政策领域而言确定大小的"蛋糕"，他们就有理由不去顾及整个蛋糕的大小，经常为自己或代表分管部门来"游说"或"暗示"主要领导人新增支出是多么的必要和合理。可见，完全等级制下来自分管领导们的"卡片"与"条子"相对更多，影响公共支出决策的资源配置效率。当然如果财政资源足够丰裕，或主要领导人具有严格的管理作风，分管领导们的行动就不一定会演变成财政资金使用的"公共地悲剧"（於莉，2010）。可见，部分等级制是相对有效的一种资源配置模式，其余两种模式都存在降低资源配置效率的问题。

（三）部门利益冲突使支出规模控制变得更为困难

市场经济改革后部门自身利益逐渐形成，部门不再是严格执行领导人意志与政策的工具。部门利益驱使支出部门在不断创造和使用各种行动策略以维持既定预算份额的前提下，力图从财政部门那里争取更多的新增支出，部门间关系变动越来越复杂。如在省级政府内部，"某省农业支出涉及财政厅、发改委、农业厅、林业厅和水利厅等若干部门，部门各行一方；财政厅农业综合开发处掌管的农业资金用途很广，只要是农林水项目都能干，资金可以拨付给相关的很多部门，不一定经过农业厅；发改委也掌握有一块农业资金，也可以不经过农业厅；这些都让农业厅长很无奈"（於莉，2010）。为了应对部门间越来越激烈的资金竞争，省级政府不得不经常出面协调部门间利益，当利益冲突部门在同一个分管领导政策领地内时，由分管领导出面协调；而当利益冲突部门由不同分管领导管辖时，则不得不由省级主要领导人出面协调，其中，最为正式的协调方式是省政府常务会议或省长办公会议。在财政资金越紧张的省份，部门利益冲突越大，支出决策需要更多协调；资金越充裕的省份，部门期望获得的新增财力基本可得到保证，部门间冲突较小。然而，不管在哪个省份，部门自身利益的支出冲动都是显而易见的。

财政部门与支出部门的控制与反控制。1999年启动的预算改革，其实质是要建立一种"控制取向"的现代公共预算体制，由于来自立法机关（人大）对政府的外部控制作用有限,这一目标的实现就主要依赖于政府内部控制体系的建立,财政部门被期望发展成为一个集中预算分配权并能够对支出部门的预算活动进行有效控制的核心预算机构。财政部门通过推进综合预算改革将预算外收入进行统一管理,统筹安排;通过下达预算编制"一下"控制数的方式控制支出部门的规模和结构;通过将"零基预算"和定员定额方法运用到部门的人员支出和公用经费支出核定上;通过要求有预算资金分配权的支出部门编制专项资金预算、参照部门预算按照"二上二下"编制程序、要求预算细化到具体项目和使用单位等方式加强对这部分资金使用的监督与管理;通过绩效考评加强对各部门支出合法与合规性审查等,确实强化了对部门支出规模与结构的控制。当然,支出部门并没有"坐以待毙",而是从预算改革的新程序和规则中寻找反控制的策略,来捍卫及扩大其支出份额。方式主要有:在预算编制"一上"时上报一个大得多的预算建议数;编制预算支出时在支出基数上保持一定比例增长;缩小项目支出概算确保项目立项;保留"硬缺口"要求财政部门追加支出;寻找人大代表、党政系统的"智囊机构"作为部门代言人以制定出有利于本部门的政策;拖延支出进度到年底,以"倒逼"财政部门在预算执行中重新接受原先已被财政部门否决的支出安排;建立与财政部门预算官员良好的私人关系来获取更多的预算资金或追加资金;提高项目绩效以期望在下一轮预算中获得更多的资金支持等(於莉,2010)。正是由于这种越来越复杂的部门间利益关系和财政部门与支出部门的控制与反控制,使得财政部门对支出总额的控制变得越来越困难。

(四)财政部门内部预算处室与业务处室的支出决策权力配置问题

预算处室作为预算编制的具体组织者,主要负责提出编制预算的指导思想、原则及编制办法，提出增收节支和平衡财政收支的政策措施与建议，编制年度预算，审定各部门的人员经费、公用经费支出标准和定额等宏观事项管理等。业务处室则对支出部门预算活动进行微观管理，包括指导分管部门提出编制预算的建议，审核分管部门上报的预算安排建议，审核并提出分管部门有关追加预算的意见；会同分管部门提出部门经费开支标准和预算定额的建议，研究下一年度事业发展的重点，提出下年度预算编制考虑的因素；协助分管部门建立财政支持的项目库，进行项目可行性研究及效益分析，提出预算安排的重点和顺序等。由于预算编制过程中支出部门直接面对的是分管业务处室及其专管员，这种近乎"包干"的管理方式赋予相关业务处室更为明确的部门支出决策权力，而预算处室却只在宏观上起着处室（从而也是部门）间的联络与协调作用（於莉，2010）。然而，问题是业务处室与支出部门在长期往来中建立起来的"私情"可能会导致他们不能在部门支出问题上严格把关，甚至沦为支出部门的"说客"，支出决策的效率就很难有保证。

二、公共支出决策程序存在的问题及原因分析

（一）*自上而下的支出决策程序导致公共产品和服务的提供脱离民众需求*

从纵向层次来看，我国地方公共支出决策权力上级大于下级，从而使实质性的支出决策程序更多地遵循一种自上而下的模式，无论是政府间的有条件转移支付、上级要求完成的法定支出项目，还是部门内部的支出项目决定均如此。这种自上而下的支出决策程序的最大弊端是支出所提供的公共产品和服务难以符合当地民众需求，从而降低了公共支出决策机构的效率。

上级政府或部门之所以能对下级支出决策产生如此重要影响，主要是因为：在集权型行政体制下，地方党委书记和行政首脑均不是由本地居民直接选举产生的，如省级党委书记完全由上级政府任命，省长（一般兼任省委副书记）由中央推荐、省人大选举的方式产生。这种由上级决定党政一把手的方式使得地方公共支出决策不是基于本辖区居民受托责任和公共需求做出，而是根据上级意愿来考虑支出顺序的，上级政府及其职能部门制定的政策、法规往往就成了地方必须优先保证支出的理由。政府间有条件转移支付也要求地方政府在得到上级的转移性资金时，必须安排相应的配套资金来提供上级所指定的公共产品和服务。这些规定和要求在一定程度上削弱了地方政府的公共支出决策自主权。因此，公共支出决策的效率难以保证。部门内部自上而下的支出决策过程体现了支出部门首长会同财务主管或其他分管领导对部门财力进行的统筹安排，此时支出决策是基于之前预算年度的资金安排和使用情况，而非下属单位的具体项目计划，是一种"先有预算，后有项目"的资金分配方式。部门这种自上而下的支出决策在很大程度上与对支出的控制和预算的政策导向并无关联，更多的是支出部门领导与内设处室或下属单位的领导对各处室或单位的纵向和横向层面财力进行平衡的结果。

（二）人大常委会对预算的初审置于党委会审议后导致人大预算权力弱化

西方宪政史和预算制度史表明，代议机构被赋予控制政府的支出范围和方式以监督预算执行的职责，扮演财政资源的最终配置者角色。但是我国立法机关却未能发展成为实质意义上的财政资源申请的审批者，尽管《宪法》和《预算法》赋予了其审批监督预算的权力。由于我国的人大和政府都是在党领导下行使其各自职责和贯彻落实党的方针政策，人大和政府理应形成一种权力上的相互制约关系。如在政府预算草案编制出来后，首先会提交到党委常委会讨论通过，然后再在人大会召开前一个月提交给人大常委会及其财经委员会进行初审。人大是在党委领导下工作的，对于党委常委会通过的预算草案，人大常委会再提出的不同意见，难以对政府预算行为形成实质性约束。近年来，我国许多地方开始在人大常委会财经委对预算进行初审前增加了一道审核程序，那就是在人大会召开前一个半月，将政府编制出来的预算草案提前给人大常委会预算工作委员会进行预审。预算工作委员会邀请专家、人大代表对预算草案初稿发表意见和建议，提出预审意见，供财经委和常委会审查预算草案时参考。同时与财政部门沟通，财政部门有时也会根据意见对预算草案进行修改，并将意见反馈给预算工作委员会，但这并不能从根本上改变人大预算权力弱化的现实。对人大会代表来说，短短几天时间要审核科目较粗的政府预算，发现预算草案中的问题本来是一个相当困难的事情，即使在人大常委会的初审建议下对预算草案有异议，人大会也不可能因此而否决整个预算草案。

　　以上探讨的是公共支出决策程序设计中存在的问题，其实在我国的公共支出决策实践中，还存在大量不按程序决策的情形，或者根本就没有设计一套完整严格的支出决策程序，并将其制度化，要求个人或单位在具体决策时遵守。鉴于决策程序对决策结果的直接影响，以及决策权力对决策程序的影响，本书认为，哪些支出可以进入日常的程序化决策？哪些支出决策需要设计怎样的程序并以立法的方式将其固定下来强制决策主体遵守？怎样的制度才能约束领导人以减少其任意性对支出决策程序的影响？……这些都是未来支出决策程序领域需要解决的问题。

三、公共支出决策方式存在的问题及原因分析

（一）缺乏民意表达与吸纳机制使公共产品提供无法有效满足民众需要

在现代税收国家，政府公共支出的理由是为纳税人提供满足其共同需要的公共产品和服务，判断政府支出是否有效的重要标准是其所提供的公共产品和服务是否真正符合纳税人的需要。而要按照纳税人的需求来提供公共产品和服务，必须在公共支出决策时充分吸纳民意，建立健全民意表达机制。

尽管中国的公共支出决策已经开始由个人决策逐渐向民主决策转变、封闭决策逐渐向开放决策转变，但是支出决策的民主范围仍然有限，支出决策的信息公开程度仍然不高。公众作为公共支出决策的参与主体，仍然缺乏合适的偏好表达渠道和实实在在参与支出决策的制度化安排，民意无法顺畅地通向决策核心层。且支出决策的政府层级越高，民意地表达与吸纳越不充分。在政府首脑"对上不对下"的集权型行政管理体制下，与民生息息相关的教育、医疗卫生和社会保障等社会事业发展就相对落后，而许多有损于地方长远发展的政绩工程、形象工程却如雨后春笋不断涌现，就是必然的局面。目前我国社会公众参与地方政府（尤其是省级）公共支出决策的机会有限，政府收集民意的方式主要有以下三种：一是民众选举人大代表，由他们代表民众间接参与决策。但由于人大代表在公共支出决策过程中的作用远未发挥，加上委托代理问题的存在，人大代表能否代表民众做出决定，或者在多大程度上反映民众的心声，是一个值得考量的问题，从而使得民众需求难以在支出决策中得到体现。二是在党政机关设立专门的部门收集群众意见建议，但这种层层上报的信息反馈方式容易导致信息失真、信息收集面窄等问题。三是支出决策机构就某项特定支出

举行座谈会、听证会及下基层调研等方式来收集民情民意，这种方式能直接获取民众需求的第一手信息，但民意表达分散，是非常态的信息收集与反馈机制。近年来在地方政府的公共支出决策过程中，出现了参与式预算形式，可在支出决策做出前听取民众意见，但并不适应更高层次的支出决策要求。

（二）决策主体的经验决策导致决策的资源配置效率无法保证

现代经济社会发展变化很快，信息流通量大，人口流动性强，各因素紧密关联，决策环境日益复杂，决策风险加大，仅凭决策者个人的经验和智慧无法实现正确决策。然而，除少数重要的支出政策和重大的项目支出决策前有经过专家咨询、公众听证、定量分析和可行性论证外，其余的人员经费支出、公用经费支出和一般性项目支出决策，都是相关预算决策主体凭借个人已有知识经验做出的。党委书记和行政首长现场办公，财政部门预算处室关于资金的宏观调配、业务处室专管人员关于部门支出的审定，部门领导对部门内部资金的安排，无不是依赖决策者个人经验做出的决策。在有些地方财政部门，预算处室缺乏既熟悉政策又熟悉预算的专业性人才。部分地方财政部门成立的预算编审中心，其预算人员是从之前财政机关改革分流出来的人员补充进来的，没有财经专业背景，没有会计职称。有些预算处专职预算人员非常少，每年预算编制期间，不得不临时从别的处室抽调人员。如此配备的支出决策人员结构意味着大多数情形下支出决策者们只能是"凭经验办事"。经验决策是定性决策方法的一种，其好处在于简便、反应迅速、决策时间成本低，最大的弊端是：经验是对过去决策情境下支出规律的总结，但事易时移，根据过去经验决定已经变化了的现在容易导致决策失误，从而降低资源配置效率。

（三）"集体讨论"与"一把手负总责"导致地方公共支出决策权责错位

地方党委和政府领导班子的公共支出决策一般采用民主集中制原则和集体决策的方式。然而，比如在省级，省委书记是中央任命的"正班长"，省长一般兼任省委副书记，是"副班长"，支出决策是在党委书记领导下集体决策的结果，省委书记拥有实质性的支出决策权。而我国宪法明确规定地方实行行政首脑负责制，这意味着承担支出决策失误的责任在省长。领导者或决策权力实际掌握者不是责任人，责任人不能做出支出终极决策，这种支出决策权责的错位导致地方预算决策主体在省级高层的实际缺失，最终没有人真正承担辖区居民的受托责任，为支出决策负责。为了改变这种局面，中央加强了对省委书记的考核，把党委书记视为"第一责任人"，要求其作为一把手负起决策的总责。这就导致了地方在支出政策制定和重大支出项目决策时，党委书记往往采用集体"众谋"而后一人"独断"的决策方式。问题是，在地方党委领导地方经济社会发展过程中，党委副职也有明确分工和责任到人的要求，分管教、科、文、卫、农、工、商等领域的党委副书记与相关领域的分管副市长职能交叉重叠。党管出政策，为保证政策的有效执行，近年来有些地方通过增设党委副书记、先召开书记办公会议等形式统一思想，使得本来在常委会中人数有限的政府领导，在集体讨论和民主决策的支出政策制定过程中权力弱化，导致政策过程与预算过程的分离，支出决策质量受到影响（於莉，2010）。

四、公共支出决策监控机制存在的问题及原因分析

（一）人大监督权弱化导致人大监督作用有限

尽管人大在预算编制、审批和执行过程中可通过预审、初

审、质询权和特别问题调查权的行使,来加强对政府及其职能部门支出决策的监督与控制,但是人大的监督效果仍然有限。目前主要存在以下几个方面的问题:一是预算工作委员会在预审时要就预算草案向相关专家、学者咨询意见和建议,但是这些专家学者大多来自相关职能部门的研究机构(如政策研究室),其政策观点受行政干扰大,这使得预审是建立在由政府部门来分析论证政府预算的基础上,独立性过差,不能客观公正地评估预算。二是在预算审批过程中,人大代表们对预算的不同意见和提出的建议,没有相应的法律规定必须由政府采纳,没有一个较为完备的审议意见处理程序。表决时即使部分代表对预算草案的部分内容有质疑,但是没有审批辩论程序,只能是一次性表决和一次性一揽子通过。三是由于财政部门提交给人大的预算草案科目粗糙,一般只列"类",个别到"款",这些数额巨大的分类数字,导致了"外行看不懂,内行说不清",人大根本无法科学审查预算的合理性、合法性,更无法作为绩效指标考核相关部门,追究其责任,监督形式化。另外,大量法定支出的存在也削弱了人大的监督权。四是在预算调整审批时,人大只有对导致收支不平衡的预算调整进行审批的权力,动用准备金(由本级政府决定)和项目间资金重新配置(由财政部门批准)等不影响预算平衡的情形不需要人大批准,这样很多地方就出现了少列预算收入,用超收入安排超支,以逃避立法机构审批和监督。现实中预算调整非常多,除了预算编制时间仓促、内容不合实际,预算编制缺乏预见性和科学性外,上级政策不断出台也是一个重要原因。预算执行不得不频繁地变动催生了部门逃避立法机关监管的强烈动机,《预算法》"预留"的漏洞使人大最终审批的只是公共支出的一个总额,经费流用、超收超支等就司空见惯了。五是人大对决算草案的审批置于上级财政部门对决算的批复后,使本级人大的审批与监管流于形式。政府报送人大的决算草案往往非常简单,只有表示收支平衡的几类大数,人大无法进行事后的监督。政府报送人大的决算报告并未先经审计部门审计,决算报告的真实性有待考证,人大对决算审批和监督的实质意义难以保证。政府报送的决算收支平衡表中,其他支出和专项支出数额巨大且没有具体说明,人大代表们根本无从审议,影响了人大对决算监督权力的行使。

(二)行政型审计导致审计监督作用受到影响

我国的国家审计属于行政型国家审计,审计机关对公共支出决策的审计是行政部门内部的审计,对公共支出决策的审计监督主要还存在以下几个方面的问题:一是审计监督的独立性差。一方面,政府领导对审计工作的干预。地方审计机构在行政上隶属于本级政府行政首长的领导,业务上受上级审计机关的领导。由于审计机关领导的任免实质也是取决于地方政府,审计监督就经常受到政府首长个人意志的左右。地方政府领导担心揭露问题过多难以承担责任或影响政绩,经常干预审计的内容、方向,对审计中发现的一些严重问题压制不报,或避重就轻。另一方面,对财政部门的审计不足。审计监督的首要任务是进行财政审计,财政部门理应成为主要的审计对象,但是由于我国审计部门的经费都由财政部门审批,若对财政部门进行审计,审计工作肯定受到影响。二是审计机关更多的是为党政服务而弱化了服务于人大的立法监督。具体来说,就是审计机关在报送人大审计报告时,已经由有关政府部门核准过,政府为了社会稳定已经要求将一些重大的违法乱纪事项模糊处理,从某种程度上说,这严重地影响了人大的监督职能。三是目前审计机关对支出的审计仅仅是一种合法性审计或财务审计,对地方财政实行绩效审计在某种意义上就是对政府首长实行审计,开展起来难度很大。而我国目前公共支出决策权力过于集中,权力缺乏约束。因此,最需要的是为了提高政府预算和公共支出的透明度和有效性、为了增强对政府公共受托经济责任更深层次的监督与评价而进行的绩效审计。

（三）财政部门监督运作过程存在的问题降低了财政监督的有效性

从财政部门的监督运作来看，存在以下问题：一是监督方式和手段落后。主要是以集中性、突击性、阶段性为主的事后检查，缺乏事前事中监督；专项检查多，日常监督少；对某一事项的检查多，全方位跟踪监督少。这使得我国财政部门监督的有效性大大降低。二是我国财政部门的监督以合规性监督为主，绩效性监督少。尽管相对于其他监督主体，财政部门拥有更多的专业信息，更容易实行绩效监督，但现阶段我国还没有建立比较规范的绩效监督制度，绩效评价所需要的支出项目信息仍然比较缺乏，评价标准和指标体系仍在建立过程中，财政部门的绩效监督作用有限。三是财政部门监督的范围不够全面，主要是对财政资金使用单位的外部监督，对内部业务部门的监督较少。四是财政部门监督的法制建设滞后。我国从1995年开始，先后制定了《财政监督机构工作暂行条例》《财政检查工作规则》《财政部门内部监督暂行办法》《财政部门实施会计监督办法》等一系列法规文件，但还没有一个系统的、全面的有关财政部门监督的法律。由于这些法规的法律层次较低，只是财政部门的规章制度。财政部门的监督机构与业务部门或其他财政资金使用单位并不存在行政隶属关系，财政部门的监督就少了权威性，监督结果也难以强制执行，降低了财政部门监督的有效性。

（四）监督体系整体运作效率不高导致支出决策监督作用有限

我国公共支出决策监督体系虽然内容齐全，但整体效率不高，从而使得支出决策监督作用有限。现阶段我国支出决策监督体系主要存在以下几个方面的问题：一是主导监督类型不明确。在全部的财政支出监督体系中，没有一个主导监督来承担财政资金监督的主要内容，一般来说，审计部门被寄予主导监督的重望，但我国审计机构承担的监督比重并不是最大的。二是各类监督之间没有明确的分工，导致对某一具体的财政支出项目重复监督，且都是事后监督和合规性监督，不但监督成本高，而且监督效果不佳。三是预算资金监督体系主要以上级监督部门对下级被监督部门的纵向监督，同级监督机构对被监督部门单位的监督弱化，原因主要是同级的监督机构自身的经费、人员提拔等受到同级政府部门的制约，独立性差。四是其他监督的辅助监督作用没有发挥。社会中介监督除了对国有企业的监督外，较少涉足其他公共领域。但社会中介机构的监督具有较强的独立性，更容易公平地分析问题，提出建议。缺乏足够的公众监督或舆论监督，原因除了公众或舆论的价值观、理性的无知等之外，更重要的是我国支出决策过程不透明、不公开，以及没有适当的法律保障公众或舆论出来指证后不会遭受打击报复（蒋洪，2008）。

五、公共支出决策信息系统存在的问题及原因分析

（一）信息工作起步晚，信息质量不高

尽管我国已经有多年国民经济和社会发展情况的统计数据，"金财工程"的建设、预算收支科目分类的改革和复式预算编制方法的采用也增加了支出决策信息的广度和深度，但相比成熟的市场经济国家，我国公共支出决策信息仍然相当有限。

首先，公共支出决策信息收集与整理工作起步晚。我国1992年才开始试点市场经济，随后才逐步建立与市场经济相适应的公共财政框架，同时在支出领域内进行了部门预算、国库集中支付和政府采购等改革,所有这些为市场经济条件下的公共支出决策信息积累提供了制度环境和条件。2007年开始推行的政务信息公开制度,对政府提出了公共支出决策信息的收集与整理要求,同时也为研究机构和人员提供了处理公共支出决策信息的基础资料,为公众提供了了解公共支出执行情况的窗口。然而,这些数据时间长度是很短的,对于用"基数+增长"方法去简单地编制预算是有意义的,但对相对复杂的现代支出项目决策用处不大。

其次,支出决策信息的质量不高。信息质量高低可由信息多寡以及反映的内容全面、准确与及时程度等来衡量。现阶段我国公共支出信息数量不少,但大多是大类支出信息和宏观层面的信息,细化的和微观的支出信息较少,能真正用于决策的不多。支出决策部门只有依靠财政部门内部简报、内部专题数据报送等传统方式获取决策信息,但信息层层上报必然会因传递环节增多而导致信息失真。很多地方财政部门在编制预算时并没有详实地掌握相关基础财政数据资料(如行政资产数据),信息在财政部门内部也存在传递障碍。由于财政部门预算编制、执行和监督环节相分离,且缺乏有效的信息沟通机制,其预算编制工作无法从预算执行的实际结果中收集到有效信息,导致支出决策的低效。人大和公众等政府职能部门以外的单位和个人能获得的支出信息更是有限,除了统计资料上公布的、不太真实的和较粗的支出信息,每年政府的预决算和年中预算执行情况报告等之外,无法获得有关公共支出决策的其他信息(如预算编制的标准、政府支出政策等),对公共支出决策的监督无法有效落实。

最后,信息的加工利用水平低。对相关经济社会基础信息和支出信息的处理是提升支出决策信息质量的一个重要手段,然而,我国现阶段财政信息机构的信息加工利用水平还较低。这主要是以下几个方面的原因所致:一是信息处理技术、手段和方法还比较落后，体现在定性分析多而定量分析少，总结分析多而预测研究少，缺少多方案比较、政策实施后果模拟研究以及跨学科、综合性的研究。从而导致"经验信息多、活动信息少；成果信息多、预测信息少；会议信息多，基层信息少"（罗依平，2006）。二是各级政策研究机构、咨询机构自成体系，信息沟通与交流少。各级政府、财政部门及其他比较重要的支出部门一般都有自己的政策研究机构和咨询机构，但是这些机构各自为阵，由于没有一个像日本"脑库"一样的"综合开发机构"来负责各机构的具体分工与协作，各层次、各部门的研究机构与咨询机构之间缺乏交流，开发的信息没有共享，设置的课题重复和交叉研究，导致信息利用水平低。三是部分地方政策研究人员知识结构不合理，信息处理能力有限。中央和省级政研机构人员学历层次整体较高、研究条件也较好，但是许多地方政策研究机构成了政府的"养老院"和"安置处"，研究人员学历层次低，他们一无研究习惯、二无研究兴趣、三无研究专门训练，信息处理能力低下。

（二）信息透明度低，预算监督难以有效

党的十八大指出，要推进权力运行公开化、规范化，让权力在阳光下运行。而对权力运行进行有效制约与监督的前提是政府行为信息的公开。但是长期以来，我国财政信息透明度低，支出决策直接主体以外的部门、单位和个人能获得的相关信息非常有限。这是因为：在革命战争年代留传下来的保密思想影响和新中国成立以来我国颁布的《保密暂行条例》《中华人民共和国保密法》（以下简称《保密法》）和《经济工作中国家秘密及其密级具体范围的规定》等法律制度约束下，我国各类预算信息被视为是国家绝密、机密或秘密事项。这些规定成为财政信息公开的最大障碍。

幸而 2008 年 5 月 1 日实施的《政府信息公开条例》规定

财政预算、决算报告是政府应重点公开的内容之一。2012年《预算法》的修订稿也增加了预算公开条款,规定预算、预算调整和决算都应及时向社会公开。有关部门也出台了一系列有关政府信息公开和财政信息公开的文件,这些为政府信息公开奠定了法律制度基础,为提高财政透明度开拓了道路。近年来我国各级政府和人大部门在信息公开基本要求、制度建设与操作规范等方面开展了一系列行动,如各级地方政府部门积极推动了财政预决算报告、"三公"经费以及行政经费收支等信息的公开。

然而,我国政府信息公开仍然存在不少问题。《政府信息公开条例》(以下简称《条例》)还不足以保证预算公开能达到社会及人大有效监督和规范政府预算行为的目的,行政机关发布信息前要依据《保密法》进行保密审查。《条例》作为一个行政法规,对预算信息公开到哪种程度受层次较高的《保密法》制约,许多地方以此为由不公开相关预算信息,或者仅公开预算决算报告,而不是更具体的收支数据信息。修订后的《预算法》关于预算信息公开的具体时间、标准、信息的覆盖面、信息的具体性程度等都没有明确规定,而财政与各部门分别公开信息的规定也增加了信息需求者的成本,如要获得某地方政府总财政支出和各类部门支出数据,得分别向该政府财政部门和其他各部门申请公开。《中华人民共和国监督法》(以下简称《监督法》)只规定了人大常委会听取政府预算执行情况报告、审计工作报告和审议意见,政府对人大审议意见的处理情况以及执行人大决议的情况,要向人大会通报并向社会公布,并未对人大会的预算审议情况作出相应公开的规定。

据上海财经大学公共政策研究中心的《2013中国财政透明度报告》研究结果显示:①从财政透明度来看,中国的财政透明度仍然不高。2013年31个省份作为一个整体来看只公开了全部调查信息的不到1/3。省际之间的透明度差异较大,海南、福建、新疆、西藏和黑龙江透明度居前五位,浙江、辽宁和吉林3省排名最后。分项目来看,73.46%的项目只公开了部分信息。四大基金透明度由高到低依次为:社会保险基金、政府性基金、一般预算基金和国有企业基金,其中政府预算支出项目的透明度得分仅存为2.69分,信息公开状况不理想。支出项目透明度省级政府预算好于其所属一级预算单位各部门,功能分类支出好于经济分类支出,经济分类支出中转移支出好于购买支出。②从省级政府部门预算透明度来看整体水平较低,不管是与国际发达国家同级别相比,还是与中央政府的部门预算相比,因为各省级只公布了全部调查信息的16%;且在省际间、部门间存在较大的差异。支出的经济分类信息透明最低,且公布信息非常零散,只有湖南、新疆等少数省份公布在同一网站上。③从省级政府部门"三公"经费透明度来看,整体情况不理想,省际间、部门间差异大,公布的数据真实性有待考察。④从省级行政收支及相关信息透明度来看整体水平还较低。

　　信息质量不高,信息不透明度,直接影响了人大、审计、舆论和公众对支出决策的监督效果。而要对支出决策权力进行有效制约,关键在于政府信息公开和财政透明,通过建立有效的监督机制,遏制腐败,保障公民的知情权、参与权、表达权和监督权,真正把权力关进制度的笼子。当前公共支出决策信息透明度不高,主要是因为政府有强烈隐瞒支出信息的动机,隐瞒真实信息有利于掩盖政府可能的决策失败,免于问责。另外,从预算技术上来看,大多只编列类级科目的预算信息对外部监督意义不大。

第三节　我国地方公共支出决策机制改革探索的案例解析

一、浙江温岭的参与式预算

（一）参与式预算是公共支出决策民主化的创新

公共支出决策机制优化，可以通过重构公共支出决策权力，公共支出决策过程程序化、决策规则制度化、决策方式民主化和决策技术科学化等方式进行。其中，公共支出决策方式民主化是公共支出决策机制优化的重要内容，是推进民主政治和民主政府建设的重要手段。理论上，立法机构应被授予公共支出决策的主要权力，行政部门应是立法机构支出决策的执行者；实践中，大多数国家都是由政府提出和编制预算，立法机构审议预算。因此，公共支出决策民主化首先取决于立法机构对行政机构的有效制约与监督。当然，公共支出决策民主化还有其他多种形式，在支出决策过程中引入公民因素就是其中一种，这就是所谓的参与式预算。参与式预算是一种公民直接参与基层预算决策过程，决定部分或全部公共资源配置结果的预算管理模式，包括公民个人、不同群体和不同利益代表公民直接参与财政预算的制定、决定财政开支和投资的方向、目标及其优先顺序、规定政府和官员的责任、监督财政开支过程及其效益等不同环节（杨灿明、王金秀，2010）。

（二）温岭的参与式预算

中国近年在浙江温岭、江苏无锡、黑龙江哈尔滨等很多地方进行了参与式预算改革试点，在不到十年的时间，参与式预算从试点到逐步推广，正经历着从萌芽到成长、从成长到困境的演进历程。由于我国的参与式预算发端于温岭，并且温岭的参与式预算在广度和深度方面均已超出其他地方的发展，因此，本书选择温岭的参与式预算作为我国公共支出决策机制优化的典型案例，分析参与式预算对我国支出决策民主化、预算管理改革和政治民主建设的重要意义。

1. 温岭参与式预算的诞生

温岭参与式预算始于"民主恳谈"。20世纪末，温岭人凭着"敢为天下先的开拓精神"和"灵活的市场应变能力"为温岭经济迅速发展开创了一个新局面。私人企业蓬勃发展，集体经济迅速壮大，县域经济竞争力不断提升，公民个体意识也大大增强。但是乡镇干部观念仍然落后，工作方式简单粗暴，村级财务混乱，干群关系一度非常紧张。为了防止辛苦积累的物质财富得而复失，避免遭遇委屈时无处说理，温岭人越来越渴望参与社区事务的决策与管理。在制度内的投票选举和参加村民会议等形式根本无法解决实际问题的情形下，"民主恳谈"这种农村社区协商民主形式应运而生。"民主恳谈"作为一种萌生于浙江温岭的草根民主，帮助民众找到了抒发情感的平台，拓宽了参政议政的渠道；使村级自治组织行为更加透明，减少了不少决策失误；也减轻了乡镇政府常委的压力，提升了其执政的公信力和执行力。"民主恳谈"也由最初用于推进农村思想政治工作，发展到后来引入到地方公共事务决策。2004年8月10日，温峤镇组织民主恳谈，讨论"吉屯水库引水工程"以及增加2004年度财政基建项目，尝试让人大代表和民众一起参与讨论政府年度预算调整方案，从此开启了温岭市参与式预算改革的序幕。

温岭参与式预算的两个最初版本——泽国模式和新河模式。2005年温岭市泽国镇和新河镇分别推行了参与式预算。泽国镇的参与式预算是由澳大利亚迪肯斯大学政府系教授、浙江大学兼职教授何包钢推动的，主要借鉴了巴西的参与式预算经验，选择部分与公众关系密切的项目（如市政项目），由公众讨论决定后直接交由政府执行。在泽国,首先由政府选出一批属于本级行政范围、且与民生息息相关的城市建设项目,从民众中抽样选出代表,由这些代表投票对城建项目进行排序,镇政府再根据民众对项目的排序及当年财力情况,形成一份项目优先方案,最后交镇人大会审查讨论及投票表决通过。新河镇的参与式预算是由世界与中国研究所所长李凡推动的。在新河,在人大会召开之前,镇人大组织人大代表、各协会、社会团体、各界代表和公民,对政府提交的预算草案进行预算初审民主恳谈,并形成初审报告。之后,在人大会召开期间,人大代表集中审议预算报告并提出预算修正案(杨灿明,王金秀,2010)。温岭的参与式预算是一种以民主恳谈为主要形式,公民广泛参与政府预算方案的协商讨论,由人大代表审查、修正和调整政府预算,各方实质性参与政府预算的审查与监督的支出决策模式。

2. 温岭参与式预算的运作形式——以水利部门预算初审的民主恳谈为例

近年来民主恳谈已被广泛运用到温岭的部门预算决策中,一般来说,民主恳谈形式的支出决策包括汇报会、分组恳谈、集中恳谈、相关部门回应、市领导讲话、反馈和落实七个阶段。下面以2010年1月温岭市水利局2.846 7亿元的预算初审为例,来说明温岭以民主恳谈为主要形式的参与式预算是如何运作的。①汇报会。各与会代表听取市发改局的《关于水利部门2009年重点建设计划执行情况及2010年重点建设计划安排的汇报》,市财政局的《关于水利部门2009年预算执行情况及2010年预算编制情况的汇报》和市水利局的《关于水利局2009年预算执行情况及2010年预算计划的汇报》。②分组恳谈。各代表分组讨论,陈学根和林锐代表认为在处理资源有限和需求无限的矛盾时,要区分支出项目的轻重缓急,排出优先顺序,尽量做到先易后难,并就哪些项目应先上、哪些暂缓提出了自己的看法。孙夏友代表提出，去年的预算安排与今年的相比，退休人员经费、大楼运行经费增加太多，而山塘除险加固补助减少了太多，不合理。坞根镇和李顺法代表分别就维持现有水利设施正常运行与续建和新建之间的支出发表了自己的看法。林锐代表还提出预算相关资料要提前发放，尽可能地使信息公开透明，有利于代表们进行正确决策。江岳祥代表提出2009预算执行过程中预算调整和年中追加预算的合法性问题。③集中恳谈。小组长把各组讨论的意见整理后，提交到集中恳谈大会上进行反映。④相关部门回应。财政局局长江涌清承诺将根据民主恳谈会的意见和建议，与各有关部门一道认真研究，吸取有益部分重新调整预算方案，并且预算一旦经人大批准，严格执行预算。水利局局长金良明介绍了水利局的工作三步曲：有水喝、喝低价的水和喝有质量的水，检讨了在水资源的开发和保护工作中仍然存在的不足，肯定了民主恳谈会的收获。发改局局长陈文波则强调会后将根据民主恳谈会的建议，对全市重点建设项目进行重新规划和调整。⑤市领导讲话。副市长蒋招华认为把民主恳谈运用到部门预算编制上，有助于公共支出决策的科学化、民主化；希望未来恳谈的相关资料要适当提前发放，讨论的时间要尽可能多些；也要求市政府各有关部门对恳谈会上所提出的建议和意见进行认真研究，给代表一个满意的答复。人大主任张学明则感谢与会代表的辛苦付出和献计献策，肯定了代表们的意见和建议给部门预算完善带来的启示，提出三点希望：将有限的资金用在刀口上；着力把焦点、热点和难点问题解决好；认真地按照代表的要求把水利部门预算调整到位。⑥反馈。2010年2月3日，市人大梳理出与会代表的意见，包括：细化决算、加强水资源保护和有效利用、加快"金清二期"建设、重视市区防洪排涝建设、重新考虑防灾避灾教育中心建设、增加河道疏浚整治工程补助和山塘水库的除险加固补助等18条建议。在将这些建议反馈给财政局的同时，市人大要求财政局根据这些建议，结合实际尽快研究处理，并将水利局预算调整的结果向市人大常委会主任会议汇报。⑦落实。温岭市水利局对代表们意见集中的两个项目：防灾避灾教育中心（总投资3 500万元）和大港洋围垦工程（耗资9.35亿元）进行了调整，前者暂时不建，后者由上级台州市政府负责，温岭不再出资。对有一定合理性的意见，参照性地做了适度调整；对因不熟悉情况而提出的意见，进行了答疑，并说明了原因和理由（朱圣明，2010）。

3. 温岭参与式预算发展现状

经过近十年的发展，温岭的参与式预算经历了从无到有、从点到面、从浅到深、从虚到实的实践过程，现阶段已形成了人大会前开展民主恳谈、初审听证和人大代表工作站征询恳谈，人大会期间进行询问、专题审议和票决，人大会后及时公开，并由人大常委会监督预算执行的部门预算审查监督体系，逐步实现了对部门预算的审查监督由"程序性"向"程序性与实质性"并重的转变。

具体来说，从纵向来看，2005年开始在泽国和新河两镇推行参与式预算；2007年温岭的参与式预算已由镇一级升格到市（县）一级；2010年温岭的16个镇（街）全部推行了参与式预算；2013年温岭又将参与式预算推进到村级，九份村等8个村实行了村级参与式预算，坞根镇还推行了镇级参与式决算，参与式预算之路向纵深发展（潘春燕、吴敏力，2013）。从横向来看，2013年年底对2014年温岭部门预算的民主恳谈会已扩大到与民生有关的七个部门：教育局、水利局、交通运输局、环境保护局、住房和城乡建设规划局、城市管理行政执法局和城市新区管委会。从参与人数来看，2013年年底民主恳谈会的参与人数约达800人次，与往年比有明显增长。参与恳谈的人员构成主要是：人大代表、公民代表、行业协会代表、中介机构代表和社会组织代表，以及来自市预算审查监督参与库和专业库的专家代表。从恳谈的广度和深度来看，不仅部门预算民主恳谈范围得到了进一步拓展，人大代表工作占预算征询恳谈数量也有所增加，2013年达到22个，遍及所有镇（街）。2013年首次探索启动人大会投票表决部门预算制度，将市科技局和农林局两个部门预算交由全体人大代表进行无记名投票表决，最终代表们共提出意见101条，促使两部门合并优化项目7个、调整项目11个（潘春燕、吴敏力，2013）。2013年还首次将民主听证会形式引入预算项目审查，对民政局的市社会福利中心项目进行了初审听证。从促进预算透明度提高来看，温岭16个镇（街）、71个一级部门预算单位及其下属单位，2013年总额为88.68亿元的预算及各单位的"三公"经费预算，以及35个部门的决算、"三公"经费决算全部向社会公开，公开的部门预算要求细化到"项"级科目，接受社会各界的监督检查（张学明，2013）。

（三）中国参与式预算改革的推进因素

由于一直以来我国预算权力过度集中在少数人手中、预算过程不透明、民众对预算体系的监督少，裙带主义，利益集团的影响，缺乏社会公平，未充分考虑弱势群体的需求。也没有机制来保证预算结果体现民众的要求和偏好。而且中国的行政部门自由裁量权太大，立法机构无法对其进行有效监督。随着市场经济的深入发展，民众交纳的税收已成为政府收入的主要来源，从而也更加关注政府提供的公共福利、公共产品和服务，于是国家预算也逐渐变成了公共预算，公民参与、透明度、利益相关各方的共识和协商等在预算过程中变得越来越重要。为了遏制腐败、改善治理、实现公开和透明、为当地民众提供社会服务以及减少"依法抗争"事件，我国部分地方实行了参与式预算改革。通过增加可信的透明度，参与式预算还可让政府官员免受腐败指控。如果重大决策有失误并带来损失的风险，参与式预算还可帮助领导者将责任推到民主进程上，地方民主成为一种政府减少责任风险的工具。还有的地方领导希望借助参与式预算试验来创建政治"品牌"或者是提升自己的声誉，中国的所有参与式预算试验都取决于领导人的意愿。官僚多元主义是推动参与式预算的另一股推动力量，政府组织之间的相互竞争，以获取资源和影响力，财政部努力推进现代财政体系建设，开展了一些参与式预算试验。各级人大正在发展和改善审议职能，建立了预算委员会，倡议预算公开。例如，温岭人大主任张学明就积极倡导参与式预算试验，国务院发展研究基金会在无锡和黑龙江组织了大规模的参与式预算试验。世界银行领导、推动并鼓励了参与式预算在全球各地的传播，福特基金会资助参与式预算的研究和研讨会，甚至承担参与式预算试验的成本，国际行动援助参与了安徽省岳东村的一个参与式预算项目，组织了对广西省政府预算分配的效力和效率的参与式评估，在甘肃省进行了性别预算，把国际预算合作组织的《非政府组织预算工作指南》翻译成中文。非政府组织也在协助公民社会的参与式预算过程中扮演了重要角色，国际行动援助中国办公室组织了一些村级参与式预算项目，世界与中国研究所为新河镇的参与式预算试验提供了咨询意见，迪肯大学和斯坦福大学的学者协助了泽国镇的参与式预算项目，只是这些非政府组织的影响远不如巴西的大（辛多默等，2011）。

（四）中国参与式预算改革存在的问题

参与式预算是一种公民直接参与预算决策过程，决定部分或全部公共资源配置结果的预算管理模式。参与式预算的目的是将弱势群体等被边缘化的人群吸纳到公共支出决策过程中来，通过公平配置资源和监督政府支出，促进积极公民权的实现，消除社会排斥，实现社会公正。参与式预算的实施，有助于提高公共支出决策的科学性，更是公共支出决策民主化的直接体现。然而，现阶段中国的参与式预算改革仍然存在以下几个方面有待解决的问题：一是参与式预算与部门预算的相互融合问题。在温岭，参与式预算始于乡镇财政层面，目前正向市县级推进，体现为"自下而上"的预算改革路径。而其他地区，参与式预算更多的是在街道和社区层面，由于街道和社区并非一级独立的预算主体，因此，这些地方的"参与式预算"只是为项目立项和社区街道发展出谋划策，而非准确意义上的参与预算决策。从可操作性来看，参与式预算也主要适用于县乡两级财政，更高层面的预算因涉及人群过于宽泛，难以采用民主恳谈的方式。而我国的部门预算改革是"自上而下"、由财政部门单兵推进的。部门预算改革使资源配置权力向财政部门集中，但各支出部门权力削弱，人大缺乏强有力预算审查监督机制，近年来又对工商、地税、药监、质监等"强势"政府职能部门实行垂直管理，县级政府预算提供公共服务的完整性被肢解，加上县级财政困难，部门预算改革也遭遇了前所未有的困难。可见，在县级预算层面，"自下而上"的参与式预算和"自上而下"的部门预算会交汇，哪种预算改革更成功，亦或两者的深度融合为最佳，需要实践去检验。二是参与式预算对公民素质要求的问题。中国的参与式预算最初兴起于比较富庶的江浙一带，2006年新河镇的财政收入超过1亿元，农民人均纯收入8 020元，综合发展实力排行全国千强镇第532位。只有经济发展起来了，民众才会关注更高层次的社会需求。而且，参与预算决策需要具备一定的预算知识，才能看得懂预算，进行有效地预算审查，进行科学合理的预算决策。这对于土生土长的农民来说，需要一个学习的过程。而预算一直以来被视为"机密文件"，受传统官本位影响，普通民众是很难介入预算过程，也很难了解预算。另外，参与式预算的实施也需要相对较为理性的公民以及与之伴生的相对成熟的公民社会。而这些都是我国现阶段还需要加强的。三是参与式预算还缺乏制度化的约束机制。参与式预算作为一种预算民主新形式，在我国虽然是"自下而上"推动的，但却是在基层领导的支持、倡导下推动的，具有较大的随机性和偶然性，难免出现"人亡政息"的情况。为此，需要通过制度规范将其固定下来。温岭在这方面已经有所尝试，2006年通过了《新河镇预算民主恳谈实施办法》，将民主恳谈由制度外纳入制度内，为参与式预算的制度化迈出了关键的一步（马蔡琛，2010）。

二、广东省的绩效预算

（一）绩效预算是促进公共支出决策科学化的重要手段

公共支出决策机制优化，还可以通过改进支出决策技术和方法来实现决策的科学化。绩效预算实际上是一种以结果为导向，通过强调对项目成本的衡量和项目业绩的评估，来决定公共资源分配的一种支出决策方法。绩效预算改革旨在通过核算公共产品成本，建立一套能够反映政府公共活动绩效的评估指标和标准体系，对政府公共支出进行绩效评价，根据绩效评价结果来安排公共支出，从而降低政府提供公共产品的成本，提高公共支出的效率。由于传统预算方法强调的是对投入过程的控制和产出的考核，预算收支仅仅体现政府意图，至于做的事符不符合民众需要，所做事的成本是否过高，都不是其关注的问题。绩效预算则强调以提供民众满意的服务作为支出的有效性目标，同时实现这一目标的成本也要尽可能低。为此，机构的支出总额一般是由上级确定的，而为了在成本限定的情况下更好地实现绩效目标，机构必须被赋予更多的自主权，以重新整合和灵活配置资源。可见，绩效预算改革有利于提高支出决策效率，由传统预算方法到绩效预算方法的转变，是公共支出决策机制优化的具体表现。

(二) 广东省的绩效预算

1. 改革原因

绩效预算是一个舶来品。广东省作为一个中国市场经济发展最早和最快的省份，在 2003 年对三个专项资金绩效评价试点的基础上，2005 年把绩效预算引入我国的预算决策领域。广东省实行绩效预算改革的原因主要体现在如下几个方面：一是提高公共预算和财政管理水平。1999 年后，中国财政改革的重点由收入转向支出。广东省也逐步实行了部门预算、国库集中收付、政府采购、综合预算、会计核算集中监管等支出领域的改革，建立了一系列的外部控制机制。然而，"重收入轻支出、重预算轻管理、重分配轻监督、重使用轻效益"现象仍然没有得到有效改善。盲目投入、重复建设和行政支出膨胀，导致公共资源浪费和资金使用效率不高。深入推动公共财政改革，必须注重公共支出的产出和结果，建立公共资金的"追综问效"机制。二是解决不断加剧的收支矛盾。广东省在经历了 20 世纪 90 年代的高速增长后，进入了平缓增长期，而加快新农村建设的支出，以及社会保障、教育、科学、文化、卫生和环保等方面的支出压力增大，使得 2001—2005 年全省地方一般预算支出年均增长 16.4%，超过收入增长速度近 2 个百分点。收支矛盾的加剧迫使广东省财政部门开始加强支出管理，以提高资金使用效率。绩效预算作为提高资金分配效率和使用效率的手段，成了财政改革的可行选择。三是官员竞争和政治家的支持。地方经济发展快，财政收入增长速度高，是地方官员之间晋升竞争的重要筹码。2001—2005 年广东省虽然经济规模总量很大，但由于基数高，经济增长速度和财政收入的增长速度都不及华东地区的一些其他省市。加上财政支出刚性增长压力，广东省除了发展经济、培植财源、应收尽收外，还要依规分配财力，科学利用财力，提高公共资金的使用效率。绩效预算改革作为提高财政资金使用效率的方式，作为监测支出部门（市县政府）实施省委、省政府战略决策的工具，获得了政治家的支持。四是纳税人意识提高。广东省一直是中国改革开放的前沿，不但实现了以税收为主体的财政转型，纳税人的主人翁意识大大提高，开始要求参与预算决策，对财政支出进行监督，确保公共资金用于公共目的。许多新生的民营企业家到人大、政协参政议政，人大、政协代表的监督意识不断增强，政府的"钱袋子"问题成为"两会"期间代表关注的热点问题。而腐败、决策失误、管理不善、损失浪费、行政成本居高不下等也引起社会的高度关注，推进预算改革和加强财政管理的呼声越来越高。广东省于是推出了绩效评价试点，并逐步扩大绩效评价范围，最终实现全部省本级资金的绩效预算（吴少龙、邝艳华，2012）。

2. 财政预算全过程绩效管理模式

广东的绩效预算思想贯穿整个预算管理过程，是一种财政预算全过程绩效管理模式，包括：财政资金的绩效预算评审、财政资金跟踪管理、支出后项目绩效评价、绩效面谈及绩效问责等，涵盖了财政资金的事前分配、事中管理、事后评价及问责的全过程管理环节。具体的操作流程是：财政部门和第三方机构合作组织项目单位进行预算绩效管理培训→项目单位填报预算→财政部门对预算申报形式要件把关→第三方机构对申报预算进行分类→第三方机构邀请专家并进行培训→专家独立评审→专家组综合评审→第三方机构根据专家对项目的评审情况出具一份综合性报告给财政部门→财政部门将预算评审情况汇报给人大→人大审批预算→财政部门下达预算安排→项目单位执行预算→项目完成后填写自评报告→财政部门对项目完成后绩效评价形式要件把关→第三方机构对完成后项目进行分类→第三方机构邀请专家并进行培训→专家独立评审→专家组综合评审→第三方机构根据专家对项目的评审情况出具一份综合性报告给财政部门→财政部门把评审结果作为预算安排的依据。可见，广东省的"预算全过程绩效管理"体系是一个有机的构成，各环节之间环环相扣，前一环节的效果是后一环节的基础和起点，形成了动态的管理闭合环（财政部财政科学研究所，2011）。

广东的预算全过程绩效管理模式在以下几个方面进行了制度设计以保证整个模式运作的有效性：一是通过内部约束、自我激励和外部压力等形式促进部门责任的落实。落实部门责任是财政预算全过程绩效管理的关键。广东省通过细化的申报标准实现部门单位的自我承诺，树立起用钱要负责任的意识；以绩效评价、绩效问责和绩效审计等措施形成强大的外在压力，强化部门单位责任的履行；以专家意见和建议的落实提高部门单位履行责任的能力。二是通过在绩效管理过程中引入利益导向和批评与自我批评等方式实现对涉事主体行为的有效约束。传统政府管理模式是通过组织形式和思想方式来约束被管理主体，进而达到约束其行为的目的。然而，主体内心的想法和目标是难以测定的，政府执行力弱由此产生。绩效管理则通过约束主体行为达到约束主体本身的目的，通过对具体管事和经办事情的具体人员的行为进行规范和纠错，通过强大的外部压力机制使其约束自身行为，有效克服行为主体的人格缺失和道德风险，达到提高执行力的目的。三是通过设计公平的程序保证预算有效性。如每个单位有同等的绩效预算参与机会和得到相同培训服务机会。第三方机构聘请专家评审保证了评审的独立与公正等。四是通过引入竞争式分配来提升预算全过程绩效管理的有效性。竞争以获得资源使用是提升资源配置效率的关键。项目是否为社会急需解决的问题，是否做的是有绩效的事；单位的项目申报工作是否科学、细致，论证是否充分；单位是否根据上一年专家对项目的评价和批评意见进行落实改进；预算申报、绩效评价、绩效审计和绩效问责等工作质量和结果好坏也会影响到上级领导对单位责任人的认同度，从而决定单位在绩效预算中能否得到申报的资金数。五是通过引入专业评审专家实现科学理财与民主理财。专家们利用自身精熟的业务知识和行业从业经验，对支出项目是否应立项、金额多大以及单位绩效目标设定的合理性等方面进行判断，对单位的管理水平进行评价，提出中肯到位的改进意见，作为政府配置公共资源的重要参考（财政部财政科学研究所，2011）。

3. 发展现状及成效

经过近十年的实践，目前广东省的绩效预算已基本形成了一个较为完整的制度框架。对支出项目进行科学的绩效评价是绩效预算编制的前提条件，而能否将预算评价结果成功地运用到下年度的预算决策是绩效预算改革的关键。

十年来，广东省财政支出绩效评价工作已慢慢步入成熟阶段。①成立了部门绩效评价领导小组，组织实施部门单位自我绩效评价，撰写绩效报告，及时报送绩效评价相关材料。②建立了一套较为合理和可行的工作流程，项目绩效目标申报和审核→支出部门自评→绩效评价处初审、专家复审和重点评价→绩效评价结果的应用。③构建了较为科学的支出绩效评价指标体系，遵循短期效益与长期效益相结合、定量与定性相结合、通用与专用指标相结合的原则，设计了一套既具有一定普适性，又具有一定灵活性的绩效评价指标体系。④建立了相应的财政支出绩效评价制度。《广东省财政支出绩效评价管理办法》《财政支出绩效评价内部协调制度》《广东省财政支出绩效评价工作流程》《广东省财政支出绩效评价现场工作流程图》《广东省财政支出绩效评价自评报告》（范本）、《广东省财政支出绩效评价自评材料审核意见》（范本）、《省级财政支出项目自评报告审核程序》《省级财政支出项目自评结果审核标准》等文件和规定，使整个绩效评价工作有章可循、有据可依，保证评价结果的客观公正。

十年来，广东省预算的全过程绩效管理取得了较好的成效。①通过建立外在压力机制和自我管理约束机制使部门单位和相关主体的权责对称，有利于提高政府执行力。过去掌握实权的个别人只行使权力、分割利益，却逃避责任、绑架领导，预算全过程绩效管理明确了单位、个人的责任，由于责任无法转移，单位、个人必须投入更多的精力去贯彻落实项目方案，这就从微观机制上为落实各级党政领导的方针政策提供了保证。党政领导也可从微观的事务性管理中解脱出来，集中精力用于宏观决策。②通过加强支出的绩效考核改变了预算单位"狮子大开口"的现象。预算全过程绩效管理，要求部门先申报立项依据、可行性方案、资金使用计划及绩效目标等。部门唯有细化工作内容，设计合理的绩效目标，提高预算的准确性，按照工作的实际需要申请资金。否则，其立项申报就不可能通过专家评审，即使通过了评审，资金使用后还要进行绩效评价、绩效问责和绩效审计。③通过全过程绩效预算改变了传统资金分配过程中的"按需分配"和"撒胡椒面"的问题。预算全过程绩效管理，要求部门单位在预算申报环节必须细化预算，财政部门根据其申请资金的绩效进行分配；在预算评审环节，由专家决定项目该不该立项、该给多少钱；在预算安排环节，遵循"大事优先、民生优先和绩效优先"的三原则，通过对项目的排序，使党和政府的重大决策项目拥有充足的资金保障。财政部门的资金分配也由被动变为主动。④提高了资金使用效率。对于不合理的资金要求，专家评审时提出反对意见。财政资金总是有限的，支出部门只有根据自己的合理需要申请资金，才有可能得到批准。也只有将这些不合理的部分节省下来，才能保证大量社会急需项目的资金需要，从而真正做到科学理财（财政部财政科学研究所，2011）。

（三）中国绩效预算改革面临的挑战

受广东支出绩效评价的影响，以及财政部对绩效评价工作的推动，近年来全国各地都纷纷成立绩效评价组织机构，开展绩效评价工作和绩效预算试点，其中，做得比较早的有湖北、甘肃等地，做得比较好的有上海和江苏等地。但是，中国的绩效预算改革离真正的绩效预算管理还有很大的差异，只能算是系统地使用绩效评价信息来加强预算管理的努力。马骏（2005）认为，开展绩效预算需要五个基础条件：预算信息及其分析能力、财经纪律、法治原则、预算透明和支持绩效预算的环境。很显然，目前我国地方政府在这些方面的条件仍然非常有限，但迄今为止各地以绩效预算名义开展的改革进一步从这五个方面夯实了绩效预算的基础条件。如绩效评价复杂和庞大的工作量让支出部门和财政部门同时提高了预算信息收集和分析的能力。对规模以上项目的绩效评价强化了跟踪问效机制，提高了部门的财经纪律观念，增加了依法理财的压力。同时，绩效评价的过程要求参与各方用事实讨价还价，因而预算透明度进一步增强。经过近十年的改革，绩效预算观念已经逐步渗透到各个部门。

随着改革的深入，现有预算管理中的深层次问题将暴露无遗，新问题也会不断出现，未来中国的绩效预算改革将面临诸多挑战：

1. 提高评价工作本身的绩效

（1）绩效评价质量较低的问题。现有的绩效评价主要是依赖单位自评报告来评价项目绩效，其科学性和可信度均存在很大的问题。如何合理确定绩效评价目标、科学设计绩效评价指标体系、确定绩效标杆和确保信息真实可靠等，都是需要解决的问题。

（2）评价成本过高的问题。绩效预算牵涉到许多的部门和相关工作的方方面面，具体事务琐碎细致，相互之间关联度高，工作量很大。一个解决的办法是搭建信息平台，部门、财政、评审专家都在此平台上操作。但开发运作需要成本、时间，且要与现有部门预算系统、软件相兼容。即使有这个平台，绩效评估要求信息的收集、分析和管理的工作量仍然很大，而且不是一劳永逸的，要根据项目的特点随时补充信息。所有这些都会导致评价成本变得很高。

2. 建立有效的奖惩机制并落实绩效责任

绩效预算最终需要部门把绩效理念贯彻到实际的日常工作中，这其实就是培养一种绩效文化的过程。在改革初期需要建立有效的奖惩机制来落实财政责任，而目前的做法其实只是一些软激励。例如：对项目绩效评价较好的单位未来的预算申请和审查给予方便，减少他们与财政打交道的交易成本；通过公布部门排名迫使部门领导为了维护面子而重视绩效评价工作。这些激励措施对加强部门的绩效责任有一定影响，但非制度化，不可持续。

3. 调整预算权力结构

（1）财政部门与支出部门之间的权力结构调整问题。部门预算改革虽然已实现了"一个部门一本预算"，但改革所形成的程序和规则无法确保财政责任。要做到"让部门对自己的预算负责"，需要对部门放权，这是绩效预算的核心价值所在。而对部门放权的前提是：确保部门能够遵守财经纪律，以及有效的绩效责任约束机制，保证部门在遵守财经纪律的同时产生绩效，如果没有绩效，就要问责。这就意味着部门将成为政府预算管理的核心分析单位，而不是财政部门。财政部门的职能转为主要是进行宏观政策分析，为部门预算编制提供指导，制定财经规则，对部门预算进行审查和监督，确保支出部门的责任。财政部门不再是运动员，而只是裁判员。

（2）对政府领导预算权力的规范。现阶段财政部门在支出项目绩效评价过程中往往会遇到这样的困境：绩效评价结果不好的项目恰恰是某位领导特批的项目，但领导们重视的项目很多是要看积极成果的，财政部门就会进退两难。绩效预算是依赖预算理性来解决资金分配中的政治问题，其前提是决策者必须也用同样的理性来决策。如果领导的决策不是绩效导向的，绩效预算最终也就不会取得成功。

（3）人大预算权力的落实。人大在我国预算决策中一直是属于被动等待政府打开机会之窗，一旦政府向人大公开了预算信息，又很容易陷入细节的监督审查上。细节的监督并不是很重要，人大要取得改革的主动权。而我国人大缺乏制定规则的权力，无法像西方国家的议会那样通过立法来推动绩效预算改革，只能适应"由政府、财政部门建章立制，人大跟进确保执行"的局面。在政府信息公开方面，也需要由向人大公开扩大到向公众公开，由公开部门预算的信息扩大到公开绩效预算的部门预算、决算信息。这方面的主动权也在政府而不在人大。

4. 衔接预算过程与政策过程

预算过程与政策过程的分离是我国预算管理中一个尚待解决的重要问题，两者的一致既涉及政府间关系，又涉及横向预算分配权力。绩效预算改革的方向是把评价环节拓展到事前的绩效评价，才能真正使得预算决策更加科学有效，才能对部门进行跟踪问责。目前，事后绩效评价比事前绩效评价更有效，因为事后评价的绩效目标与政策目标高度相关，因而可以从政策合理性上加以评价。绩效预算改革如何有效地促进预算过程和政策的衔接，是一个挑战。

5. 启动新一轮政府会计改革

绩效改革成功与否取决于绩效评价的有效性，而这又依赖于真实、完整的政府活动信息。目前我国的政府会计制度难以承担起这个重任。首先在于预算信息的真实性没有保障，包括政府会计系统信息失真以及因信息不完整带来的项目单位在项目评审阶段自己添加信息导致的失真。其次是信息的结构无法满足绩效预算管理的需要，无法准确反映政府、部门和项目的成本、效益、资产、负债等情况，评价人员只能依赖部门的自评报告来评价，评价结果的信度受到严重质疑。

第四章
国外公共支出决策机制经验借鉴

公共支出决策权力的配置是支出决策机制设计的关键，不同的权力配置模式下公共支出决策程序和决策形式也不一样。美国和英国同为市场经济发达国家，政府和议会的支出决策权力分处在两个极端，两国的公共支出决策机制具有代表性。本书选择美国、英国分析其公共支出决策机制运作特点及经验借鉴。

第一节 美国公共支出决策机制的特点

一、公共支出决策的主体及权力配置

美国是联邦制国家，政府由联邦、州和地方三级构成，一级政府一级预算，政府预算也分为相对独立的联邦预算、州预算和地方预算，本书以联邦政府预算决策为例进行分析。美国同时是实行三权分立的国家，司法、立法和行政三个部门权力相互制约，公共支出决策过程也体现了权力的分立与制衡特点，但联邦预算与司法部门没有多大关系，主要是立法与行政部门之间的互动与制约。美国联邦预算的决策权力演变经历了

三个发展阶段：国会为主负责预算决策（1789—1921年）；总统管理国家财政，国会负责预算政策（1921—1974年）；国会通过有关法律限制总统行政部门的决策权力（1974年至今）及国会与总统共同负责的三个发展阶段（刘长琨，1998）。

在行政部门，参与预算决策的主要有总统、总统管理与预算办公室（OMB）以及由财政部、国民经济委员会和经济建议委员会组成的"经济三角"。总统在支出决策中的作用主要体现在总统预算是国会编制预算的重要参考依据。具体来说，总统要负责决定预算实施政策，向国会提交预算报告；随时向国会提交追加预算的请求和预算修正案；签署或否决收入、预算授权和其他与预算相关的法律；向国会通报取消或延期支出的项目。总统管理与预算办公室独立于财政部，直接向总统负责，主要职责是审查各部门机构的预算申请、编制联邦政府预算草案、在预算草案经国会批准后按项目分配资金、监督预算的执行等。"经济三角"共同负责经济预测，并制定主要的经济政策。其中，财政部的主要职责是：拟定和建议经济、金融及财政政策，组织预算收入，办理国库业务，执行有关预算法令，管理公债和国家政策性银行等。美国财政部基本上被排除在联邦政府预算的编制过程之外，只为总统管理与预算办公室提供编制收入预算时所需的信息资料。国民经济委员会的主要职责是：为总统提供国民经济政策方面的有关建议。经济建议委员会主要负责向总统提出有关税收政策和需要财政投入的重点领域等方面的建议（彭健，2006）。另外，政府各部门机构负责提出预算申请，并执行授权计划。

在立法部门，参与预算决策的主要有参、众两院的五个预算管理机构：国会拨款委员会、国会筹款委员会、国会预算委员会、国会预算办公室（CBO）和国会审计总署。美国的国会在预算分配上有极强的控制权，国会可以通过永久性法律和年度预算法案对预算进行控制。国会拨款委员会是国会中负责拨款法案的常设委员会，参、众两院的拨款委员会下设13个小组委员会；其主要职责是为政府部门拨款授权，通过取消拨款的立法和开支结余结转的立法以及根据国会预算委员会的决定进行新的开支授权。国会筹款委员会是国会中专门负责税收法案审议的常设委员会。国会预算委员会是国会中专门对总统的行政预算进行审议的常设委员会，主要职责是加快国会审核预算的进程，并使国会能用专家的眼光来审核总统的行政预算。国会预算办公室是一个专业的、非党派的机构，没有审批权，可根据需要聘请专家顾问以及相关组织为其提供服务，有自己的经济顾问团，包括很多公共政策问题专家。其职责主要是为国会两院提供客观、专业、及时、非政治化的分析，这些分析有助于经济和预算决策；同时对经济与预算进行独立的分析与预计，并独立地编制一整套预算，供国会参考。国会审计总署是审计政府财务，使政府财务活动限制在国会批准的范围内的机构（彭健，2006）。

二、公共支出决策的程序和方式

（一）美国的公共支出决策程序

美国作为联邦制国家，各级政府间的财政独立性较强，公共支出决策程序主要以联邦一级各部门间支出决策权力的运行方式为例来说明。美国联邦预算实行历年制，预算年度从每年的10月1日到次年的9月30日。整个联邦政府的预算程序经过四个阶段：预算编制、预算审批、预算执行和预算审计。从各部门开始编制预算到预算执行的审计，一个完整的预算周期长达33个月，其中预算编制审批18个月，预算执行12个月，预算审计3个月。

1. 联邦政府各部门的预算编制程序

美国的预算编制时间较长，从预算年度开始前18个月，政府就开始着手预算编制的准备工作,具体编制程序见下表4.1。

表4.1 美国联邦预算编制程序——以2014—2015财年预算编制为例

时间	预算编制行动
预算年度开始前18个月（2013年4月）	OMB和总统确定预算年度的政策目标
6~8月	OMB向各政府部门下达预算年度的预算批示和政策指导
9~12月	政府各部门向OMB提交最初预算；OMB、各政府部门和总统解决预算分歧，OMB将各部门提交的预算汇总成联邦政府预算草案，交总统审查
2014年2月第一个星期一之前	总统向国会提交预算年度的联邦预算草案
国会预算法案颁布的五日内	OMB报告国会预算法案的影响，并对OMB和CBO预算估计的不同之处进行解释
4月15日~6月15日	总统审查国会的第一个预算决议案
6月15日	总统提交对共同预算决议案的修改意见，更新预算估计
6月末到8月初	OMB和政府机构讨论预算问题和预算观点，为秋季预算评论和决策制定做准备
10月1日	预算年度开始

资料来源：根据Nice, D. (2004). Public Budgeting. Beijing: Economic Science Press, Chapter4 Budget Preparation有关内容整理。

2. 国会的预算审批程序

2月初国会收到总统提出的联邦预算草案后，开始对预算进行审批。国会内部的预算审批程序如下表4.2。

表 4.2　　　　　　　美国国会预算审批程序

时间	预算审批行动
收到总统提出的联邦预算草案（2月的第一个星期一之前）	国会将总统预算草案提交国会预算办公室、两院预算委员会、两院拨款委员会、其他对支出有管辖权的委员会以及两院筹款委员会审议
2014年2月15日	国会预算办公室向两院预算委员会提出预算报告，其内容包括对总统预算的分析、可待选择的财政政策及主要项目的优先次序
收到总统预算案的6周内	两院的各专门委员会向预算委员会提交有关预算收支的意见和评估
4月15日	两院预算委员会在考虑其他委员会意见之后，提出第一个国会预算决议案，提交众、参两院讨论，并通知总统
6月15日	国会完成立法协调活动
6月30日	众议院完成年度拨款法案
完成预算拨款法案之后	国会预算办公室对拨款法案的影响进行预计
9月15日前	通过规定预算收支总指标的具有约束力的第二个预算决议案，并将其提交给总统。如果总统对国会的预算方案表示认可，经签署后开始生效；如果总统否决了国会通过的预算方案，国会又要经过大体类似的审议过程，直到总统通过预算案；如果总统否决了国会的预算案，国会可以2/3的多数反对，总统的否决就会无效。为避免总统与国会在个别预算项上的分歧影响整个预算执行的局面，从1997年开始总统可对国会预算决议行使部分否决权
10月1日	预算年度开始

资料来源：根据 Nice, D. (2004). Public Budgeting. Beijing: Economic Science Press, Chapter4 "Budget Preparation" 有关内容整理。

3. 预算执行程序

美国联邦政府通过对预算执行过程中资金的拨付、使用的管理，议会对临时拨款和支出调整的控制来实现对支出的程序控制。国库集中支付制度也是美国监控资金流动，加强对资金使用管理最重要的制度安排，是批准的预算执行中的一个常规资金支付程序安排。美国财政部在全国有6个地区性的支付中心，70个支付办公室负责预算的执行。政府部门对列入预算的项目需要向供应商支付货款时，先向财政部支付办公室发一个支付通知，支付办公室审核确认后，即向供应商开出支票，供应商凭支票到商业银行兑现，商业银行再将指标送美国联邦储备银行，美联储根据支票向商业银行支付款项，然后再将兑现后的支票送回财政部的财政管理局，财政管理局记账，完成整个支付程序。政府获得临时拨款的程序控制，体现在：当预算年度开始时，如果议会未能及时制定出授权法案和拨款法案，或者拨款法案被总统否决，议会将参照上个预算年度开支情况，进行临时拨款，直到有关拨款法案通过为止。议会对政府支出调整的程序控制，体现在：如果遇有自然灾害等特殊情况需要追加支出时，国会需追加拨款案。在不同预算账户之间调拨资金必须得到国会的许可，而在同一账户内调拨资金只需得到国会相关的委员会同意即可。联邦政府日常支出有剩余或不足，国会授权总统预算管理办公室随时跟踪预算执行，有权在不同机构间调剂支出。预算变更须经1/3以上议员同意方为有效。未经议会批准而修订预算的行为，需负法律责任。

4. 预算审计程序

预算执行过程中审计总署可以定期检查政府各部门管理和使用议会拨款的结果。预算年度结束后，由财政部与总统管理与预算办公室共同编制出反映预算年度内的预算收支执行情况的决算报告。审计总署对联邦预算执行结果与国会通过的法案是否相符进行审查，对各部门的预算执行情况进行审计。审计总署可以就联邦资金使用状况和效率发表独立评论,向议会报告预算执行结果和决算审计情况。政府提出的决算报告,经过审计机构审核,国会批准后才能成为正式决算。其中,国会审批决算的程序如下:在接到派驻各部门的监察代表关于预算执行结果、审计总署关于决算审计报告后,众、参两院各委员会特别是拨款委员会、公共账目委员会,有权运用调查、费用分析、效率研究等方法,通过听证会等形式,对预算执行结果进行评估,并向全院大会提交评估结果的审查报告。必要时议会不定期对评估结果的审查报告进行审议和表决(王加林,2006)。

(二)公共支出决策方式

1. 公共支出决策方法

在三权分立的政治体制下,美国形成了行政部门主要负责预算的编制与执行、立法部门主要负责预算审批和监督的模式。20世纪美国的公共支出规模不断扩大,为了更好地配置预算资源,总统不时通过改革预算编制方式来实现从上而下的财政控制,预算编制方式的演变实质上就是政府部门支出决策技术方法的不断改进过程。

(1)分项排列预算方法。

1921年行政预算制度建立后,美国联邦政府开始编制分项排列预算(line-item budget)。在分项排列预算中,政府运转所需的各项支出被明确归属到各个政府单位,支出按管理要素进行分类,如人头性经费、业务性支出和专项经费等,每个项目所需资金按年度确定。分项排列预算法中人员支出决策采用"基数加增长"的方法确定,由于人员数一般是只增加不减少的,新的预算年度预算人员不必修改基数,只需考虑支出增量部分。因而,以往的经费支出往往被认为是合理的。分项排列预算法将支出分解为大量明细支出细目,便于政府对预算执行过程的控制;将支出与相应的公共项目联系起来,预算效率大大提高。从立法机构的支出决策来看,分项排列预算法便于国会一项一项地表决和拨款,以及平衡政府各部门的利益关系。因为在政治领域,除非有特殊事件发生,否则一个部门能得到的预算增长不能比其他部门快,这是立法机构支出决策的"部门利益均衡"方法。从实践来看,各类支出呈现出渐进递增的趋势。分项排列预算法存在如下缺点:一是无法控制人员经费支出的膨胀,进而无法控制政府支出的膨胀。在分项排列预算法下,得到的预算资金额度与人员数量正相关,部门人员多,能获得的人员经费就越多,工作任务也就相应要多,业务经费也会更多,且工作业绩也相应要大。在经费由政府拨、但业绩归部门领导所有的前提下,部门领导有扩大部门规模、提升部门地位的内在冲动。每个部门的支出也会不断膨胀。因为部门得到的预算份额是上年基数的一定增量,不管是否有效率,部门都会尽可能用完所有拨款,如果过多地节约支出,非但得不到奖励,下年度的拨款反而会被削减。二是支出决策无效率。因为支出决策的依据首先是人员数,与其提供的服务多少、质量高低没有直接联系。而且无效率的支出额度会成为下年度的支出基数,且进一步被扩大。以年度为预算周期和强化对支出过程的控制也会助长政府行为的短视,从长远来看影响资源配置效率(彭健,2006)。

(2)绩效预算方法。

20世纪30~40年代,随着经济大萧条和二战的爆发,美国政府干预经济功能增强,公共支出总量不断攀升,预算也被赋予宏观调控的职能,分项排列预算法对支出的简单分类和基数加增长的方法,已不能满足复杂的政府预算管理需要,增加部门预算总量的同时有必要加强其资金使用效率的监管,绩效预算法应运而生。绩效预算法是以经济社会发展战略和规划为导向,以绩效目标为出发点,以成本为基础,关注公共产出,强调预算结果的预算编制方法。其基本运作程序是：政府各部门首先制定有关的事业计划或工程计划，其次对每项计划进行成本收益分析，最后依据经济社会发展总体规划和资金的可能，择优把项目列入预算。绩效预算法最早于1949年开始由国防部试行；绩效预算法要求各类支出按政府职能（如经济、国防和教育等）进行分类，各部门在提出其支出预算建议时用附件阐述所有拟开支项目的理由，列明计划和绩效开支，并具体说明要达到的主要目的。绩效预算法实现了支出决策时从强调关注机构到关注规划，从强调关注投入到关注绩效的转变，自产生起就受到许多国家关注，有些发展中国家甚至把它作为，将中长期发展计划中的长期目标变成年度预算中的运作目标的一条途径。但是从总体上来看，绩效预算只取得了有限进展，因为各部门工作绩效的评定与衡量、成本—收益分析的工作量太大，许多项目的社会效益很难用量化指标来评价，传统的会计信息不符合绩效预算的要求。更重要是因为这种决策方法——行政部门承诺达到某种具体绩效标准就期望得到一笔总拨款的方法，不符合立法部门加强对行政部门支出控制的决策理念，在立法部门看来，更好的方法应该是对开支对象逐笔审核拨款。尽管绩效预算法没有取得预期的效果，但美国各级政府还是将绩效预算的方法和思想逐步渗透到预算编制过程中，项目信息越来越多地被要求列入预算文件中，并得到更多的关注（彭健，2006）。

（3）规划—项目预算方法。

规划—项目预算法最早在美国国防部实施。1961年以前，国防部预算是在总统确定的预算限额基础上对预算资金在各军种间的进一步分解，军事计划部门与财政计划部门之间几乎是完全脱节的，在计划使用的术语、执行计划的小组和具体计划的时间期限等方面均不相同。为改变这种状况，当时国防部长麦克纳马拉（McNamara）决定从1961年起开始实行以系统方法为基础的规划—项目预算方法编制国防预算。1963年美国财政陷入困境，国际上越战经费越来越多，美国国内"向贫困宣战"为口号的"伟大社会计划"和其他投资也需要大量资金，在任约翰逊总统将国防部试行的规划—项目预算法引入到美国联邦支出决策过程中，欲通过这一现代支出决策技术方法，以低得不能再低的代价把过上更好生活的希望带给每一个美国人。

规划—项目预算法的具体思路是：首先，政府根据国内外政治、社会、经济状况和国家现有的各种资源制定未来若干年的社会经济发展目标，进而确定各部门的规划目标；同时要求各部门根据长期规划编制长期预算（如3年期政府滚动预算）。其次，部门根据所设计的规划目标，提出具有可行性的详细项目计划，并为每个项目规定目标和指标，以及考核衡量标准。同时，在项目计划下面设计若干个备选方案，并运用成本—效益分析法分析各备选方案，选出最优方案，计算出这一最优方案的具体工作量和所需资金。进一步据此编制预算，汇编成政府年度预算草案。最后，实施方案并控制资金使用，对任务目标进行评估与考核。

实施规划—项目预算后，联邦预算实际上分为两部分：常规的预算要求；规划—项目预算制度的支持性文件。各部门不仅要向总统预算办公室提交常规的预算要求，而且每个部门都要进行多年规划，并提交规划备忘录、特别分析研究报告、多年计划和预算规划。在总统将预算提交国会后，各政府机构再次对各自的多年计划和预算规划进行修改以反映总统意图。

与分项排列预算法着眼于单位投入预算信息相比，规划—项目预算法能够使用和提供更多、更全面的信息，要求不仅从投入，还要从产出两个方面进行支出效果的比较，注重政府规划的目标对预算过程的影响。与绩效预算法着眼于实际开支与所需数额相符的现实性相比，规划—项目预算法注重未来经济发展和社会政策的构想，要求打破部门之间、各级政府之间的界限，以将这些构想变为可行的长期规划。绩效预算法重视对预算单位的成本与绩效的直接控制，而规划—项目预算法下，一个规划大类可能由若干政府机构共同实施，这有利于政府对预算资源的统筹安排，扩展决策者的眼界。

然而，约翰逊总统的美好愿望因现实运行中出现的巨大反差而破灭，究其原因主要是：一是运用该方法进行有效的支出决策的前提条件相当苛刻。例如，决策者要有明确的目标和优先顺序，掌握全部信息和分析方法，能列出所有可能达到目标的政策方案，选择最有效的途径去完成预定目标。这一带有完全理性思想的要求很难在现实中得到满足。二是该方法实施过程中，规划目标设计、项目计划选择以及效果分析等环节均存在很多不确定因素。例如，规划目标确定时，一般来说，政府的重大规划大都有多种目的和产出。要围绕每一规划目标制定规划小类、并为之安排合理的费用开支，界定有意义的产出和目的、以及对实际产出和目的进行准确衡量与评估等都是不容易的事。从选择最优项目计划的技术操作来看也存在相当的现实困难；从方法的实施来看，主要由技术人员管理、电脑计算，存在资料搜集分析困难、预算编制过程繁琐和计算负担过重等问题，实施成本过高。上述几个方面的困难导致了部门在决策实施时，几乎都缺乏专门的知识，最终只能是敷衍应付，甚至欺骗造假。1969 年美国对 16 个联邦机构进行调查的结果表明，只有 3 个部门真正实施了规划—项目预算法。四是该方法侧重的是技术方法改进，对支出决策中政治因素影响的忽略也是致命的。首先该方法受到中基层管理者的抵触，因为其自上而下进行预算编制的方式实际上伴随着支出决策权力上收，集权倾向引起中基层管理者的担忧和抵制，官僚机构的政治阻力是规划—项目预算法失败的主要原因（Thomas D. Lynch，2002）。而且重新审查所有计划，而不仅仅是审查新增部分，也会再次挑起一些本已平息的政治斗争。另外，规划—项目预算法通过长期计划和项目控制，大大增强了行政部门的支出决策权力而削弱了立法机构的预算权，国会的不合作也是该方法引入最终失败的重要原因，拨款委员会根本无视该方法带来的变化，仍然要求使用传统的分项排列预算和渐进主义方法进行拨款（彭健，2006）。

尽管如此，规划—项目预算法还是对美国的支出决策制度产生了许多有益影响，如多年期规划的观点，按任务、职能和项目进行支出分类，应用分析技术来决定项目的优先，制定预算目标和绩效指标以及改进政府会计制度和预算资料系统等，这些好的做法被各级政府及机构编制预算时广为接受和采用。

（4）零基预算方法。

1977年卡特入主白宫后，将零基预算法应用到1978—1979财年联邦政府的预算编制中。零基预算法要求政府支出机构每年都为其全部预算进行辩护，前一年度机构获得的拨款数不再作为下一年预算决策的基础。

零基预算法的基本思路如下：一是确定基本决策单位。决策单位的确定主要由预算资金使用部门在现行预算结构的基础上，从实际出发，通过考虑机构规模大小、机构活动范围和会计数据可获得性等因素来决定。决策单位既可以是支出项目，也可以是预算机构的次级单位，还可以是预算机构的计划；但主要以由预算资金使用部门来设计预算。二是对决策单位的目的、活动和运行进行分析，并为各个决策单位建立支出项目的"决策包"。一个决策包就是一项简单的预算，决策包以大量的数据和分析为基础，包括短期目标（和重大目标）、资源需求、资金水平和预算增量、绩效测量等内容。决策单位的管理人员必须基于拟订四种不同的资金供给水平决策包：最低水平、较低水平、维持水平和提高水平。然后将决策包与制定计划的简要总结一起，报给上级主管。三是对决策包进行排序。

决策单位的管理者,要给每一个一揽子决策赋予相应价值,按价值大小对决策包进行排序,按优先顺序列出各项决策包,并标明每一个决策所需的人力和资金。四是对排序的决策包进行合并。当部门管理者、预算机构和政府行政首脑对决策包进行逐级排序后,最高层管理者在预算机构的帮助下将各个部门的排序合并为政府的总体排序。这一过程将自下而上的进行,直到立法部门形成立法草案为止。同时,将零基预算法确定的支出项目预算还原成分项排列预算,一并提交议会。四是按优先顺序配置资金,编制详细的政府预算。决策者按优先顺序给项目分配资金,直到当年可供分配的资金分完为止。由于预算决策单位的预算建议数,要接受立法机构的审查和修改。如果立法机构确定的拨款数与预算建议数相差很大(前者多小于后者),则各部门可以根据一揽子方案中的决策包排序状况,降低决策方案的档次,然后逐个加总,直到预算建议数总额等该机构的拨款总额为止。

可见,与渐进主义的分项排列预算法相比,零基预算法强调参与性管理,预算由基层单位从下往上逐级确立,主张资源分配应是建立在全面比较和科学分析基础上的理性主义决策。与绩效预算法相比,零基预算法虽不排斥工作量的测量,但不会过多重视工作量的测量和预算执行的结果。与规划—项目预算法相比,零基预算法更具可操作性,不论决策单位规模大小、决策目标大小,预算编制均可按一个明确的逻辑程序展开,适合任何一种组织结构。零基预算法是由基层单位提出预算,逐层汇总,注重以最有效的方式达到预定目标,且可将各一揽子决策和排序表中的成本或费用转换为单一预算格式,便于立法机关审核批准,也没有大范围内采用成本收益分析方法,增强了可操作性。从实践来看,零基预算法促使各层次的所有管理人员广泛参与预算过程,预算编制人员大大增加。各部门单位人员在决策包排序过程中都可得到关于一揽子决策包的基础信息和分析资料,这提高了决策透明度。同时在同一单位和机构中,通过一揽子决策包排序,可剔除那些重复活动或低效项目,使预算安排也更为合理。

尽管零基预算法在理论上非常有吸引力,但受实施过程中技术、政治和法律等因素的制约,实践中并没有达到预期效果,1981年里根总统上台后就宣布取消零基预算编制方法。原因归结于以下几点:一是预算编制过程中的不确定性问题。首先,作为决策单元的机构层次如何确定?太高无法对更微观的基础单元项目进行权衡比较;太低则使部门决策环节增多,陷入繁重的文书工作当中。其次,决策单位目标也因其层次的差异而有较大差异,低层单位的管理者通常主要考虑自己单位的狭小利益,使得决策单位的预算目标很难明确。再次,决策单位制定决策包时往往带有一定随意性。各部门往往以当前服务水平为基础,再任意选择一定的递增(减)百分比来确定不同资金供给水平,并制定一揽子决策,这难免有较大的随意性。最后,低层次机构对决策包排序和高层次机构对决策包进行合并都存在一定困难。二是零基预算法忽视了中长期规划,虽然通过切断与过去的联系将低效率项目排除在当年预算之外,但也没有通盘考虑未来政治经济社会形势的变化,当政策进行重大调整时,零基预算很难做出相应调整,如由于无法预见1979—1980年的石油涨价,卡特政府的零基预算制度很快陷入困境。三是零基预算法使决策工作量变得繁重,大量的决策包和决策包中要准备的大量信息资料,使得预算编制成本大大增加。四是零基预算在实施过程中面临政治和法律上的约束。从政府部门来看,即使是排序靠后的支出项目,由于法律上的原因(如法定支出项目)政府不能中止资助,而强有力的政治选区和国会压力也使得大部分项目的大幅削减不可能;而从政府高层管理者来看,低层管理者很有可能在决策包排序时将政治上和法律上很难削减和取消的项目排到最末位,把自己偏好的项目排到靠前位置，从而抵消了零基预算的预期效果（彭健，2006）。

（5）新绩效预算方法。

20世纪80年代，"石油危机"导致美国经济陷入近十年的低速经济增长。财政收入减少，调控经济的投资性支出和稳定社会的福利性支出受到影响，公众对政府公共管理严重不满，促使美国进行了以建设高效率政府为目标的改革，新绩效预算制度便是这次改革的重要组成部分。新绩效预算方法汲取了早期绩效预算方法的绩效测量、规划—项目预算方法的功能分类和战略计划、目标管理的目标协商和零基预算方法的目标排序等有益成分，而其"新"体现在如下三个方面：一是传统绩效预算方法强调预算支出所导致的产出，新绩效预算方法强调支出的最终结果；二是以往的预算方法强调理性主义分析（如成本—收益分析法），将政治因素从预算过程中排除出去，新绩效预算方法中，政治家在确定支出目标和支出总额时发挥主导作用；三是以往的预算方法关注预算编制环节的改革，预算管理以控制为取向，在预算执行过程中实行对支出部门的外部控制，新绩效预算方法则通过全面地重构预算过程，主张赋予管理者更多的自由裁量权，将资金使用的自由度与灵活性下放给支出部门和管理者。

新绩效预算方法具有以下四个特点：一是目标和总额上实行集中控制。新绩效预算强调运用战略计划来引导资金配置和进行总额控制，政策制定者只制定支出目标、支出总额和分类支出总额，政府各部门负责在此总额指导下编制预算。政府的战略计划在预算上具体化为一种强约束力的多年期支出框架，这种多年期支出框架建立在对支出的远期估计之上，并每年自动向前滚动。多年期框架有助于支出总额控制，因为任一项目支出总额的远期估计偏离远期底线都必须要有充分的理由。远期估计提供了一个能够对支出进行持续不断审查的框架，因为大部分支出都需要在这种中长期的支出估计中互相竞争并经过审查后形成，很少有支出可以受到特殊照顾。远期估计使得部长们能够将时间和精力集中到涉及实质性的项目改变的政策活动中去，而不再像从前那样在形成基数估计的过程中考虑各种细节。远期估计鼓励部长们关注其支出决策的跨年度后果，那些最初成本低但后期成本高的项目不会被轻易通过。二是手段上实行分权。新绩效预算将支出控制的重点从投入转到了产出和结果，采取了一种管理责任的模式，管理者可以自主灵活地根据环境变化使用资金。为鼓励节约与创新，允许管理者将预算结余转到下年使用甚至将一定比例的结余用于奖励组织成员。三是各部门必须对承诺结果的实现负责。预算机构与各支出部门签订绩效合同时，列出该部门的目标，并将目标按重要性排列，然后设计衡量这些目标是否实现的以结果为导向的绩效测量指标，以明确测量这些目标。而且，预算审计也是事后的，且集中对预算结果而不是投入的审计。由于在现实中，影响结果的因素有很多，而且有些因素是不可控的，而影响产出的绝大部分因素是可控的，在管理者需要对结果目标负责的情况下，必须赋予其使用资金的灵活性和自主性，才足以应对环境的变化，以确保结果目标的实现。这也是新绩效预算方法必须采取管理责任的支出控制模式的一个原因。四是要求提高预算透明度和加强民众与政府的有效沟通。因为政府部门是否实现了预算结果，最权威的评价者是公众及其代表；只有预算过程更加开放、信息更透明，公众能获得政府支出决策、执行方面的信息，才能更好地监督和评估政府部门的管理绩效。

应该说，新绩效预算方法使决策的重点由投入转向了结果，从而使预算资源配置与公共支出最终目的更加接近。也使支出机构在绩效合同的压力下力求通过加强管理去实现绩效目标，而不仅仅是追求预算最大化。还为支出部门根据环境变化及部门特点、选择最佳的投入组合方式生产公共服务创造了条件，鼓励支出部门进行管理模式创新，结余机构可留用和奖励的做法也有助于激励其加强管理节约资金，减少浪费。与其他预算方法相比，比较简单易行（马骏，2005）。因此，新绩效预算方法堪称最佳的支出决策方法。

2. 公共支出决策形式

美国的公共支出决策权力集中在总统与国会，而具体权力由总统管理与预算办公室和国会预算委员会行使，因此，总统管理与预算办公室和国会议员们对支出决策权力的行使方式就是美国公共支出决策形式。

（1）政府部门的精英决策。

从总统管理与预算办公室的预算决策过程来看，政府的公共支出决策形式具有精英决策特征。总统管理与预算办公室是总统行政办公室中享有拨款最多、员工规模最大的部门。在总统管理与预算办公室下，资源管理办公室（计划部）负责政府的政策规划，即把政策意图、计划和管理方面的因素整合到预算决策的制定过程中去。预算审查部负责协调执行部门的预算过程，并且负责编制由总统提交给国会的预算草案。预算审查部大约有18名"预算编制专家"，负责对总统递交国会预算草案的后期整理。政府预算编制过程如下：

首先，春季计划审查。计划审查会议由预算审查部高层职业官员、计划部门副部长以及其他政府官员主持。计划部的工作人员对其所负责领域的机构计划进行陈述，各分支机构负责人或预算审查员阐述当前机构计划的目标以及下一财年的估计预算要求，对部门预算进行评估。

其次，预算季度部门递交预算申请和预算估计。在9~10月各部门、机构提出下一财年的预算申请之前的夏季，管理与预算局的工作人员会常常去各部门的预算机构去"调研"情况，收集信息。预算季度到来之际，各部门要按照规定的预算申请格式，详细地报告部门雇用人员的情况及人事需求，陈述项目资金需求的合理性，编制用款计划。预算审查机构要先对部门提出的资金需求和项目情况与各部门交换意见、进行审查。期间，预算审查部召开一系列听证会，为各部门官员提供机会说明他们向管理与预算局申请预算的合理性，也为各部门官员更清楚地了解总统政策提供一个平台；在10~11月的预算编制季，由预算审查员将部门预算数据输入到中央计算机系统中去。预算审查员还要就其建议的有关预算水平提供相应的文字支撑材料（包括：计划评估、绩效报告、财政报告、利益集团数据、往年的预算文件，以及国会委员会报告、听证会、与近期项目有关的议会辩论等）。

再次，主任审查、反馈与部门申诉。在10月底至11月底的某一天，管理与预算办公室主任要对在总统预算中出现的最终预算建议进行审查修改。主任并不会对所有项目逐一修改，一般来说，计划副部长会在《主任审查书》基础上对需要由主任审查的问题进行筛选，只有那些在用款、透明度方面有争议且事关重大的问题，才可能在管理与预算办公室内逐层审查并最终由白宫决定。入选主任审查问题的那些任务或项目的部门工作人员、预算审查员等要在主任审查会议上向主任、计划副部长和高级助理官员进行陈述。主任审查会议后，就可决定哪些问题需递交白宫由总统决定；总统一旦做出预算决定，计划副部长就会通过"反馈"程序，正式通知各部门已批准的预算分配。各部门和机构有一次机会对预算分配不满而进行申诉。通常，100万美元以下、要求更多资金用于部门人员薪水和各项费用的申诉，会由审查员或分支机构负责人来处理。而为总统内阁成员"偏好的项目"或与白宫有特殊协调或敌对关系的项目提出的资金申诉，不论其金额大小，均由白宫或管理与预算办公室主任处理，需要在更高层面达成协议。计划副部长和职业员工把这些项目分为两类：一类是高优先权的B组项目（总统亲自强调的，确定能获得资助，但在B组的项目中相互竞争以获得更大份额的资金）；另一类是其他 A 组项目，部分机构可利用申诉机会使其自动变为 B 组项目，也有的机构可通过在管理与预算办公室官员面前陈述和展示其优异的方案而获得远大于事先分配的资助。

最后，编制总统预算文件。在反馈后的 6~8 周，管理与预算办公室会编制上次交国会的最终预算。在预算审查部的主导下，资源管理办公室、立法参考部以及机构预算办公室的工作人员也加入了预算编制工作，形成一个满足技术规格、法定预算目标，并与管理与预算办公室和白宫达成的决议一致的数据库，以及完成上交国会的预算文件。预算文件主要包括如下内容：来自总统的简短的预算文字，预测政府建议对经济影响的主任介绍，政府简短的总体经济预测，以政策为导向、解释总统向国会申请预算的合理性的证词。

可见，在美国联邦政府预算草案形成过程中，由部门预算人员和负责人提出预算申请后，部门的预算份额主要由管理与预算办公室的预算审查员、计划部工作人员和副部长、其他高层职业官员、正副主任和总统等政治和技术精英逐层分别决定。并不是总统一人以专制的方式决定，也不是由公众集体投票决定，而是由政治上值得信赖、技术上过硬的专家来代替民众进行支出决策。精英式支出决策有效的前提是精英们能很好地代表民众偏好，在管理与预算办公室主要官员由总统任命参议院批准、工作人员由官员招募聘任的体制下，精英们能否真正代表民众是一个需要探讨的问题。

（2）国会的民主式精英决策。

美国的立法机构在预算方面拥有最大权力，立法机构可能会通过一个在重要方面与行政部门提交的预算建议极不相同的预算，美国预算编审是由行政机关提议、立法机关决议的。由于国会的参议院和众议院决策者——议员是由选区民众选出来的，其在支出项目立法上的投票选择必定在一定程度上代表选民偏好，从而使得国会的支出决策方式呈现出民主式精英决策的特点。当然，在美国议员的决策不仅是受到选民的影响，还有许多因素影响他们投票：

一是分散制的国会机构设置。国会实行两院制——众议院和参议院，双方都在决策事务上建立了各自的独立性和权威，但在预算审批问题上必须相互协调。立法机构中普遍采用委员会方式，两院分设有四类委员会：常设委员会、特别调查委员会、联席委员会和调解委员会，每个委员会在其权力范围内相当于一个小的立法机构。支出项目的立法活动由两院中的平行委员会掌控，当参众两院的委员会在某项支出法案上存在分歧时，会组建一个由这两个委员会成员组成的协商委员会，再次对法案协商表决。二是政党。在当代政党政治下，政党对参众两院以及委员会决策的影响是不容忽视的，尽管美国的政党领导者无法控制本党成员的投票，但是领导者可以通过事先沟通来说服成员、或者向本党议员提供特权等方式来影响他们的投票。政党在两院之间、两院平行委员会之间的这种影响能起到议员决策的凝聚作用，只要一个政党在某院（或某委员会）中占多数席位，该党成员就能当选为该院（或该委员会）的议长（或主席），支出立法结果受该党的主张影响大。但是，如果两院受不同政党领导，或两院受同一政党领导，而总统来自另一党派，情况就会变得更复杂，预算迟迟不能通过，政府被迫关门都是有可能的事。三是相关利益团体。普惠式的支出项目只是少数，大多数支出项目都有特定受益对象，由此不同的受益群体就会形成支持不同支出项目的院外力量，他们通过手中握有的选票和竞选资金等对议员投票施加影响。从而，如那些来自农业地区的议员就会对将惠及其"家乡"的农业支出项目投赞成票。新闻媒体（尤其是电视、网络和报纸等受众广的媒体），也可以通过对公众关注事件进展和解决办法、以及立法机关相关的立法行动等进行报道，间接地扩大公众对立法机关决策的影响。国会相关委员会聘请的专家研究队伍以及专业研究职员，对支出项目领域的研究和整体经济状况报告和预测等均会对议员们决策产生影响。四是国会助理。由于议会会期较长，会议较多，议员们亲自调研及收集相关立法领域信息的精力有限，为此，国会实行了助理制度，为议员们配备了庞大的助理队伍（包括议员的私人助理、委员会幕僚与助理），以帮助议员收集来自选民、媒体、利益集团、研究人员以及政府等，有关公共诉求、经济政治环境和已有支出立法等信息。议员基本上是基于这些资料信息进行决策，可见，助理们对议员决策的影响是很大的，有时也被称为"国会山庄里的隐形政府"。另外，其他因素，如议员本人的任期限制，议会实际可用于讨论某支出项目的时间等，也会对议员支出决策产生一定影响。

当总统预算草案提交到国会时，预算文件就被分成很多部分送达各委员会，一些需要通过直接立法进行落实的提案将被送达各常设委员会，这些提案涉及环境保护、教育、娱乐、福利、国防和国际关系等领域。各常设委员会要负责向两院报告有待实施项目的法案。国会预算委员会要为这些项目的法案编制财政备忘录，用以解释该法案在目前和将来所需的花费。为项目提供资金的事务则由拨款委员会决定。为了解决不同委员会对各支出项目的碎片化决策，国会要在委员会提议的基础上进行投票和修改这些申请，最终形成一个立足于全局的预算决议。为了更好地审议政府预算草案，预算委员会或拨款委员会，有时甚至是整个国会，要召开听证会，要求行政机构提供证明"预算合理性的文件"给有预算管辖权的立法委员会，有关部门的行政机构官员要在听证会上为争取更多的预算做陈述和说明。总统管理与预算办公室则同时扮演在限额内控制机构预算和同立法机构领导在某些敏感问题上进行磋商的角色。立法机构和行政机构在选区上的不同会导致两机构在预算上的分歧。一般来说，行政首脑是由整个辖区选出来的，倾向于满足辖区内所有公民的各种需求，各行政部门力争获得更多的项目资金。而立法机构则由代表不同地区的议员组成，倾向于削减全国性支出而增加议员所代表选区利益的支出（即政治分肥）。立法机构与行政部门之间为预算进行的策略互动类似于"猫捉老鼠"的游戏。最后，支出法案一旦由立法机构通过，就进入到行政首脑审批的阶段。总统在此阶段可以同意国会的预算决议，也可以对整个拨款法案进行否决。一旦总统行使否决权，参众两院可以通过获得2/3多数票行使再否决权，但如果国会得不到2/3多数票，预算法案就得返回到委员会重新审议。该做法最大的弊端是：重新起草法案，且要在总统和国会之间磋商并达成一致，需要耗费更多的时间和精力（罗伯特·D.李等，2011）。

可见，立法机构审批政府预算的过程中，议员之间、各委员会之间、参众两院与行政机构之间、国会与行政首脑之间等要进行无数次磋商，最终才得以完成支出决策。尽管预算法案的最终形成仍然是政治精英们之间相互妥协并达成一致的结果，但相对于政府部门的预算草案制定过程，立法机构的预算审议多了一层集中民众偏好的含义，从而使其支出决策带有精英式民主特点。

三、公共支出决策的监控机制

美国的公共支出决策的监控机制包括支出决策过程的权力制衡、决策执行过程的监督管理和决算监督三部分。首先，美国的预算编制、审批、执行和监督是相分离的。美国的支出决策权力不但在行政部门内部是分散的，而且在行政部门和立法部门之间也是分离的。美国的财政部门仅负责根据历年的收入情况和经济发展预测，编制收入预算，供总统管理与预算办公室参考，并负责根据国会批准的预算组织资金供应。独立于财政部的核心预算机构——总统管理与预算办公室主要编制支出预算，交总统审核后，由总统提交给国会（马蔡琛，2010）。国会两院相关委员会的审批预算过程和国会与行政机构、总统之间的决策互动也是支出决策权力分立与制衡的体现。其次，美国支出决策执行过程的监控主要包括立法机构的监督和政府部门的内部监督。国会对行政部门支出决策执行过程的监督形式主要是预算调整的审批和预算资金执行报告的审查。在美国，追加支出和不同预算账户之间的调拨资金必须得到国会的同意，在同一账户内调拨资金需得到国会相关委员会的同意。在国会下设政府问责办公室（GAO）、调研服务部和预算办公室（CBO）三个机构，负责对行政部门支出过程进行监督。其中，政府问责办公室（曾经的国会总审计署）的工作内容主要是：监督政府部门是否按照法律程序和预算来支出，提出改进项目效率的建议，从现在的角度进行预警，对将来可能发生的事情预先做出反应。政府部门内部的监督主要由总检察长办公室负责，它由每个政府机构所设的部门审计机构——监察长办公室组成。监察长由部长提名总统任命，监察长要向部长、总统报告工作，每年两次向国会提交报告，对国会关心的问题进行证实、核实、听证和报告。监察长的监督工作具有较强的独立性（杨灿明、王金秀，2010）。各部门必须定期向审计署或其下属机构报送财务情况分析报告和预算执行报告。最后国会对政府决算的监督，主要包括审查和批准政府决算报告、项目执行结果报告和通过审计总署对预算资金进行事后审计监督。在美国，预算年度结束后，由财政部和总统管理与预算办公室编制反映预算年度内预算收支执行情况的决算报告，经审计机构审核，国会批准后成为正式决算。

四、公共支出决策的信息基础

(一) 美国支出决策信息系统

完备的信息是支出决策理性的前提，而财政信息的透明又是支出决策及监督有效的条件。在美国，不管是部门、管理与预算办公室，还是国会，有关支出决策的基础信息（如经济社会发展状况）统计工作历史悠久、资料翔实，加上有大量的研究机构和人员从事经济社会发展的数据研究与分析预测工作，所以不但公共支出决策的数据信息数量丰富，而且质量较好。与美国分权的政治体制相适应，美国的财政信息统计工作也是一种相对分散的管理模式，没有建立以联邦财政部为主体的统一管理模式，基本以各州为主统筹建设。而且，美国预算执行中除国防开支外，其余的支出都是计算机网络由统一的单一账户体系拨付出去，支付方式规范、支出决策执行情况记载良好。美国还设立首席信息官，由其负责整个财政信息工作的规划、投资等，对整个财政信息系统建设的效果负责。

(二) 美国财政信息公开制度

从财政信息的可获得性来看，美国是较早建立信息公开制度、预算透明度较高、对世界上其他国家影响比较深远的国家。美国的财政信息公开制度具有如下几个特点：一是有着严密的信息公开法律依据。美国 1966 年颁布的《信息自由法案》(FOIA)，20 世纪 70 年代制定的《阳光下的政府法》，要求政府必须将预算尽可能地公布出来。为了处理公开和保密的关系，又制定了《联邦政府隐私权法》。二是政府公开的预算信息内容细化。美国政府向社会公布的文件有预算指导方针文件、功能分析和经济分析文件以及部门分类文件等七个。其中，部门分类附属文件中，预算内容细化到了每一个具体支出项目，并以一定形式向社会公布。三是立法机构的预算决定过程透明度高。一方面，这是由于一直以来美国国会有将议事过程向公众公开的传统；另一方面，美国的法律规定联邦财政预算形成和执行的全过程都必须公开进行。如预算过程的日程、行为主体、行为内容和行为都要明确公布；国会各委员会的听证和审议，除极少数法律规定的情形外，都对公众全过程开放；所有联邦政府有关预算的正式文件都必须同时公之于众。在地方，议会的会议均对外开放，市民可以自由旁听；政府和议会都有专门发布政策信息的网址，市民可以随时上网查询；网上披露的财政预算报告十分详尽，市民也可以把自己对预算的意见通过网络反馈给政府部门和议会（蒋洪等，2008）。

五、公共支出决策的实施效果

尽管美国联邦政府有着庞大的机构编制预算和长达18个月的预算编制时间，经过国会两院委员会对预算提案地仔细斟酌，立法机构与总统关于预算地反复磋商，制定出来的预算法案，仍然可能因为种种原因而在执行过程中不得不进行调整。一是经济变化使得对收入和支出的预测错误。比如，由于经济形势发生变化，更具体地说，如经济增长减缓，收入减少，而用于失业补偿和福利的开支会增加；通货膨胀会影响该年度内商品和服务行业的价格，抚恤金的支出会因物价上涨而导致生活费用提高。二是非经济因素导致预算案的改变。如项目过时使得支出成为不必要；新当选总统可能会制定一些反映其施政理念的政策，从而影响其前任制定的预算；执行机构可能不接受预算案通过阶段所制定的政策（如政治分肥行为）而要求做出改变；某些紧急情况下，如天气变化可能会影响取暖费和街道清扫费，以及飓风、龙卷风和洪水泛滥后的清理费；或政治环境改变可能要求增加对州政府的投入、对外援助或紧急服务。这些变动尽管是技术性的和非政治性的，却与政治相关。

预算执行的变动有如下形式：

1. 追加拨款和取消支出

两者都是在预算年度中对预算的修正，主要用于应付无法预料的事件。两者有时被结合起来用作政治目的，如新总统上任后将追加拨款用于那些在本年度中被削减的项目，或者为那些普遍受欢迎的具有政治分肥意味的项目提供资助，而取消那些在预算执行过程中不太受欢迎的项目支出。而如果国会中反对党占大多数，国会就会试图阻碍这一行为，从而使追加拨款变得具有政治意义。如果追加拨款不是用于紧急事件，则必须要由取消的拨款项目资金来支付，提议追加拨款的同时也会被要求取消哪些支出，从而引发新一轮的磋商与妥协。在联邦政府有责任保持预算平衡的要求下，追加拨款还会带来赤字，为此，政府可提前为不可预料的开支制定预算，而不是放任紧急情况下加大追加拨款规模，从而导致赤字规模增加。如过去政府为农业损失制定特别支付条款，现在政府向商业保险公司提供保险费的更大规模的保险项目，通过提前预算保险金规模的方式取代过去的追加拨款支付农业灾害损失，降低赤字增加的风险。下表4.3是对美国拨款支出和取消支出情况的统计。

表4.3 1976—1994财年美国联邦政府被取消的支出及追加拨款净额

年份	取消支出（百万美元）	占总预算比（%）	追加拨款（百万美元）	占赤字比（%）
1976	1 483	0.035	24 636	33.30
1977	9 864	0.208	36 724	68.30
1978	5 858	0.114	16 054	27.00
1979	7 711	0.135	13 858	33.90
1980	40 159	0.590	19 461	26.20
1981	146 174	1.900	6 923	8.70
1982	44 139	0.540	21 020	16.40

表4.3(续)

年份	取消支出 (百万美元)	占总预算比 (%)	追加拨款 (百万美元)	占赤字比 (%)
1983	3 106	0.034	21 123	10.10
1984	22 241	0.230	16 222	8.70
1985	56 323	0.524	14 804	6.90
1986	55 526	0.517	2 249	1.00
1987	123 954	1.120	9 370	6.20
1988	38 887	0.327	1 302	0.83
1989	3 280	0.025	5 615	3.60
1990	23 050	0.168	2 253	1.00
1991	17 069	0.123	45 771	16.90
1992	245 945	1.670	16 107	5.50
1993	24 116	0.163	7 345	2.80
1994	36 679	0.239	8 229	4.00

数据来源：取消支出数来自1976—1994财年总会计办公室关于提议和执行的取消支出项目总汇。总预算资金数来自2000财年美国预算历史年表。追加拨款净额（1976—1989）资料来自国会预算办公室编《20世纪80年代追加拨款》，追加拨款净额（1990—1994）资料来自国会预算办公室没有公开的数据。赤字规模数据是根据美国预算历史年表计算整理而得。

说明：追加拨款分为紧急情况下的追加拨款和常规情况下的追加拨款。从1991年开始，非紧急追加的预算资金全部由取消支出的部分补偿。所以，取消支出与追加拨款之间大小并无确定的结论。

2. 重新立项

即将预算用于某一个项目的部分或全部资金转用于同一个拨款账户或专款中的另一个项目。重新立项使得机构可以在不要求追加拨款的情况下对未曾预料的紧急情况做出反应，但该方法也可能被机构用来创设新的基金项目，而有意减低那些没有经准许的项目的支出。为了限制政府机构可能膨胀的自由裁量权，防止国会中意的项目被削减，立法机关制定了一些限制性条款，如限制重新立项的资金额度，对重新立项用途作要求（如只能是从总账户到分账户的变动），要求机构对重新立项的有关事情提前报告并加以解释等。然而，全国绩效评估报告认为，需要对行政机关管理者们加强支出公共责任考核，而不是对其支出行为进行严格控制，从而在一定程度上抵销国会加强重新立项限制的效果。最终，立法机关与行政机构在重新立项上的控制与反控制对支出决策执行效果的影响变得模糊、不确定。

3. 应急基金

也称"自由处置基金"，是预算用于不知道或不能确定用途的资金，一般由拨款组成，通常会增大赤字规模。应急基金的规模也反映了行政机构的自由裁量权的大小。关于应急基金如何使用的详细计划也是预算合法性的一部分。通常应急基金的使用都是技术性的，用于应对不可预料事项的出现，但是应急基金也有可能被用于某些特定的议会项目，或某次"政治分赃"而需要资助的项目。应急资金与年终结余的数目是相互抵消的，一般来说，美国地方政府一级两者的规模总计也不会超过预算的 8%~10%。

4. 资金间的调拨

指不同拨款账户或专款间资金的互相转移。一般来说，本账户内的资金调拨不需要立法机关批准，但不同账户间的资金调拨被看成是预算案的修正，要得到立法机关的同意。

5. 递延支付

与削减支出比，递延支付方案在国会比较容易通过，因而在各级政府中使用得较为普遍。递延支付方案一般分为常规性的、技术性的和政策性的几种。在政策性的递延支付方案中，总统否决国会同意的某些支出，并建议其递延。国会希望控制政府对其立法的项目进行递延支付，在由美国联邦法院对哥伦比亚地区的政策性递延支付提起的上诉案中，最高法院裁决结果是因政治原因延期支付是违法的（鲁宾，2001）。

总之，由于客观环境和经济条件的变化，有时也由于政治因素和政策变动，预算执行过程就不可避免要出现变动，国会与行政机构在预算执行上开展了一系列的控制与反控制活动。在政策性延期支付、政策性追加拨款、重新立项等问题上立法机关已加强并得到较好的控制，目前在年中因为政策性改变而调整或增加的支出已很有限。尽管如此，曾经有段时间，预算执行问题是倍受关注的问题。

第二节　英国公共支出决策机制的特点

英国的政治体制、国家结构和行政体制等是影响其公共决策机制形成和运作的重要因素，对英国公共支出决策机制的研究要求首先了解英国国家的整体概况。英国由英格兰、威尔士、英格兰和北爱尔兰四个地区组成，地区下设郡和郡属区两级政府。英国是典型的资产阶级议会制君主立宪政体国家，实行中央集权的单一制国家结构形式和"三权分立"的政治体制。英国国王是世袭的国家元首、法院的首领、武装部队的总司令和英国国教的世俗领袖。议会是英国最高立法机构，由国王、上院（贵族院）和下院（平民院）组成。上院不是选举产生的，而下院的议员是由每5年一次的大选产生。任何议案都必须由下院提出，在下院讨论通过后送交上院，两院通过后，经英王批准才成为法案。在立法方面起决定作用的是下院，上院则是英国的最高司法机构。枢密院是法律上英国的最高政府机构，但实际是个没有实权不负实际责任的形式机构，主要负责礼仪性的活动。内阁是英国政府中实际行使政治及行政权力的机构，由首相、枢密院院长和部分重要大臣组成，是政府内部的领导核心。内阁下设办公厅、委员会（包括常设委员会和特别委员会）。首相作为内阁首脑，不是由选民直接选举产生的，而是在议会选举中获胜的多数党领袖经英王任命担任首相，组织内阁。由于下院多数议员是执政党成员，内阁又控制着下院开会的绝大部分时间和立法程序，国会通过的各种法案由内阁提出，由阁员解释。因此，英国的内阁既操纵立法，又掌握行政，集立法、行政于一身。英国实行两党制，主要是保守党和工党，而社会自由民主党是英国的第三大党。英国实行文官制度，文官是一种事务官，是一种长久职业。英国政务官的任职是与内阁共进退的，政务官是决定政策和推行政策的、有党派性的高级官员，如首相、部长和政务次长等。

一、公共支出决策的主体及权力配置

现代预算制度产生在英国，英国近代史就是一部国王和国会争夺国家控制权的历史，对预算权的争夺则是双方斗争的焦点。在经历了从最初对国王征税权的限制，到议会通过控制财权来对王室政权进行限制，再到议会对财政资金的支出权进行控制后，英国资产阶级终于确立了君主立宪制和现代国家预算制度。现代英国国王尽管有权任命内阁首相、政府大臣、高级法官和各属地总督；有权统率军队，对外宣战和讲和；有权加封贵族和颁授荣誉；有权批准法律等。但具体管理国家事务的活动却是由政府内阁、议会办理。国王只是象征性地对支出决策作最后的签署。预算草案一般由政府提出，交下院审议，上院通过，就可成为正式的预算法案，即"政府要钱，下院给钱，上院则对这一给钱予以同意"。

英国的预算决策过程大致如下：首先由财政部向各部门发出编制概算的通知，各部门编制概算估计书后提交财政部，由财政部审核，并汇编出英国政府支出概算，提交内阁审查后，由财政部将支出概算与收入概算一起提请国会议决。在英国的预算决策过程中，内阁和财政部发挥着主导作用。内阁作为最高行政机构，负责对政府预算的指导方针和目标进行审查，审查的重点是：支出的效益和有效性，包括对部门的"绩效检查"（即检查所规定各项任务的完成情况以及领导者履行职责情况）、支出限额的审查、社会资金的全面检查、以及对地区政策和就业措施的有效性审查。财政部作为具体管理预算事务的部门，负责编制政府预算草案、指导和监督预算的执行、协调和管理对预算内部的控制；负责管理全国支出和税收、公债发行、制订有关公共支出的长期计划；管理中央政府的其他经济事务和经济政策。近年来，随着政府经济管理复杂化，财政部传统的权力地位受到一定程度削弱，其他部门的相对独立性逐渐增强。英国财政部在预算中的管理侧重于收入方面，决定与支出相匹配的预算收入规模和税收调整计划。在支出预算方面，财政部主要进行一种战略性控制，各部门在预算编制中占有重要地位，财政部通常只对部门给出宽泛的规定和某些要求，在部门预算的基础上汇编政府支出预算。同时，财政部设有财政政策协调委员会，主要负责协调财政部中央司、海外财务司、国内经济司、政府事务司等各司在支出政策方面的冲突与矛盾，综合协调各司司长、副司长的意见，征求专家顾问的看法，向财政部长提出较为一致的建议。

在英国，预算的审批权在议会。下议院审批预算，上议院仅对下议院通过的预算表示认可。内阁审查完预算草案，提交到议会下院审批。下院需要批准的预算草案一般包含议定支出和法定支出两部分，对于议定支出，总的原则是：下院可以削减、拒绝，但不能增加。而法定支出部分是依法列支，并以"拨付资金决定"通知国库依有关的规定如数拨付的。在审批议定支出时，下院要将年度预算草案交拨款委员会，由其对支出项目进行审核，提出审核报告，经全体议会表决批准，再由财政和内务委员会对核定拨付的资金最后以《拨款法》形式加以具体化。预算收入和国债部分则由财政委员会审议,以《筹资法》规定下来(财政部财政制度国际比较课题组,1999)。

二、公共支出决策的程序和方式

(一)公共支出决策程序

英国的财政年度是从4月1日到次年的3月31日。预算编制从新财政年度开始前的一年左右就开始,在新财政年度开始后的4个月完成,历时长达16个月。中央一级政府预算程序有两个特点:一是"两次预算"——冬季的初预算和春季的正式预算;二是"两步审批"——先通过《收入法案》,后通过《拨款法案》。基本支出决策程序如下表4.4:

表4.4　　　　英国预算编制审批程序

3月	财政部发布下一年度预算编制通知,各部门进行概算
5月底之前	各部委对自己的现行草案进行审议,然后把申请报告提交给财政部,财政部在审核后,汇编出英国政府的支出概算
6月份	内阁会议对财政部审核汇编出的政府支出概算进行审议,并提出下一财政年度支出总额上限,然后下达给各部门,由各部门在总额计划内给各具体项目分配拨款额度
7月份	财政部根据支出总额目标确定收入计划。财政部长任主席的内阁委员会举行一系列会议,讨论在支出限额以内的支出分配计划;财政部秘书长与政府各部长双边讨论分配方案,再向内阁委员会提出建议

表4.4(续)

9~11月	内阁委员会再次开会，就支出分配计划向全体内阁提出建议，由内阁再对预算支出分配计划进行讨论；内阁批准预算分配方案；财政部在内阁建议下汇总各部门的支出方案，形成中央政府支出预算，由财政部长向议会提交冬季初预算，开展全国性讨论。同时提交的还有冬季补充预算，国会审议通过后，成为新财政年度最初四个月的拨款依据。在下院审批预算过程中，财政大臣要就内阁通过的预算在下院发表演说，总结上一年度的财政状况，提出下一年度需要拟议征收的税收方案和支出计划，下院对方案进行审议
12月份	各部门提交给财政部一份有关下一个财政年度需要的议会授权的支出明细方案
第二年的1~2月份	财政部继续对部门数据进行仔细检查
3~4月份	完成预算编制，由财政部长向议会提出预算报告
4月1日	新财政年度开始
5月份	《收入法案》在国会下院二读、三读和通过；之后下院将通过的《收入法案》提交上院审议，上院一般在一天内审议通过
6月份	国会审议财政部代表内阁提出的中央政府支出预算，形成支出决议，起草《年度拨款法》或《公共基金法》
7月底8月初	国会表决通过《年度拨款法案》
8月5日	英王签署《收入法案》和《年度拨款法案》

(二) 公共支出决策方式

1. 基于支出控制的复式预算方法

在预算编制模式上，英国实行复式预算，预算分为统一国库基金预算和国家借贷基金预算。其中，统一国库基金预算相当于经常预算，收入90%以上是税收，支出则分为需要由议会批准的议定支出和不经议会审批的既定支出（也称永久性支出）。议定支出占比在90%以上，且主要是对各部门的拨款，既定支出主要是用于偿还国债、向欧盟缴纳的款项和王室的维持费等。在经常预算中单独编列永久性支出，是英国预算的一个重要特点。国家借贷基金相当于资本预算，收入主要是对国有企业及地方政府长期贷款的利息及贷款的回收资金、英格兰银行发行局利润收入、统一国库基金预算转入的结余和国债利息收入。支出主要是经国会批准的政府可以靠贷款来进行的各种支出，如对国有企业及地方政府和私营企业提供的长期贷款、国债费和常规预算赤字的转入等。可见，英国的经常预算结余列入资本预算收入，经常预算支出赤字则由国家借贷基金的贷款来弥补也是英国预算的另一特点。不过，为了控制日益增长的公共支出规模，英国后来在多年期支出计划中运用了"黄金规则"和"可持续投资规则"。"黄金规则"要求在一个经济周期内，公共债务收入仅用于公共投资支出，不允许用于增加经常项目支出。"可持续投资规则"要求政府贷款占GDP的比重在整个经济周期内维持在一个市场可以接受的水平上。

2. 基于支出限额管理的多年期预算方法

英国的预算决策不只是对年度资金计划作安排，还要对未来三到五年的支出计划进行规划，以加强对部门支出的控制与管理。英国政府早在20世纪50年代就对国防和基本建设支出实行五年支出计划。从1961年起，开始为所有政府支出编制为期五年和包括多项支出内容的公共支出计划。多年期支出计划与年度预算的收支科目基本相同，所预测的支出也按功能分类（如防卫、卫生和教育等）和采取部门预算的形式。多年支出计划的预测，受三个重要因素的影响：一是预测时期。一般来说，预测时期越长，越能有效控制支出增长的内生因素，对反映未来趋势和指导政策运用的意义就越大,但预测的假设前提条件变化的可能性也就越大,预测的准确性就越差。为此,英国的多年期支出计划由先前五年预测缩短为三年预测。具体来说,每年在预算支出计划中依次编列现行预算年度的支出概算和以后两个年度的支出预测,对同期收入情况进行评估,在此基础上对相应年份的支出进行预测。各期预算支出计划采取逐年递推或滚动的形式,多年期预算每年编制一次,每次向前滚动一年。这样每年根据预算执行情况和经济发展情况等变化进行最新预测,对相关经济指标和支出计划进行调整、修改,从而避免计划与实际脱节,保证国家支出决策和财政政策执行的系统性和连续性。二是价格基础选择。最初英国采用不变价格进行支出预测,但通货膨胀使得实际支出大大偏离支出概算。从1981年开始英国改用现行价格,较好地将价格变化对特定支出项目的影响考虑进来,提高了支出预测的准确性。三是支出预测方法上采用了判断预测法和时间序列预测法。判断预测法属定性方法,时间序列预测法是定量方法,包括移动平均法和指数平滑法(彭健,2006)。

另外,随着支出规模不断扩张与经济增长趋缓甚至停滞,政府债务规模加大,民众加强公共管理的呼声日益高涨。英国在传统的预算方法上,在20世纪60年代引入绩效预算法,80年代引入新绩效预算法等支出决策技术方法,以提高政府公共支出效率。在支出决策形式上,通过每年冬季初预算后的公开讨论,给公众和社会舆论直接参与国家预算决策的机会,以更多地吸纳民意,提供符合民众需求的公共产品和服务,体现了民主决策的思想。

三、公共支出决策的监控机制

(一)下院的立法监督

英国政府公共支出决策的监督控制主要是来自下院的立法

监督和审计监督,下院的财政监督机构包括全院大会、各委员会和国家审计局。下院全院大会主要是通过议员们每年对政府公共支出进行辩论,对政府各部门开支、决算和工作等方面的质询,以及对支出概算决议和拨款等的立法,来实现对支出决策的监督。下院中一些专门委员会,如部门委员会、国家账目委员会和联络委员会也发挥着公共财政监督的作用。其中,下院各部门委员会主要跟踪各自监管的政府部门的政策和工作,包括对部门开支金额是否适宜、开支政策是否正确进行监管,通过下院联络委员会向全院大会报告所获材料。国家账目委员会主要负责检查现行政策下各部门经费的合规性、使用效果与效益,审议审计局的审计报告,就审计报告举行听证等。联络委员会主要负责预算审查过程中财政委员会和各特设部门委员会之间的联络工作,以加强对政府的整体监督。

(二)国家审计局的审计监督

在英国,对各部门经费使用状况的审计主要由审计总长及其领导下的国家审计局负责。审计总长是下院官员,由首相与下院国家账目委员会一致向下院全院大会提出动议,由女王任命。非两院一致同意并陈请,经女王下诏,一般情况下不得撤销其职务。审计局的人员编制、级别、薪俸和其他工作条件,审计对象和内容等,均由审计总长决定。审计总长直接向下院的国家账目委员会报告工作,审计局的经费出由下院决定,不由政府拨款,因此,审计总长和审计局的独立性很强。国家审计局专门对政府机构开支进行财务审计、经济效益审计和机构审计,并出具诚信报告。其中,财务审计是检查中央政府各部门开支是否符合制度的账目进行审计,经济效益审计是检查被审计单位使用议会所拨经费、资源是否经济、有效率、有效果,机构审计是检查由私立审计机构审计的公立机构的账目。国家审计局的审计是下院财政监督体系的重要组成部分,它为下院每年的财政监督工作起着"先行审计"和"殿后审计"的作用。国家审计局在每年下院的国家账目委员会的财政监督工作启动之前，对政府各部门的财务状况进行普查，同时也有重点地审计了政府若干部门的经济效益，并向国家账目委员会进行了工作汇报。审计师们的工作有着专业性、技术性和细节性特点，高质量的"先行审计"为国家账目委员会提供了下一步审计工作的重点。在下院每年财政监督工作结束后，审计要检查政府各部门的整改情况，并将结果报告议会，审计局的这种跟踪检查，有助于下院掌握政府方面改进其工作的主动态度，真正落实议会的整改措施（焦建国，2009）。英国国家决算也由财政部负责编制，财政大臣进行审查，国家审计局审计，下院的财政和内务委员会审查，下院审议。决算是政府支出决策执行的结果，决算的审计也是公共支出决策监控的一个重要内容。

由于英国是单一制国家，而政府的支出决策权力很大，为了保证下院对内阁的有效监控与权力制衡，1978年的《行政管理法》将下院经费的决定权授予下院，而不是由内阁决定下院的经费预算，部分财政自主权的确立有助于保证下院立法的独立性。

四、公共支出决策的信息基础

（一）政府公共支出信息

公共支出决策有效性受到信息条件的制约，支出信息的质量高低、可获得性及是否反映了民众的需求等都是影响公共支出决策有效性的重要因素。

英国的支出信息系统建设。作为发达的资本主义国家，英国不但拥有较为完善的政府支出决策基础信息系统，关于经济和社会发展状况的统计信息资料较为全面、完整和连续。而且也较早地建立了财政管理信息系统,能较好地进行预算管理、支出管理、现金管理和宏观经济预测。与美国设立首席信息官负责整个财政信息管理的做法不同,英国没有专门统筹全局的综合信息系统管理机构,只是在主管预算与国库工作的公共服务局下设机构负责管理。英国的支出管理信息系统存储了包括历史5年、当前年度和未来3年共9年的预算支出数据,以及不同统计口径表现的数据副本和每一个数据的更改记录。所有数据由财政部统一管理,供财政部、预算单位和银行使用。预算单位在编制三年预算框架时,先登录系统,从中央数据库中提取历史预算数据与执行情况,进行统计、分析,综合考虑未来几年国家经济影响因素,对未来三年财政资金支出情况做出预测并提交给数据库,同时通知财政部相关部门。财政部预算管理部门确认收到所有预算单位的支出预测后,按照政府经济政策要求和国家发展计划,按照地区均衡发展原则,对预算单位的预算预测进行调整,并在调查、访问与征求公众意见的基础上,整理、编制政府三年预算。议会批准后由财政部通知各预算单位提取本部门的预算数,开始编制下一财政年度明细预算。预算单位财政资金的支出情况每天在固定时间由中央银行系统进行清算时记录在数据库中,同时也在银行内部业务管理系统中生成相应数据,到月末以文本等格式通过网络将预算单位支出情况返回给财政部。另外,在公共支出管理信息系统之外,还有几个相对较小、简单的系统配合运行,如政府在线数据管理系统和政府统一账户管理系统,这些系统为公共支出管理信息系统提供中央政府和预算单位的资源账户信息。英国政府正规划建设一个政府单一数据管理系统,以整合各系统中的信息资源,便于支出决策的数据采集、业务处理和统计分析(毕瑞祥,2008)。

英国的政府支出信息公开。政府机构公共支出信息透明既是其他主体进行正确决策的前提,也是立法机构和其他相关主体进行有效监管的必备条件，而有效的监管也反过来会促进政府正确地进行支出决策。用制度、规则的方式，明确政府的财政受托责任，加强基于法治的财政管理，是代议制机关对政府支出决策监督的基本要求。英国议会颁布的《财政稳定守则》，对政府公布财政信息的时间、内容的深度、广度和形式等方面进行了规定。不但如此，议会还加强了自身的信息公开化进程，除允许媒体对议会工作进行报道，还实行文件公开制度。议会的各类文件一律向公众公开，其中包括下院的支出法案、材料和上院的材料和奉旨呈文等。

（二）公民需求信息表达

公民需求偏好得到反映是公共支出决策有效的一个重要衡量指标，而反映公民需求偏好的方式有直接和间接两种。

公众偏好的直接表达。直接参与政府管理活动是英国公众表达其偏好的主要形式。在英国，向公众进行咨询已成为政府整个决策过程当中不可或缺的一环。英国各级政府每年要向公众开展数百次咨询活动，针对存在的问题和政府的解决之道。在确定立法和决策事项前，有关部门往往会准备一份白皮书，连同必要的咨询文件在网站上公布或印发成册，免费派发。公众个人可以参与其中，提出自己的意见和建议。在对公众意见进行分析评估后，财政部门在此基础上撰写绿皮书，并提出政府部门的意见，为政府进一步的立法和决策活动提供参考或依据。如，在冬季初预算草案编制出来后，财政部门要将预算草案公布，提请公众进行讨论，广泛吸取公众意见，反复进行修改，再提交下院进行审议。

非营利组织的间接表达。非营利组织不但在英国政府支出信息公开过程中起到重要的推动作用，而且也是公民向民选官员表达其偏好的一个机制。英国实行三权分立与制衡，加上言论与新闻出版自由的传统，使得社会问题公之于众并就公共政策发表评论成为社会常态，从而催生了非营利组织的大规模发展。借由非营利组织平台，民众可以向其选出来的官员表达他们的想法、需要和见解。公民的支出需求信息不断地从非营利组织传递给决策人，从立法机关和行政部门传递给非营利组织。非营利组织可帮助民众参与政治生活，帮助民众对其所关心和了解的领域的立法和政府决策施加影响。英国有许多的非营利组织，这些组织有着规模庞大的就业人口和大量的志愿者资源。在英国，平均每一个16岁以上的成年人都会从事某种形式的志愿服务，庞大的组织和高度的社会公信力使得非营利组织在推动政府信息公开立法过程中起到了重要的推动作用。如"信息公开运动"的非政府组织就在英国信息公开立法中作出了重要贡献，《个人资料获得法》《医疗报告获得法》和《环境和安全信息法案》等草案都是由它起草和推动立法的。

媒体在收集、处理和传播政府支出的供给与需求信息方面起到了重要作用。由于单个公民获得政府支出信息的成本较高，而政府又有隐瞒支出政策失误的激励和限制支出信息披露的动机，媒体就有了向公民广泛提供政府活动信息的责任。媒体成为政府与民众之间的信息渠道，是一个健全的民主社会所必不可少的。媒体与政府之间可以不必是一种"信息博弈"，而是一种"信息互动"的关系。因为尽管政府有保护信息使其远离大众的本能，媒体有公布信息真相的职责和义务，但政府和媒体在信息公开上是可以合作的。媒体如果对政府公布的信息进行广泛收集、正确处理和迅速传播，对公民的需求偏好进行如实及时地播报，那么媒体、政府与民众之间的信息流动就会发展出一种良性循环，媒体的作用会增强，政府的透明度会提高，民众的需求也会得到更好地满足。当然，媒体的独立性是其在政府与民众之间发挥信息沟通桥梁作用的前提，如BBC在全英国的影响是独一无二的，它于政府有着较强的独立性，在报道内容、播放时间和内容管理等方面完全自由，不受政府的干涉（蒋洪等，2008）。

五、公共支出决策的实施效果

英国支出预算是在财政部指导下，由各政府部门执行。财政部主计长负责按《拨款法》规定的项目和数额拨付款项。国库出纳业务由英格兰银行代理。各部大臣负责本部门支出的经济效益和资金的有效使用。审计长负责领导预算执行的审计监督。尽管英国预算编制时间长达 13 个月，预算执行过程中仍然存在多次预算调整和追加等情形。为此，英国对预算执行及预算调整做了如下规定：不得突破一年支出计划总额；经常性支出的拨款必须在该财年内使用，只有资本预算总数 5% 以内的资本支出可以结转到下一财年；对某些支出实行现金限额管理；部门可以在一个决议的两个不同款项之间进行拨转，但不同决议拨款之间不能自行调拨，且必须由议会批准；追加预算则要先报财政部审核，再报议会审批。

尽管有着严格的支出控制措施和预算调整的立法规定，英国公共支出总量仍然不断增长，支出增长幅度大于收入增长幅度，赤字呈长期化趋势。近年来，社会保障支出已成为第一大支出。如何控制支出规模不断膨胀，提高支出效率，仍然是英国政府及立法部门有待解决的问题。

第三节 发达国家公共支出决策机制的经验借鉴

一、支出决策权力的分立与制衡

发达国家公共支出决策科学、规范，最重要的一个前提是设计了权力分立且制衡的组织架构，那就是议会、政府内阁、预算编制与执行机构和专门的监督机构，这四部分分工明确、职责清晰，共同组成了一个完整的公共支出决策体系。

发达国家议会作为立法机构，在公共支出决策中作为公众的委托代理人行使公共资源配置的最终决定权，主要负责预算的审批、预算执行中重大事项的决策、对预算执行情况的监督和执行结果的评价。为确保议会的实质性支出决策审查权力，发达国家议会一般都设有专门委员会来进行审查预算，同时还赋予了议会及其下属委员会（如预算委员会、拨款委员会等）相应的质询权、调查权、否决权，甚至弹劾权等。议会具有较高的权威性，能对政府内阁及职能机构的支出决策活动形成较强的制约与监控作用。

政府内阁是政府方面支出决策的最高权力结构，主要负责：召开内阁会议对预算编制机构提出年度预算收支建议做出决策，确定各部门的预算支出限额，讨论、并确定年度预算草案并将其提交议会审议。

预算编制与执行机构相互分离是发达国家支出决策体系的又一重要特点。如，英国在财政部门内部设立了预算局和国库局，预算局负责宏观经济预测、预算政策制定、编制预算收支计划；而国库局负责预算资金收付等具体执行工作。管编制的不管执行，管执行的不管编制，二者相互独立、相互制约。美国的这种预算编制与执行间的独立性更彻底。美国在财政部以外设置了专门的预算编制机构——总统管理与预算办公室。财政部只负责预算执行、税收政策和税收估算。协调和审议政府预算项目，编制预算，编制财政经济和财务分析与预测，参与制定预算、信贷和财政政策等，都由总统管理与预算办公室负责，从而形成了更强、更有效的预算权力制约。

发达国家一般都有着较严格的预算监督制度，审计机构独立于政府之外，独立地对政府预算执行进行审计。如英美两国均实行立法型审计，审计机构隶属于议会。审计机构对政府预算执行的审计为议会对政府部门预算过程的监督、评估和下一轮预算决策提供工作基础，是支出决策监控的中坚力量。来自财政部门内部的监督则是对外部监督的补充，如美国在每个支出部门也都设有一名监察长，各监察长组成政府的内部监督机构，监察长由各部部长提名总统任命，要同时向财政总长和总统报告工作。部门的每一笔支出都必须由监察长签字，财政部部才予以拨款。英国中央财政部虽没有设立专门的审计监督机构，但有着较为严格的预算核定和收支控制体系。而地方财政部门则设立了内部审计处，对预算单位进行经常性审计和重点审计。

可见，支出决策权力的分立与制衡是发达国家公共支出决策机制设计的通行做法，而议会、政府、审计机构之间的三分离，从操作层面为支出决策权力的分立与制衡提供了组织保证。

二、支出决策过程完整、程序规范

发达国家的支出决策过程完整，历经四个阶段：预算编制、预算审批、预算执行和预算审计。每个阶段目标明确，职责清晰，且相互制约。其完整的预算周期长达30个月或以上。预算过程名义上始于预算编制，但在预算编制前早就开始了政策制定和信息收集等工作。预算编制开始后，预算编制机构、政府部门、政府首脑以及议会之间，就支出决策进行着不断磋商和反复修改，同时也包括与民众之间的互动。预算编制和审批时间长，美国达18个月，英国达13个月。编制出来的预算能较好地反映部门利益的均衡、民众的支出需求偏好以及项目支出决策的科学性，也提供了细致的支出预算数据和详实的资料说明，便于立法机构审议。议会各专门委员会则在深入调查的基础上，对支出项目逐个研究论证和投票表决，尽管决策耗时较长，但保证了最终做出的支出决策的有效性与科学性。而预算执行过程中及完成后，审计局要对政府部门进行严格的支出审计,审计结果为立法部门提供了进一步重点监管的依据,审计局还负责监督部门对立法机关审计建议的落实。此外,立法部门对预算执行的绩效评估还为下年度支出决策提供重要参考。与西方国家充分的预算编制和审批时间、严格的预算审计相比,我国部门预算的编制时间太短,只有几个月,而人大的预算审批更短,只有几天。预算审计独立性较差,只是政府的内部审计而已。从而导致编制出来的预算科目粗,信息量小;人大看不懂,审批成了形式;执行过程走样,内部审计导致对执行的监督乏力。

发达国家预算过程包括完整的预算编制、预算审批、预算执行和预算审计四个阶段,作为一个整体它们遵循了科学化、民主化的决策程序:从掌握信息、确定目标,到设计预案、预案评估与优选,再到决策实施与反馈。而在预算编制、审批、执行和审计的每个阶段,也都有各自必须严格遵循的程序。如,在预算编制的前期准备阶段,依程序预算编制主体要进行宏观经济和财政形势预测。为此,发达国家大多要由其专门设立的预测机构(如美国总统与管理预算办公室的预测处),花上约3~4个月的时间,根据前几年的经济形势数据、上一年预算执行情况及其与预测情况的偏差、当前年度前几个月的经济形势和预算执行情况等,进行科学地分析与预测。在各部门支出限额确定的程序方面,内阁在对总的预算限额讨论决定的基础上,由财政部长或预算编制机构各位首长与各部门进行多边或双边谈判,预算编制机构要求各部门提出节支方案,各部门要向预算编制机构陈述增加支出的理由,在讨价还价的基础上确定各部门支出限额,交由内阁决定。所有这些决策程序是作为决策规则而存在,最终形成决策制度或相关法律。各支出决策相关主体都必须按照事先设计好的程序规则进行决策,从而程序规范也是发达国家公共支出决策机制设计值得我国借鉴的又一个重要内容。

三、支出决策技术方法不断改进

自现代预算制度建立后,以美英为首的西方发达国家,不断地改进预算方法,以更好地为实现政府职能和各项公共政策目标提供财力保障。从分项排列预算法到绩效预算法和规划—项目预算法,再到零基预算法和新绩效预算法,西方国家屡次将理性主义的效率原则引入公共支出决策,试图通过预算测量重点的变化来改变公共支出决策的基础,以适用不同阶段国家预算功能变化。尽管到目前为止,各国政府的预算过程仍然是渐进的,但是这些预算方法的改进为预算实践引入了一些新的理念和技术手段,并且正在逐步实现预算从控制功能到管理和计划功能的转变。

如针对20世纪20年代政府支出过程中普遍存在的浪费和腐败现象,美国加强了对预算执行过程的管理与控制,专门设计了分项排列的预算形式,支出按单位进行归属、按管理要素分类,项目资金按年度确定,以实现对各单位支出分门别类的监管和项目支出的控制。然而,加强控制的成本是显而易见的,严格控制会限制管理弹性,无法应对事物变化。加强控制的管理成本也很高,细致的管理需要花费大量的人力、物力和时间。着重对细节和过程地控制有可能忽略宏观层面的政策问题。而罗斯福新政后,政府的经济和社会责任逐步扩大,评价政府活动的效率成为政府管理的重要任务。预算作为一种管理工具,美国在20世纪50年代引入了绩效预算,70年代又引入了零基预算,90年代引入了新绩效预算。绩效预算不再只是关注某个单位资金的投入,而是在投入、产出、结果和过程之间建立起联系机制,加强公共资金使用效率的监管。零基预算是由决策单位自下而上地根据目标设计支出方案,在对各方案进行排序的基础上分配资金和编制预算,从加强参与性管理和理性分析角度提高了决策的透明度和民主性、科学性。新绩效预算法则在对支出目标实行总额控制的前提下，部门对支出结果承诺且对承诺结果的实现负责，同时赋予部门管理者更多的自由裁量权，以应对多变的环境，鼓励支出机构加强管理、减少浪费，进行管理模式创新。而20世纪60年代，美国军费开支监管失控，规划—项目预算法被引入促进规划目标与年度预算编制的联系和加强对国防经费的监管。规划—项目预算法在经济社会发展目标下确定各部门的规划目标，部门进一步拟定可行性项目计划，在项目计划下的若干备选方案中选出最优方案，根据最优方案的具体工作量和所需资金编制预算（彭健，2006）。

可见，发达国家的预算编制方法，已经从合规性和政策性的传统预算方法发展到侧重绩效管理的预算方法，从资金控制转向以结果导向为主。预算编制方法的这种转变，是部门理财从控权到放权的一种阶段性提升，意味着财政预算管理理念由控制理财主体的权力为主转向依靠理财主体的自律和激励，是财政预算制度发展的必然结果。我国预算管理改革的方向必然是建立绩效导向型的财政预算制度。但同时也必须看到，我国预算管理改革尚处于初级阶段，预算管理仍然不规范、随意性较大。未来较长时间仍然必须是首先加强预算控制，等到部门和单位的财务管理规范，政府预算管理达到一定水平后，再实行（新）绩效预算方法。

四、立法机构有充分的组织、人才和信息保障

发达国家立法机构对政府的公共支出决策进行立法控制，政府根据议会的法律授权管理、使用公共资金。而发达国家的立法机构之所以能实现对政府支出的有效监督与控制，一个重要的原因是其立法机构有相应的组织机构设置，配备了专业技术人才和专家咨询队伍，也有较完善的信息作保障。

在大部分发达国家议会都设有预算委员会、各专业委员

会、拨款委员会和其他委员会。其中，预算委员会主要负责审查总预算。预算委员会一般都由财政方面的专家组成，由于审查预算工作量巨大，在所有委员会中预算委员会配备的专家也最多，而且还为每个议员配备了助手和工作人员，以及专门为预算委员会提供信息服务的办公室。各专业委员会则是按照专业分工在议会下设的委员会，如美国就设有国防、农业、能源、教育、金融和司法等20个委员会。当总预算由预算委员会审查完后，具体支出预算往往对口分到各专业委员会进行审查，最后再汇总到预算委员会。拨款委员会主要是负责对议会通过的预算决议进行拨款审查，在美国由拨款委员会下设的13个小组委员会进行具体审查。议会还下设有一些负责财政预算事务的其他委员会，如美国参、众议院都分别设有筹款委员会，负责税收、国债方面的审议和立法；还设有条律委员会，负责参、众两院分歧的裁决事宜（王加林，2006）。

发达国家立法机构的决策还有着较为充分的信息保障。首先，议会可以在审议预算时要求政府机构提供翔实的支出和项目信息资料，要求机构负责人员到听证会上进行情况说明。其次，立法机构还聘请了大量的专家学者对经济社会发展进行预测分析，对相关数据资料进行深度研究，为其决策提供参考。最后，议会还会通过召开咨询会或其他渠道形式，广泛听取和吸纳公众、媒体的意见与建议。在地方议会开会时公众可以进行旁听，预算决策过程完全公开。国会议员还配备有国会助理，助理的一项重要的日常工作就是收集来自民众、媒体和利益集团等各方的信息，为议员的决策提供决策建议。

充分的组织、人才和信息保障为立法机构审议预算、监督预算执行和评估支出绩效等提供了良好基础。发达国家不仅从法律上赋予了立法机关审议预算的权力，而且从组织制度、人员安排和信息支撑等方面，为议会实实在在地行使其预算审议权力提供了保障，这对我国未来立法机构预算管理改革提供了宝贵的借鉴经验。

五、政府部门严格按照批准的预算执行

发达国家议会通过的预算是一份具有法律效应的文件，政府必须严格按照预算要求执行，任何人都无权擅自变更、修改。发达国家在长期实践中形成了以下几种严格预算执行的制度：一是国库集中收付制度。建立以国库单一账户体系为基础的国库集中收付制度，以实现对国库对财政资金运行控制，如英国国库单一账户还实行集中会计控制，支出申请书提交给国库后，由国库控制支出申请和计划各项支出。虽然美国国库的控制作用相对较弱，支出决策由各机构自己做出，国库单一账户体系完成整个支付过程，但是美国绝大部分资金支付都是在国库单一账户内完成的。总之，发达国家的国库单一账户制度较好地实现了现金的流动和对现金的控制，既没有剥夺支出机构的支出责任，又保证了资金运行的安全和效率。二是议会对预算执行的控制制度。包括如下四个方面：①临时拨款。如果预算年度开始时，议会未能及时制定出授权法案和拨款法案，或者拨款法案被总统否决，议会应参照上一预算年度的开支情况，进行临时拨款，直到有关拨款法案通过为止。②对税收和举债的控制。议会对税收和举债具有严格的控制权，以防止政府随意扩大支出，使纳税人的利益受损。③对支出调整的控制。支出调整的控制权在议会，如果遇自然灾害等特殊情况，需要追加拨款，必须得到议会的同意。美国还规定不同账户之间调拨资金规定必须得到国会许可，同一账户内的资金调拨只需得到相关委员会的同意即可。④定期的预算执行报告制度。为确保议会通过的预算得以执行，加强日常监督，发达国家一般都要求财政部长必须在预算执行一定时期后向国会报告预算执行情况。三是制约有力的财政部门控制制度。发达国家大多重视财政部门在预算执行中的资金控制作用，财政部门像一道

"闸门"，在捍卫预算执行的严肃性和安全性的同时，也赋予各机构部门一定的灵活性。财政部门是通过如下三个方面进行控制的：①财政部门对其他部门的事前控制。如在法国，财政部门向每个部委都派有一名财政监察员，各部门所有支出都要经财政监察员签字同意，财政监察员签字之前要对财政支出的合规性、支出合同的有效性、计算的准确性、会计核算的正确性进行审核。一旦发现不妥，有权推迟拨款。这种控制方式曾经在发达国家广泛使用，但随着部分国家在20世纪60年代开始对部门实行分权，现在只有少数国家仍然在沿用。②对预算调剂进行控制。大多数国家把预算资金调剂的权力赋予了财政部门。如在美国，联邦政府日常支出有剩余或不足时，国会授权总统管理与预算办公室随时跟踪预算执行，有权在不同机构间调剂支出。③对财政信息进行控制。财政部门通过对财政运行信息的实时监控，以及时、全面地掌握预算执行情况。如在英国，每个预算年度开始时要求每个部门向财政部门提交有关预期支出的报告，向财政部门提供支出月报，以帮助财政部门管理资金和评估总支出趋势，以便及时发现支出变化（王加林，2006）。

另外，近些年来，在加强支出控制的同时，很多发达国家基于绩效的考虑，将限额内资金的使用权下放给部门。允许支出部门在完成目标的前提下，保留全部或部分结余资金；支出部门在资金的组合使用、时间分配和项目资金安排等方面有更大的自由度。通过扩大部门的自由裁量权，给予部门更多的激励，以更好地实现部门绩效。

发达国家预算执行制度设计告诉我们，即便是财经纪律较完善，仍需要对预算执行进行严格地控制，这是提高预算严肃性的关键。在此基础上，再考虑如何使预算执行具有应对宏观经济环境和政策变化的能力，在严肃性与灵活性相统一的机制中配置资源。由于我国当前预算执行过程中存在的最大问题是严肃性不够、预算执行走样、资源浪费严重、资金使用效率低下，因此，未来要不断提高对财政资金运行的控制能力，同时通过完善预算编制制度和准备金制度等，增强预算执行的灵活性。另外，除了加强财政部门的支出控制和预算部门的自我控制之外，还要加强人大对政府资金使用的外部控制，建立一套严密且强有力的支出控制机制。

第五章

我国公共支出决策机制优化的生态环境和价值取向

第一节 我国公共支出决策机制优化的生态环境分析

公共支出决策机制优化，涉及公共支出决策权力的重构、决策程序的规范、决策方法的改进和决策规则的调整等内容，这除了是一种技术过程的改进，也是一个有关公共资金使用决定的政治过程的优化。政治过程的改进必须遵循其自身的发展规律，但作为一种上层建筑，公共决策机制的优化必定受到所处历史阶段的经济基础的影响。同时，一个国家公共决策机制优化还有着深刻的政治文化、社会特征以及其他更为基础的政治制度背景。反过来，优化的公共支出决策机制有助于提高资源配置效率，促进经济增长；有助于公平收入分配，维护社会稳定；有助于形成安定团结的政治局面。一般来说，成功的支出决策，其决策的原则、方式、方法、目标和手段等必定是符合环境要求的。而支出决策失误的原因无外乎脱离实际，违背了决策所处阶段的经济、文化、社会和政治环境所提出的客观要求和提供的可能条件。因此，公共支出决策机制优化，必须首先对其决策的生态环境进行考察，分析经济、政治、文化和社会变迁对公共支出决策权力结构、决策程序、决策方法和形式等的影响。

一、经济变迁与公共支出决策机制变革

（一）社会生产方式转变对公共支出决策机制的影响

经济基础决定上层建筑，公共支出决策机制作为上层建筑的一部分，其变革必然受到经济环境与条件的制约。社会生产方式是社会生活所需的物质资料的获得方式，生产力是生产方式的物质内容，生产关系是生产方式的社会形式。社会生产方式的转变决定了经济关系的变化，同时也反映了经济基础的变迁。从自给自足的小农经济向以市场交换为特征的商品经济，社会生产方式实现了从分散的个体生产方式到社会化大生产方式的转变。社会化大生产方式条件下，人与人之间分工协作参与社会劳动，生产力大大提高，物质产品日益丰富，商品经济不断深入发展，劳动力和资本等生产要素通过自由流动实现其价值，市场成为配置资源的主要机制。这就要求政府充分尊重市场主导调节作用的角色，公共支出决策的作用领域就应该局限在市场失灵的领域，这就意味着政府向市场的分权，税收和财政支出占GDP的比重下降。市场经济下多元的利益主体决定了公共支出决策主体也是多元的，人们或直接参与公共支出决策，或选派代表进行决策。公共支出决策相对更多地以自下而上的方式进行。

（二）所有制形式的变化对公共支出决策机制的影响

人们在社会化大生产中形成的生产关系，具体到经济领域就是经济利益关系，在制度经济学中也被称为产权。计划经济

条件下我国主要是公有制经济，几乎所有的财产归全民或集体所有。随着市场经济的建立和完善，我国初步建立起了以公有制为主体，私营经济、个体经济和外资经济等多种所有制形式并存的经济制度体系。同时在财政领域通过两步"利改税"逐步实现了从自产国家到税收国家的转变，非公有制经济主体与公有制企业一道，成为国家税收的主要缴纳者。这就意味着政府公共支出政策的制定，也要同等考虑各类非公有制经济主体的利益诉求，要为非公有制经济主体尽可能地创造利益诉求表达的渠道和途径，且以法律法规形式对此进行规范。可见，所有制形式的变化对公共支出决策提出了民主化和法治化要求。

（三）分配制度变化对公共支出决策机制的影响

目前我国仍处在社会主义初级阶段，"以公有制为主体多种所有制形式并存"的生产资料所有制结构、仍然有待提高的生产力发展水平和人们劳动差距的存在等决定了我国现阶段只能实行"以按劳分配为主体、多种分配方式为补充"的分配制度。在效率和公平的关系处理上，由十四届三中全会提出的"效率优先、兼顾公平"到十六大提出的"初次分配注重效率，再次分配注重公平"，党进一步明确了政府在调节效率与公平的关系中应该主要在再分配领域发挥作用。由于天生禀赋的差异，劳动者拥有劳动的数量和质量有很大不同；由于出身的差异，劳动者拥有的资本数量相距甚远；也由于制度的障碍及信息不对称等原因，同样的生产要素在市场上实现的价值也会不相同。市场初次分配的结果是收入差距较大、收入分配不公，市场在分配领域失灵的现实要求政府有义务承担起缩小收入差距、公平收入分配的责任。市场配置资源主要侧重的是效率，而政府对公共资源安排既有促进资源配置效率提高的政策目的，也有促进收入公平分配的政策含义，公平和效率对于政府的公共支出决策孰轻孰重，会随着经济社会发展和分配制度变化而不同。在市场经济建立之初，为经济腾飞创造条件相对而言更为紧迫，政府需要把更多的公共资源配置到基础设施建设、支持经济发展上。但是当经济发展到一定阶段，财富越来越集中到少数人手中，收入差距越来越大，政府有必要将更多的资源用于补助贫困民众、发展社会福利事业和建设民生工程。公共支出顺应时代需求的安排及支出结构的调整并不能自动完成，需要公共支出决策核心主体广泛收集经济社会发展信息，进行科学与理性的决策；需要广纳民意、倾听民声，进行民主决策；需要下放支出决策权力，让基层政府提供地方百姓的公共产品和服务。

二、政治变迁与公共支出决策机制变革

一个国家的基本政治制度是相对稳固的，不会轻易发生变化。公共支出决策机制的优化必定是在政治制度框定的基本环境下进行。但是，政治制度并非总是一成不变的，它的生命力体现在政治制度会随着经济社会的发展变化而进行适当调整，如，执政党建设、民主制度完善和政府治理念的变化等，而这些微调的政治制度会对公共支出决策机制产生影响。

（一）党执政水平的不断提高对公共支出决策机制的影响

与多数西方国家的两党制或多党制不同，我国实行的是共产党领导下的多党合作制度——各民主党派不以执政为目标，各政党之间不构成竞争关系，通过政治协商，中国共产党与各民主党派共商国是，共同决定国家的大政方针，就重要的人事安排征求民主党派的意见。中国共产党的领导是通过执政来实现的，党的执政能力高低直接影响公共支出决策机制的设计。关于党的执政能力，十六届四中全会通过的《中共中央关于加强党的执政能力建设的决定》作出了定义："党的执政能

力,就是党提出和运用正确的理论、路线、方针、政策和策略,领导制定和实施宪法和法律,采取科学的领导制度和领导方式,动员和组织人民依法管理国家和社会事务、经济和文化事业,有效治党治国治军,建设社会主义现代化国家的本领。"党的执政成效,在很大程度上取决于党的领导制度和领导方式是否科学、合理。十一届三中全会以后,党的执政能力不断提升,这体现在以下两个方面:一是党的执政理念不断提升,党确立了以人为本的执政理念,把实现和保障最广大人民群众的根本利益作为党执政的最终目的。党执政理念的变化带来了执政方式和领导方式的根本转变,标志党不断走向成熟。二是党的执政方式不断提升。科学执政、民主执政和依法执政成为新的潮流。包括科学分析与界定党与国家、政府、市场和社会的关系,做到有所为、有所不为;坚持为人民执政,完善民主集中制和发展党内民主;坚持党必须在宪法和法律的范围内活动,在党组织内部初步构建了一套较完整的民主制度体系,如党委制度、党代会制度、选举制度和监督制度等(朱海伦,2010)。

党以人为本的执政理念要求财政资金的安排以解决民生问题为重点,要求公共产品和服务的提供以民众真实需求为基础。科学执政要求支出决策主体运用科学的决策技术和方法,准确、及时地掌握和分析信息,提出并选择最优的支出决策方案。民主执政要求在基层支出项目的决定上因地制宜地采用参与式民主等直接民主形式,在采用代议制民主形式时优化制度设计确保民众利益得到有效反映,在制定党的重大方针政策时充分发扬党内民主作风,在政府及其职能部门进行支出方案选择时采用民主集中制方法。依法执政要求支出决策权力在各主体间的配置要用法律法规规章制度等固定下来,各自依据法定权力开展决策活动,不得越权,同时要将权、责、利对应起来,避免权责不清。

（二）民主法制建设对公共支出决策机制的影响

我国几千年的封建史给我们留下的是封建专制传统，尽管新中国成立后我国于 1954 年制定了第一部宪法，初步了确立了民主集中制的政治秩序框架。但是由于缺乏合法的制度和程序来保障人民民主权利，党内个人崇拜和个人专断现象滋长，"人治"在政治生活中占据主导地位，人民代表大会制度、多党合作与政治协商制度等基本停止运作，执政党权力缺乏制约。改革开放以来，我国实行了政治体制改革，从制度上保证党和国家政治生活的民主化，十五大进一步提出"依法治国"方略，要求党和国家的各项政治活动必须在法律范围内进行。21 世纪我国继续通过包括政府决策机制创新在内的变革来健全政治制度层面上的缺损与不足。这就要求在我国公共支出决策过程中，继续坚持和完善人民代表大会制度，健全民主选举制度；继续推进政治协商、民主监督和参政议政的规范化与制度化；要深入了解民情、充分反映民意、广泛集中民智、切实珍惜民力；要逐步建立行政首长负责、专家论证和公民参与相结合的支出决策机制，逐步建立决策失误责任追究制度、决策项目论证制度、决策评估制度与决策公示制度，建立健全决策、执行、监督相互分离与制约的权力制约机制。只有保证人民真正享有民主决策、管理和监督的各项权利，才能从制度上确保和推进公共支出决策机制的改革与完善，避免政府重大决策失误造成难以弥补的损失（罗依平，2006）。

（三）政府治理理念的重塑对公共支出决策机制的影响

随着市场经济的深入发展和公共财政框架的建立，新时期我国政府治理理念转变为"建立以公众为中心、以结果为导向和以市场为基础的政府"。建立以公众为中心的政府，意味着政府的公共支出决策首先应考虑决策对社会各界的影响以及怎样为公众提供更有效的公共服务。这要求政府建立倾听民众呼声的机制,决策充分反映民众(尤其是弱势群体)的利益诉求;要求提高财政透明度,为民众提供更多的决策信息和参与渠道;要求坚持民众对支出决策的最终评判权。建立以公众为中心的政府,意味着公共支出决策更多地是自下而上做出,更偏向于多中心的分权化决策模式,基层管理人员对决策的影响力较传统模式下更大。电子信息技术和互联网的应用为民众和政府创造了更有效的沟通方式,电子民意调查、电子投票、电子选举、电子邮件等大大加强了民众与政府之间的互动,提高了民意在政府支出决策中的分量,增强了政府回应民众需求的能力,民主政治得到进一步发展。

建立以结果为导向的政府,意味着支出决策不仅要重视公共资源的配置,还要将这种资源配置与支出绩效挂钩,从而以最小的成本来满足民众需求;这既是民主政治发展过程中民众对政府治理的要求,也是财政压力增大的客观要求,还是全球化过程中政府提升整个国家国际竞争力的需要。浪费和滥用等也和腐败一样,均是公共资金使用无效率的表现,在绩效变得和清廉同样重要的情况下,有必要通过制定相关法律法规将绩效和结果导向制度化。结果导向的政府治理模式要求公共支出决策与支出绩效联系起来,支出计划申请中一并提交相应的绩效目标,计划负责人为此绩效目标的实现承担责任;要求扩大以绩效为基础的合同的应用,在合同中重点关注支出应得到的结果,而不仅仅是工作的态度和付出的成本等事项;要求赋予计划负责人更大的权力和更多的手段,来重建工作团队,减少中间管理层,确保组织扁平化,提高部门的反应灵敏度和工作效率。

建立植根在市场基础上的政府,意味着在公共产品提供领域引入市场机制以提高供给效率,把经济人假设引入公共领域分析官僚的委托代理行为问题,把企业管理技术和手段引入公共管理领域以降低施政成本。建立以市场为基础的政府,使其脱离僵化的官僚制模式，引入企业化的运作方式，有助于在公共部门内部建立基于个人才干的聘用制度和晋升制度，以及相对合理的工薪制度，提高办事效率，降低公共服务提供成本；在政府长期垄断的领域内引入竞争机制，有助于提高服务质量，降低服务成本；在政府部门引入市场化标准构成的责任体系，对政府行为的约束和要求更加明确，有助于政府对市场信号做出更有效地反应；市场化形式的多样性还为民众提供了多样化的公共产品和公共服务，拓宽了民众自由选择的范围（苟燕楠，2005）。

三、文化变迁与公共支出决策机制变革

文化是一个民族特有的精神成果，包括思想信仰、道德伦理和科学技术等方面的内容，文化比政治、经济更富有继承性、延续性和普遍性，它渗透到社会生活的各个领域，形成不同的文化类型，如经济文化、政治文化和行政文化等，其中政治文化变迁对公共支出决策机制的影响最为直接。所谓政治文化是指一个民族在特定时期内流行的一套政治信仰、态度和情感；政治文化影响着决策者的价值观和心理素质，在政府支出决策过程中发挥着一定的导向、控制和调整作用，并对决策行为和决策方式等产生影响。世界各国有自己的政治文化传统，如美国崇尚的是个人主义、实用主义，注重自由和创新；而中国几千年封建社会和小农经济留下了平均主义、官本位和中庸之道的文化传统。

在不同政治文化下预算主体的决策理念存在较大差异。市场体制下的决策主体更希望经济发展，以便在相互竞争中获得利益；党派文化下的决策主体则希望达到平均分配。于是，党派坚持强调为了公平而做预先审查，而计划体制为了维护合法性而坚持强调事后审计，市场体制则使预算过程更灵活，以便获取更高的生产效率。

随着市场经济体制的建立和经济全球化发展，我国经济社会正呈现多元化发展趋势，从而不可避免地带来了思想文化的多元化发展，传统文化与现代文化并存、中西文化的碰撞，给当代中国政府支出决策的价值取向选择和决策机制运行带来了影响与冲击。政府支出决策需要更多地考虑多元利益主体的需求，明确反映不同经济主体的偏好，支出政策要有利于实现合理的社会利益调整，更好地实现政府的社会管理与公共服务功能。从而，政府支出决策由专制主义传统下的集权式决策转变为倾向于分散的民主式决策，由自上而下的决策转变为倾向于更多的自下而上的决策。

四、社会变迁与公共支出决策机制变革

（一）公民社会的兴起对公共支出决策机制的影响

公民社会是指处于国家和家庭之间的民间组织或民间关系的总和，其组成要素包括非政府组织、公民的志愿性社团、协会、社区组织、利益团体和公民自发组织起来的运动等，具有非官方性、非营利性和相对独立性的特点（俞可平，2002）。历史上中国一直是"强国家弱社会"的局面，公民社会被政治国家所湮没。进入20世纪后，受西方文明的影响，相对独立于国家的民间组织才开始活跃起来。但只有在改革开放后，随着我国社会主义市场经济体制逐步建立和完善，政府职能逐步转变，"政企分开""政社分开"的过程使得政府不断还权于市场、还权于社会、还权于民，各类民间组织才大规模涌现。其中不乏有保护企业利益的各种行业组织、同业组织和其他行业性利益团体。有为增强非国有企业和个体老板市场竞争力而建立的各种互助性自愿组织（如企业家俱乐部组织）；有公民自发的兴趣活动组织（如各种娱乐性的俱乐部、运动协会、私人交谊组织和旅游团体等）；有广大农村实行村民自治

的村民委员会；有代替政府对生产、经营、民事和文化、艺术及学术等领域进行管理的民间组织（如非政府的行业协会、同业组织和志愿团体等）。据民政部《2012年社会服务发展统计公报》统计，截止到2012年年底，我国共有社会组织49.9万个，社会团体27.1万个，基金会3 029个，民办非企业单位22.5万个，基层群众自治组织68.0万个。一个具有相对独立性和自主权的公民社会正在逐渐形成。

随着公民社会兴起，我国公民的权利意识正在觉醒，公民的主体意识逐渐增强，公民越来越多地要求通过政治参与维护其自身利益。公民通过参与公共支出方案设计和方案选择，对政府支出决策产生影响。公民通过网络、媒体等渠道为政府公共支出方案献计献策，不但可以弥补决策主体的技术缺陷，克服决策者的自利性和偏袒性倾向，促进支出决策理性，还能促使政府支出决策信息公开，提高支出决策透明度，有助于公众对政府决策实施有效监督。公民通过参与听证会等对政府提出的支出方案提出意见，帮助政府论证和选择支出方案。政府与公民之间就支出方案进行的沟通，以及公民对支出方案的认可和接受，是支出方案最终得以顺利实施的保证，也是政府行为合法和政治稳定的基础。

公民社会兴起给政府支出决策带来的外在压力，已经迫使政府关注公民意见，尽可能地为公民参与决策提供渠道和机会，这对支出决策民主化和支出决策模式的转换具有重要意义。而政府在公民社会外在压力下决策理念的变化，从传统的重视权力变为重视公民和官民之间的合作，促使政府决策权力向社会和公民回归，促使决策体系由封闭逐步走向开放，促使多元互动决策主体出现。越来越多的民间组织参与支出决策的利益博弈过程，也有利于政府在充分了解各民间组织利益诉求、各民间团体的政治态度与价值取向的基础上，协调各方利益关系，解决利益矛盾，制定出更公正、更合理的支出政策。

当然，一个不可忽略的现实是，目前我国的公民社会发展还不成熟，是一种典型的政府主导型的公民社会。公民在政府支出决策中的参与程度取决于政府支出决策的开放程度，包括决策信息、程序和参与渠道的开放等，而且各方越来越多地参与利益博弈也会带来政府支出决策合意的困难（霍海燕，2008）。

（二）信息技术进步对公共支出决策机制的影响

随着因特网技术的快速发展，信息技术对经济和社会发展产生着巨大而深刻的影响，在改变人们的生产方式、生活方式和价值观念的同时，也给政府的支出决策模式带来一场革命。首先，互联网发展为支出决策民主化提供了很好的技术支持。在信息基础设施不断改善的背景下，中国网民数量快速增长，互联网越来越平民化，也逐渐成为网民参政、议政的重要平台。网络方便快捷和高效互动的优势，使得基层民众能更为充分地表达自身的偏好，参与公共支出决策的成本更低，为政府支出决策民主化提供了广阔途径。同时，民众参政议政过程也会促进政府工作信息公开和提高财政透明度，这为广大民众及时全面地对政府工作和支出决策进行监督提供了可能。近年来广东省在公共政策制定过程中开展的网上听证会、网上预算监督和网上列席会议等一系列举措，就是网络信息技术在支出决策民主化领域的应用例证。其次，信息技术的发展为政府支出决策现代化提供了科技平台，也为政府支出决策科学化提供了先进手段。近年来我国推进了财政信息化进程，在计算机网络通信系统建设和财政业务系统建设等方面取得了明显成效。区（县）及以上级别的政府相继建立了内部局域网和对外开放的政府网站，逐步实现了经济社会信息资源的共享和政府间、部门间联系与沟通的顺畅，支出决策的信息不再仅仅依靠纸质文件传递，而是通过网络和数字化技术进行收集、加工和处理，信息的广度、深度和时效性大大增强，支出决策工作效率大大提高。信息技术的发展还为政府与广大人民群众之间架起了一座沟通桥梁，两者之间的信息可实现双向有效互动。民众关于支出项目的意见建议可及时传递到政府，政府也能快速地对民众需求做出回应，避免了传统信息传递过程中的信息流失和失真情况。这样建立在"充分反映了民众意见和要求、广泛集中了民众智慧和愿望"基础上的支出决策才有可能是科学的决策。最后，信息技术的发展还为信息的深度挖掘和科学利用提供了基础，公共支出决策科学化程度进一步提高。信息时代信息爆炸，如何在海量信息中发现隐藏在其背后的规律，需要专业的信息分析人员进行信息的剔除与筛选，需要专业的政策研究机构进行深度的分析与调查。因此，信息化社会的到来，必定催生一批决策研究机构、咨询机构。这些官方或民间的组织机构、专家学者承担着为政府支出决策提供决策信息咨询和决策方案论证的任务，在政府支出决策中发挥着越来越重要的作用，也提高了政府决策的科学性。

第二节　我国公共支出决策机制优化的价值取向

一、公共政策价值观对公共支出决策机制运行的影响

价值是指客体与主体需要之间的一种特定关系。在人类行为和社会运动系统中，价值是人们具体行为的选择、动机和目的形成的基础，也是社会利益分配的核心指导原则。公共政策价值观是指公共政策制定者及其他相关主体共同拥有的偏好、愿望和目标，包括意识形态、政策理论与认知、政策理想、政策态度与情感和政策评价标准等内容。公共政策价值观是政府公共支出决策的基础，因为任何支出决策实际上都是在一定政策价值观指导下，运用公共权力对社会资源和利益进行分配的

过程。采取何种公共政策价值观进行支出政策制定、执行和评估，关系到社会资源和利益分配的目标确定以及该目标的正当性和有效性的实现程度。下文从公共支出决策过程、执行和执行结果的评估三个方面来分析公共政策价值观对公共支出决策机制运行的影响。

（一）公共政策价值观对公共支出决策过程的影响

1. 公共政策价值观对支出政策问题认定的影响

当社会中一个事物的实际状态与预期状态相背离时，便产生了社会问题，但并不是所有社会问题都会引起政策制定者的关注而成为政策议题。一个社会问题能否进入政策议程不但取决于支出决策主体的经验知识，还取决于他们持有的公有政策价值观。不同的人或社会团体，由于观念、地位、利益等方面的差异，他们对社会的期望就会不一样，针对社会问题必然会基于自身利益需要，在个人价值观指引下形成对社会问题的不同看法，提出不同的政策主张或利益诉求。那些正好符合决策主体价值判断的社会问题无疑更容易列入支出决策议程，那些虽不符合决策主体价值判断但社会影响力很大的社会问题也通常更容易成为政策问题。价值观对政策议程的影响还体现在，同一个社会问题，会被不同的人或社会团体归结为不同的政策问题，如针对环境污染的问题，有的人认为应严惩污染排放者，有的人认为应增加政府拨款治理污染，有的人认为应对污染受损者进行补偿，还有的人认为应对主动治理污染给予税收优惠，等等。而最终一个社会问题被界定为哪种政策问题，或者说以哪种政策问题形式进入政策议程，取决于决策主体的公共政策价值观。

2. 公共政策价值观对政府支出决策目标确定的影响

政府支出决策目标是关于政府公共政策结果的一种期望或设想，确定政府支出决策目标的过程，实际上就是在众多可能的政策结果中选择一个符合决策主体价值判断标准的期望结果。公共政策价值观作为一种特殊的世界观和方法论，发挥着在支出决策过程中建立价值目标、确立价值判断原则和进行价值选择的作用。因此，支出决策目标的确定总是在某种思想观点的指导下进行的，支出决策也总能反映某种意识形态的价值观。持不同价值观的人或社会团体，对社会问题的看法不同，对公共政策结果的期望不一样。政府则要分析解决该社会问题所面临的各种利害关系，运用一定的价值观和标准尺度，协调和平衡各方利益关系，在此基础上选择合理解决该问题的政策目标和政策方案。如有限的公共资源是用于发展基础教育还是用于老年人社会福利，就涉及在儿童教育与老年人保障之间进行价值判断问题。处在不同位置上的个体，对此看法肯定是不一样。或者说不同的人对政策目标的诉求不同，这种差异是客观存在。但是作为决策主体，其内部成员必定要有一个基本一致的价值取向和利益偏好，或者要有一个促进一致意见形成的机制。

3. 公共政策价值观对支出决策方案选择的影响

公共支出决策方案的选择过程，实际上就是运用一定的政策价值标准对公共支出决策方案进行价值分析和评价过程。不同的人或社会集团，因所持的政策价值观不同，对支出决策方案的评价标准不同，对支出决策方案利弊得失的评价也就有很大差异，最终是选择还是放弃这一方案的结论也就不一样。可见，从某种意义上来说，公共政策价值观对支出决策方案选择起着决定性作用。当然，支出决策方案还必须满足以下几个更为一般的原则才能被选择：支出决策方案必须是可行的、合乎目的和规律的、具有社会性的、体现公众利益的和能协调好各方利益关系的。

（二）公共政策价值观对公共支出决策执行的影响

公共支出决策的执行涉及三类行为主体：支出决策制定

者、执行者和作用对象（或者说民众）。公共支出决策执行效果主要取决于支出决策主体制定的政策在执行过程中能否得到民众的支持、理解与配合，而这又进一步取决于公共支出决策主体与民众的公共政策价值观是否一致。民众的公共政策价值观一旦形成，不会轻易改变，同时会用这种价值观来衡量支出政策系统及其运作过程，并对此做出反应。如果政策符合民众的价值标准，民众就会对政策产生一种认同感，从而支持和维护政策的执行，支出决策执行效果就好。如果政策违背民众价值取向，就会遭到民众的反对和抵制，支出决策执行的效果就差。人们总是趋利避害的，支出决策执行要取得理想的效果，就必须在支出决策时充分考虑民众的社会心理承受能力，重视深藏在民众心底的关于政治的"原始信念"。只有支出决策中隐含的价值观与民众的价值观一致时，支出决策才能顺利实施，否则，公共支出决策执行将遭遇很大的阻力。

（三）公共政策价值观对公共支出决策执行结果评估的影响

对公共支出决策执行结果进行评估的过程，就是人们运用公共政策价值标准对支出决策的执行过程进行鉴定与批评，对决策执行的结果进行估量，从而做出政策判断、选择和评价的过程。通过建立一种公共支出政策评价机制，人们对政府支出决策执行结果与支出决策目标进行比较，形成关于特定公共政策的评价结论，以影响支出决策主体的决策行为。而评价过程中评价标准的选择、评价信息的筛选与处理等都取决于评价主体的价值判断。如，公共支出政策评价是以经济效益、社会效益还是生态效益作为主要标准？支出决策的执行成本应该怎样衡量？不同的评价主体会有不同的评价尺度和选择结果。又如，支出决策执行结果的评估总是以信息为依据的，哪些信息是应该予以重视而另外信息应予以忽视？哪些信息应该受到认真对待而另外信息只需简单了解？这些都取决于评价主体的价值判断。可见，公共政策价值观对支出决策执行结果的评价影响也很重要。

二、我国公共支出决策机制变革的价值取向定位

公共支出决策从本质上来看是一种关于社会资源的权威性分配活动。公共支出决策是否做出及如何做出，涉及社会公共资源的流向与分配方式问题。不同的政策思想或价值观指导下的支出决策，隐含着不同的公共利益、团体利益偏好，决定着社会公共资源的不同流向。而公共支出决策机制变革的最终目的是使支出决策实现公共利益最大化，因此，公共支出决策机制优化具有公共利益导向性特点，这种公共利益导向不仅关乎支出决策的立场和出发点的确定，而且还涉及实现公共利益最大化的具体方法和采用的手段。我国公共支出决策机制的变革与完善要在社会主义现代化建设中发挥更大的作用，就必须以公共利益为导向，树立正确的公共政策价值观。本书认为，我国公共支出决策机制变革的价值取向应定位在公共性、公平性和责任性等几个方面。

（一）公共性

作为我国公共支出决策机制优化的首要价值取向，"公共性"原则主要包含以下几个方面的内容：一是政府支出决策理念必须遵循公共性原则。以最大限度地实现公众利益作为政府支出决策的根本宗旨，是公共性这个政府支出决策的首要价值目标所决定的。然而，受主观利益、文化价值观、其他利益团体以及精英人物等因素的影响，政府支出决策常常背离公共性原则，致使社会公共利益无法得到保障。如违背公共性原则，政府支出决策的资源配置效率无法保证，社会公共利益无法实现，甚至政府自身行为的合法性也会受到质疑。二是政府

支出决策的客体具有公共性。支出决策是政府及其职能部门等依据宪法和法律授予的权力,为国家行政、社会公共管理和经济发展等事务进行的资源分配活动,决策的直接客体社会资源具有公共性,决策要解决的问题——经济社会发展事务和国家事务也具有公共性。三是政府支出决策所依据的权力也具有公共性。在现代国家,政府公共支出决策权力一般都是由法律授予,但与其他政治权力和行政权力一样,这种权力的最终来源始终是公民和社会成员。公共支出决策权力的运用必须服务于公众利益,否则不具有权力合法性。这就意味着任何人任何时候都不能用公共权力去谋取私利。而且,作为支出决策权力来源的公民和个人,具有对政府公共支出决策的监督的控制权力,以确保政府支出决策服务于公众利益(罗依平,2006)。

(二) 责任性

所谓责任,是指违反政治、道德或法律的义务所要承担的后果。责任是一个多层次、内涵丰富的概念,它既反映了社会对其成员的要求,也反映了社会成员没有履行职责时将会产生的社会后果。根据委托—代理理论,政府的权力来自人民,政府在获得人民授予权力的同时也就承担了与此相应的责任。政府只有真正履行和承担了人民直接或间接赋予的责任时,其权力的行使才具有合法性基础。一个负责任的政府意味着要积极地对立法机关及其制定的法律负责,回应、满足和实现民众的正当要求,负责任地行使权力。作为责任政府,其每项权力背后都连带着一份责任。政府公共支出决策中的责任性要求,包含以下四层含义:一是公共支出决策必须履行宪法责任。也就是说政府机关及其公务人员在支出决策时要维护宪法尊严、履行宪法义务、保证宪法实施。如果违背宪法的原则、精神和内容,则要承担相应的违宪责任。二是公共支出决策必须履行政治责任。也就是说政府机关及其公务人员的支出决策必须合乎民众的利益。若政府支出决策损害了社会民众的利益,即使法律不予追究(没有违反法律规定),也要承担相应的政治责任。同时,行政机关的首长有责任制定出有效的措施,推动其下属按既定的支出决策方案行事,确保决策得到很好的贯彻落实。如果行政首长用人不当、管理不力或者工作失察,造成重大损失的,则要承担相应的政治责任。三是公共支出决策必须履行行政责任。行政责任是政府及其公务人员因其公职身份、公权地位而需要对授权者、法律以及行政法规所承担的责任。也就是说政府及其工作人员在支出决策及执行决策的过程中,必须严格依法行政,如果存在滥用职权和违反职责的行为,则要承担相应的法律责任。四是公共支出决策必须履行道德责任。也就是说政府及其公务人员的公共支出决策时要自醒、自警,恪守职业道德,要主动接受社会公众的监督,承担为公共利益服务的道义上的责任,如果决策行为明显与社会公德不符,就要受到道德良知和社会公众的谴责,就应承担某种道德责任(罗依平,2006)。

(三)公平性

公共支出决策本质上是对社会公共资源的一种权威性分配。效率是公共支出决策的价值起点,而公平是支出决策的价值目标。在市场经济条件下,效率目标主要依靠市场这种资源配置方式来实现。在以计划为主要配置形式的公共领域,也有关于如何将公共资源配置得更有效率和如何让市场更好地实现有效的资源配置的问题,但政府在对社会公共资源进行分配时,公平无疑是其首选的价值目标。因为尽管市场领域实行的是按要素进行分配,资源在市场这只"无形之手"的牵引下实现了其最佳价值,但是由于个体所拥有的禀赋、素质和才干等不一样,主观努力程度也不相同等原因,个体间的收入差距就会很大,从而出现贫富两极分化,引发社会矛盾和冲突。而且过大的收入差距最终会使收入差距所体现的奖惩机制再也无法激励落后者奋斗,从而破坏效率。这种市场失灵必须由政府运用各种政治、经济、法律等杠杆进行调节,支出政策是促进收入公平分配的重要手段。公共支出决策机制优化的公平性原则,就是要通过重塑公共支出决策理念、重构支出决策模式,运用政府支出的再分配手段,促进社会收入分配向更公平方向发展。

第六章

优化我国公共支出决策机制的对策建议

第一节　调整公共支出决策主体权力结构

权力存在于命令与服从的社会关系当中，命令者与服从者共同构成权力的整体。在这个权力共同体中，每个成员都在扮演着不同的角色，并按照不同角色特有的偏好和旨趣，展开社会行动，形成相互之间规则化的联系，即权力结构（靳继东，2010）。公共支出决策的权力结构主要体现在三个层次：一是支出决策权力与社会的关系结构。由于权力是内生于社会并与社会相区分的，支出决策权力与社会的关系结构可以厘清支出决策权力边界，反映政府的支出决策权力与社会之间的职责利益关系。二是支出决策权力的内部横向结构，指权力横向的构成要素以及它们之间的关系。这一结构厘清了各相关主体利益表达、聚合与支出决策过程之间的功能分化，反映了立法、行政部门之间的职责利益关系。三是权力的内部纵向结构，指权力纵向的构成要素以及它们之间的关系。这一结构厘清了上下级政府之间事权及支出决策权力关系。因此，我国公共支出决策权力结构的调整，涉及政府与社会、政府内部各部门之间以及各级政府之间的支出决策权力的重新划分与界定。

一、明确政府的支出决策权力边界

（一）根据混合物品的公共性程度决定政府支出决策权力边界

政府支出决策权力来自民众的直接或间接授权，政府支出的目的是向民众提供公共产品和服务。根据公共产品理论，公共产品分为纯公共产品、准公共产品或混合物品，纯公共产品由政府来提供，用于纯公共产品提供的支出决策权力在政府及其职能部门，这是毫无疑义的。混合物品则应根据其外部性程度，选择相应层级、部门或性质的政府或其衍生的组织以及自治性社会公共组织来提供，因此，混合物品提供的支出决策权力在政府与社会之间的划分才真正决定了政府支出决策权力的边界。然而，由于混合物品种类繁多，每类公共产品的公共性程度到底有多大，实践中是一个难以量化的问题。又由于政治经济和社会文化传统的不同，各国对混合物品的提供方式多样化。总的来说，计划经济和单一制国家政府强势，社会组织发展空间有限，混合物品更多的是由政府来提供；而市场经济和联邦制国家政府相对较弱，以市场机制配置资源为主，社会组织发展较好，混合物品由政府及其衍生组织和自治性社会公共组织共同提供。各国政府混合物品提供方式的差异决定了支出决策权力范围以及政府公共支出的相对规模大小。由于各国政治经济社会发展的差异，严格来说并不存在一个统一的支出决策权力边界和最优支出规模问题。只要公共支出最大程度地实现了社会公共利益，用于提供混合物品的资源使用是有效率的、注重了社会公平的，不管支出由政府及其职能部门来决策，还是资源由自治性社会组织来使用，该政府的支出决策权力边界就是合理的。最大化社会公共利益、效率和公平等是判定一个国家政府支出决策权力边界确定是否合理、自治性非政府组织职能范围是否合理的标准。

（二）我国的事业单位改革与政府支出决策权力边界的调整

在我国，行政机关主要负责提供纯公共产品和服务，事业单位则负责提供绝大部分的混合物品，只有个别混合物品由自治性社会组织来提供。我国政府公共支出决策权力边界是否合理由事业单位与社会组织履行提供混合物品职责的有效性程度所决定。在支出规模日益膨胀和财政压力加大的今天，政府保留部分重要的公共服务部门（即事业单位）来直接提供公共服务，将一部分公益类事业单位逐步转变为民间事业单位；同时通过多种手段鼓励民间资本兴办公共事业单位，承担公共服务的提供职能。如对提供基础教育、科学普及、图书馆、计划生育和公共防疫等典型社会公共服务的公益性事业单位，由财政保障经费供给，支出决策权力归政府及相关职能部门；对提供高等教育、职业教育、广播电视、医疗保健等准公共服务的准公益性事业单位，由财政保障部分经费供给，享受服务的对象承担一部分费用，支出决策权力的边界由各准公共产品的外部性程度所决定；对开发性的科研单位、职业化的体育运动项目、艺术表演团体、艺术表演场所和社会中介机构等经营性事业单位，应与财政供给脱钩，逐步走向市场（靳继东，2010）。可见，重新厘清准公共服务提供过程中财政与享受服务的对象之间费用承担比例，把部分经营性事业单位逐步转变为民间事业单位（自治性社会组织），是政府支出决策权力边界合理调整的需要。

二、优化支出决策主体之间的权力结构

在代议制国家,民众将自己的某些预算资金的处置权和监督权委托给了立法机关,立法机关进一步将部分资金处置权和监督权再委托给政府。不同于西方发达国家政党制度的是,坚持中国共产党的领导是我国政治体制的一个基本原则;立法机关和行政机关是在党的领导下履行职责与行使权利。党不直接参与公共支出决策,但党对支出决策有重要影响。政治体制是人大与政府支出决策权力优化的外部前提。

(一) 强化人大的预算审批权和监督权

我国立法机关人大存在预算审批和监督权力不完整、机构设置和人员配备不合理等问题,严重制约了其支出决策审议和监督的作用发挥。因此,未来需要从以下几个方面进一步改革:

1. 实行人大预算审批的提前介入程序

西方国家议会对政府预算的审查大多在预算编制过程中开始实行,而且对预算审议有实质性权力。而我国现行制度安排是财政编制出来的预算先提交政府常务会研究,然后提交给党委常委会讨论通过,再由政府提请人大审议。为了保持与党委会的意见一致,人大一般都会对预算投赞成票,即使有时发现问题并向政府提出意见,政府也以党委已通过为由拒绝修改预算。为了改变这种人大预算审批只具有程序性意义的局面,充分发挥人大对政府支出决策权力的制衡作用,有必要将预算编审程序进行调整,财政编制的预算送政府常务会研究后,先提交给人大常委会初审,再把按人大初审意见进行调整后的预算报请党委会讨论,最后提交给人大会进行正式审查。

2. 完善和细化人大预算审批的法律法规

现行《宪法》和《预算法》中关于人大预算审批的权力

只是作了原则性规定,对许多重要问题没有相配套的法律规定,这使得人大难以有效地行使其预算审批和监督的职权。在我国现行政治与行政体制下,人大没有也不可能在预算审批过程中行使整体否决权。要使人大的预算审批与监督有实质性意义,必须明确规定并保障人大的预算修正权。实践中缺乏确保人大预算修正权有效行使的机制,人大的意见没有对政府支出决策构成约束,仅仅作为政府部门预算编制的参考。即使在预算执行过程中,现行预算法也只把政府收支调整后仍出现不平衡的预算调整交给人大常委会审批。政府为逃避人大的审查,往往少编收入预算,超收部分便可安排超支。而且本级政府决算调整是否合理,是由上级政府委托财政部门进行的审查意见决定,不受本级人大常委会的限制。这使得人大的预算调整审批权变得形同虚设。因此,在未来的预算法修改与完善过程中,要进一步细化人大的预算审查和监督范围、内容、程序和方法等方面的职责权限,确保人大预算审批权和监督权有效行使。

3. 增加对补充预算的审批

我国的预算年度从每年1月1日开始,但正式审查的预算要在三、四月份人大会后才能批复下来,前三到四个月的预算执行一般按上年度的预算情况来安排。一年中有近1/3的时间没有按法定预算执行,从而产生预算先期执行问题,也意味着人大的预算审查权力被缩小了近1/3。一个解决办法是提前召开人大会,尽管现在部分地方已将人大会提前召开,保证新的预算年度开始时政府预算已经得到审批,但仍有许多省以及全国的人大会都是在三四月召开。由于全国人大会会期的调整需要修改宪法,政治成本较高,一个替代的方案是改预算的历年制为跨年制,使预算年度从四月份预算审批后才开始,当然这也涉及政府的预算年度与市场中企业和家庭个人的财务核算年度如何衔接带来的成本问题。为此,可借鉴英国的经验,编制一个补充预算,提交人大常委会审议通过后,作为新财政年度最初四个月的拨款依据。

4. 完善人大的人员配备和机构设置

首先,降低人大代表中官员代表比例。人大代表中官员比例过高,而这些官员大多来自预算部门,甚至就是部门的负责人,这就意味着由这些官员审查以自己部门为基础编制的政府预算,审查的科学性和监督的有效性值得怀疑。

其次,要使人大代表专职化。兼职的人大代表用于预算审议的时间非常有限、预算审查能力也有限,几乎没有报酬的方式也使得这些业余的代表们认真审查预算的动机有限。未来可以借鉴英美等国的做法,实行专职人大代表制度,由人大会自己决定人大代表的数量、工资水平、办公条件、工作经费和助理雇佣等事项,彻底改变人大人员编制、经费来源和福利待遇等受制于政府的情况。虽然人大代表专职化会大大增加人大的工作费用,需要减少现有人大代表的数量,但是若能通过精干的专职代表对预算进行有效地审查与监督,人大代表专职化的目的就已达到。

最后,成立专门的预算监督委员会和预算审查委员会。现在地方人大的预算监督办公室还只是人大财经委的一个下属机构,由于正式工作人员编制有限,经费受政府控制,不可能对政府预算进行详细而有效地审查。因此,要提高预算监督委员会的组织机构级别,使其与预算审查委员会级别保持一致。同时,改由现在的人大财经委专司预算审查的职能,形成由预算委员会初审、人大常委会复审和人大会终审的预算三审制度。其中,人大常委会复审时重点审查政府总支出水平和各部门的支出总额上限(廖家勤,2004)。在人大内部,将其他政策委员会的拨款权集中到预算审查委员会,其他政策委员会在各自的专业领域内协助预算委员会审查政府具体政策的合理性。专门的预算监督委员会和预算审查委员会有助于人大更有效地实现对政府预算的监督与审查。

(二) 重塑党政首长在支出决策中的权责关系

1. 实行地方党政首长"合二为一"的制度

党委领导下的行政首长负责制模糊了支出决策主体的权责关系。我国宪法明确规定各级地方政府实行行政首长负责制，而在我国长期的革命斗争历史中也形成了以中国共产党为领导核心的政府决策体制。于是，在这种党委领导下的行政首长负责制下，党委书记是支出决策的实际领导者，是地方党委的"正班长"，地方行政首长只是同级地方党委中的"副班长"，是支出决策的责任人。从而，支出决策的实际领导者不是责任人，责任人又不能领导支出决策，导致支出决策的权力人与责任人严重脱节，没有一个决策主体明确地承担地方民众的受托责任。在西方代议制民主国家，都是先由地方民众投票选举地方行政首长和议会代表，再由这些支出决策主体承担提供公共产品和服务的受托责任。因此，未来有必要实行地方党政首长"合二为一"的制度，将支出决策的权力与责任对应起来，明确地方首长的民众受托责任（廖家勤，2005）。

2. 推行地方党政"一把手"助理制

我国现行的分管副职制度安排使得党委中除党委书记外，还有人数众多的党委副书记，分管党在教科文卫农工商等领域的政策。政府部门除行政首长外，也还有许多副职领导分管各自领域的行政工作。党政副职领导之间的职能交叉重叠，为保证党的政策有效执行，部分地方通过增设党委副书记、在支出决策前召开书记办公会议等形式，使地方政府支出决策自主权弱化。同时，在政府内部，各副职领导也通过"批条子""打招呼"等非制度化形式，影响着行政首长的支出决策，导致了政策过程与预算过程的严重分离，支出决策质量受到影响，预算执行过程大大偏离预算安排。推行地方党政"一把手"

助理制度，把现行党政副职领导改为党政"一把手"的助理，有利于取消分管副职领导们的非正式预算产权，进一步厘清支出决策主体的权力与责任关系，"一把手"决策，"一把手"负责，避免由于集体决策而难以界定与落实支出决策责任的弊端（廖家勤，2005）。党委和政府分管副职制度模糊了支出决策权力与责任之间的对应关系，削弱了政府自主支出决策权力，加剧了政策过程与预算过程的分离，推行地方党政"一把手"助理制有助于克服这些问题。

3. 逐步推行民众、人大代表、党政首长逐级选举制度

由于我国地方党政首长由上级任命，并不由本辖区居民直接选举产生或居民选出的代表选举产生，导致支出决策及执行过程中行政首长以上级的批示和意见为中心，上级要求的法定支出必须安排支出，上级设立的项目必须安排相应比例的配套款或全款以示支持。这种上级政策过程与下级预算过程相分离的状况，导致了支出规模的失控，也形成了"自上而下"的支出决策程序，而基层民众的支出需求被忽略，导致支出决策无效。未来要改革民主政治体制，通过"由辖区民众直选人大代表、人大代表选举党政首长"的制度安排，使人大代表乃至行政首长向选民负责，而不是由上级政府决定，把地方支出决策主体选择的自主权交还给辖区居民，确保支出决策主体真正承担起有效供给地方公共产品与服务的受托责任。

（三）强化财政部门的核心预算机构地位

1999年启动的预算改革，从综合预算到预算分配权的集中，从预算程序中控制数下达到零基预算等编制新方法的引入、再到绩效评价和监督，都不断地强化着财政部门的支出控制能力和预算分配权力。但是，由于还有一些预算资金的分配权在支出部门，预算外资金的分配权实质上也还在支出部门，财政部门无法对支出总额实行有效控制，核心预算机构的地位

还不够明确。为强化财政部门的核心预算机构地位：第一，要取消支出计委、经贸委和科委等部门的预算权力，将所有的预算编制都纳入财政管辖范围。统一、全面的预算是规范支出决策的前提。第二，加强核心预算机构的预算分析与预算管理能力。对于党的方针政策进行合理的预算分析，较准确地测算执行党的政策所需配备的财力，这样才能编制出较为科学的预算。第三，设立预算协调委员会，从制度上保证核心预算机构的独立性。独立性是核心预算机构支出决策规范的保障，也是核心预算机构在支出决策中践行公共责任的基础（刘锦、孙健夫，2011）。进一步各级政府要设立由政府各部门官员和财经专家组成的预算协调委员会（廖家勤，2004），以协调各部门之间的政策冲突和支出矛盾；从制度上保证财政部门在支出决策和执行过程中，不会受到来自党政分管领导的"条子""卡片"的影响。

（四）调整部门内部支出决策权力

现行的预算管理与决策模式下，财政部门的预算处只是从宏观上在各业务处间起联络与协调的作用，各业务处（具体来说是专管员）掌握着更为明确的部门支出决策权力。单个的业务处没有动力站在政府或财政的角度通盘考虑支出总额控制，长期以来与支出部门建立的"私情"还可能会使他们沦为支出部门的"说客"，影响支出决策效率。为此，可借鉴国外做法，成立一个直接对行政首长负责的"计划与预算委员会"，该委员会可由财政部门的预算处、部分业务处和发改委组建而成（马骏，2005），专门负责具体的预算编制工作，统一掌握预算编制的政策标准，审定部门预算，以及编制综合财政预算，以降低预算编制对业务处的依赖程度，强化预算编制与政策制定之间的联系。

关于支出部门内部的权力配置。在支出总额确定的情况下，由于人员经费按编制和公用经费按定额进行支出安排，只有项目支出需要对项目的优先顺序进行决策。更有效的项目决策应该是分权式的，提出权利在部门下属单位和机构，审定权利在部门领导高层。方法是由基层单位提出项目建议，部门财务主管对相关支出项目进行综合汇总并完成初次筛选，再报送部门领导办公会议讨论通过。这种由项目决策分权模式决定的由下而上的决策过程，有利于克服"先有预算后有项目"的决策低效。

三、调整各级政府间的支出决策权力结构

理论上，各级政府间的支出决策权力划分应由公共产品的层次性所决定，即全国性公共产品由中央政府提供，对应的支出决策权力就在中央；地方性公共产品由地方政府来提供，对应的支出决策权力就在地方；区域外溢性公共产品的提供，其外部性程度决定了上下级政府各自承担的资金比例，然而，对外部性程度的准确衡量是一个难以把握的问题。

实践中，上级政府为了突出个别公共产品的重要性，通过法律法规及政策要求等方式来影响下级政府的支出决策，使下级政府的政策过程与预算过程分离，形成诸如法定支出、配套性支出和支出执行过程中的调整等不由下级政府自主决策的支出。我国集权型行政体制背景下，下级政府党政首长由上级政府任命，使上级政府对下级政府的支出决策权力干预容易成为现实。

为此，需要对各级政府间的事权和支出决策权力进行重新界定和调整，并通过法律的形式将这种纵向的支出权力结构固定下来，尽可能地减少来自上级的支出决策干预，确保地方公共支出决策更多的是基于民众需求、由下而上的做出。随着经济社会发展中央与地方各级政府间权责关系的调整也要按照法定程序、在地方政府广泛参与的基础上进行，杜绝中央政府凭

借行政权力进行单方面调整。中央与地方各级政府间权责关系法治化，能确保支出决策权力与责任在各级政府间稳定与规范，为优化公共支出决策机制创造稳定的制度环境。

第二节 优化公共支出决策程序与方式

一、优化预算编制和审批周期，提高支出决策及审查质量

（一）实行更为标准的预算周期制度

标准预算周期一般为30个月，其中：预算的编制与审批周期为12个月，预算执行周期为12个月，决算周期为6个月。而许多发达国家预算编制审批时间甚至更长，如美国长达18个月，英国长达16个月。与标准预算周期相比，我国的预算编制与审批时间都明显偏短，4~6个月的预算准备时间无法保证支出部门编制的预算科学合理，财政部门也没有足够的时间对预算全过程进行详细全面地审查；由于预算编制科目粗，人大常委会的预算初审及人大会的预算审批，前后才四十天左右的时间，根本无法对预算草案进行有效审查。因此，有必要延长预算编制审批时间，本书认为预算编制周期应延长到12个月。人大的预算审批则应贯穿于整个预算编制过程，从支出限额确定的审查到支出结构合理性的审查，再到项目有效性的审查，最后到正式审批。决算周期为4个月，从新预算年度开始到人大会对决算的审查完成并批复到部门单位。

（二）延长预算编制周期

延长预算编制周期，最重要的目的是加强预算准备工作，为高质量的预算编制提供基础。现行预算决策存在严重地预算过程与政策过程偏离，预算对支出部门单位的执行控制作用相当有限，预决算相差悬殊。一个重要的原因就是各部门预算准

备工作不充分，包括政府高层没有对宏观经济形势进行预测、对未来财政政策进行报告和对支出总量进行有效估计，各支出部门单位没有对其预算申请提供充分合理的政策依据说明，预算编制部门没有采用经济计量模型对未来的宏观经济情况进行预测和财政情况进行分析。因此，有必要在新预算年度开始时就开始下一年度预算编制准备工作，各级政府和各部门尽早进行政策筹划、经济预测和财政影响分析，为部门单位的预算编制提供可预见的政策环境和资源约束。

（三）延长预算审批周期

延长预算审批周期，使人大尽早介入预算准备阶段的各项工作，包括介入到政府高层有关宏观经济与政策形势的判定、财政政策的制定、支出总量限额的确定和各部门支出限额的形成等中去。在预算编制过程中与政府、财政部门和各支出部门展开密切协调，审查支出项目规划和预算申请是否符合政策要求，为预算编制提供强有力指导。随着人大对预算编制过程尽早干预，人大需要审查的预算文件数量和类别都会增加，审查的内容会越来越多、越来越深入，人大完成海量预算审查工作的时间也必定要增加。而且这种提前干预和务实审查可为人大会对预算的正式审批奠定坚实的工作基础，也有助于推进预算信息公开化进程和提高支出决策透明度。

二、试编中期基础预算，强化支出总额控制

（一）编制中期基础预算能有效弥补年度预算的不足

政府预算过程与政策过程偏离，容易导致政策制定不受政府短期和中期支付能力限制，政策承诺与实际履行之间严重脱节，从而使预算执行中经常出现预算调整，支出总额无法得到控制，政策落实充满不确定性。自20世纪90年代以来，发达国家纷纷采纳了将年度预算置于中期支出框架之下的体制，形

成了比较成熟的中期基础预算制度。虽然我国20世纪末开始已经逐步推行了支出领域的许多改革,然而,这种以年度为基础的预算并没有准确反映国家的战略重点和政策优先性,财政纪律涣散,财政风险加剧。为此,有必要借鉴西方国家经验,引入中期基础预算,以实现更好的支出控制、更佳的资源配置,提高公共服务绩效,加强财政风险管理,优化预算策略和程序(王雍君,2011)。

(二)编制中期预算需要对预算准备、审查、执行和评估各阶段进行改革

1. 强化预算准备过程的基础工作

引入中期基础预算要求在当前预算工作基础上,增加预算的中期宏观经济展望、财政政策报告(包括对财政风险的量化评估)和正式的中期支出框架文件。这些由财政部牵头、由政府高层内部运作完成的预算文件应提交到立法机关审查,之后与其他预算文件一起公布于众。这些文件有助于帮助立法机关判断年度预算的合理性,并且可将宏观经济与政策辩论引入立法机关的预算审查过程。政府和各支出部门在其提交的预算申报材料中,应清楚地阐明具体的政策目标及其与国家战略重点的内在联系。增加这些预算文件也意味着事前确定预算限额,并且把最重要的宏观经济与政策筹划及其对预算的可能影响分析等基础工作放到预算准备工作的起点,实行自上而下的预算程序,为高质量的预算编制创造最基本的条件。

对现行的预算分类和预算申报进行改革,使预算科目的经济分类和功能分类能为中期预算编制提供有效的支出构成信息,并与国际通行的分类标准一致。如经济分类应细化到目级科目,以便为分析宏观经济因素(如通货膨胀)或政策因素(如提高公务员工资标准)对当前支出造成的影响提供信息基础。支出问题估计及按功能分类和经济分类的支出估计都应在

中期基础上做出，并与年度预算相衔接。同时，要区分可控支出和不可控支出（法定支出）。

建立正式和量化的预算约束，包括预算限额和财政约束基准。根据宏观经济走势、经济政策、预测的收入水平和计划的预算赤字确定一级政府的预算限额，并在一个具有约束力的中期预算框架中进行反映；在此基础上，分解为部门支出限额，以确保总量限额得到遵守，并使部门认识到，部门只能在限额内配置财政资源，新的更具价值的项目获得优先资助的前提是取消部门内低效益评价的项目，以改善预算过程的配置效率。同时，对现有"年度平衡"的预算准则做出更为细致和严格的规定，建立起量化的、类似欧盟的赤字比率、债务比率等财政约束，以实现对支出、赤字、债务和收入进行严格的量化约束。

加强与改进预测工作。高质量的预测工作是确保中期基础预算良好运作最重要的技术基础。预算编制部门应采用可靠和成熟的经济计量模型进行中期经济预测和财政预测，减少对"基数法"的依赖。预算预测所遵循的假设（如预算年度的通货膨胀率和利率水平等）需要在预算文件中公布，以利预算审查部门和公众能够清楚地理解预算。

将中期体制的运作程序整合到正式的年度预算程序中，实现与年度预算的有效衔接。可借鉴澳大利亚和丹麦等国家的做法，把以前年度准备的中期支出估计作为年度预算准备程序的起点，财政部门与支出部门之间的预算谈判集中关注新的政策，同时在准备年度预算的过程中对支出估计进行更新，并将时间跨度向后滚动1年（王雍君，2011）。

2. 实行比年度预算体制更强的预算审查

为确保中期预算框架真正成为一个有用的决策手段，有必要建立一个由国务院、发改委和财政部牵头成立、由各部代表参加的高级别的支出审查委员会，对相互竞争预算资源的各项政策之间进行权衡，对经常性支出进行政策审查，将支出限额分解为各支出部门和机构的限额。该委员会应直接对国务院负责，并向全国人大报告工作。在审查范围上，应覆盖预算内和预算外的所有政府活动，重点进行支出审查，审查支出排序是否准确反映了政策重点与优先性质，是否包含了不应或不宜由政府资助的活动或项目等。为了确保预算审查部门能有效地捍卫财政纪律和广泛的公共利益，可借鉴国际惯例，通过修改《预算法》赋予财政部长以下权力：除非获得财政部长的明确批准，否则，任何部门或机构不得动用国库单一账户上的资金。为提高各级人大对预算的审查质量，要改变过去的"一篮子"审查方式，分两阶段进行：第一阶段审查总量决策，即对预算总量，包括总的支出、收入、赤字或盈余和债务水平等进行审查与表决；第二阶段审查资源配置决策，即对特定支出部门的规划和拨款，以及部门间的规划和拨款进行审查与表决。另外，还需要对资本预算进行单独审查与表决。

3. 加强对预算执行过程的控制与评估

严守公共财政管理的三个"底线法则"：政府征集收入和安排支出必须得到立法机关的清晰授权；所有公款在实际支出之前必须进入国库单一账户；公共账目的资金动用必须处于立法机关和其他核心部门的监控之下。

建立规划评级工具。按照一定标准，对预算申请者执行其规划的好坏进行等级评定，并将评估结果予以公布以强化支出绩效。立法机关和财政部门可借助规划评级对执行规划的总体情况进行排序和追踪，对支出部门和单位的预算过程进行监控。各级人大、财政部门及审计部门应配备专业的预算分析人员或机构，学习预算分析与评估方面的专业技能与知识，提高预算审查能力。

三、稳步推进预算绩效管理体系，强化政府支出的内部控制

在政策制定者的价值评判、谈判和利益妥协之外，充分利用绩效信息进行决策将会获得一个更为明智的支出决策结果；基于绩效的预算过程是一种体现理性主义精神的最佳支出决策形式。虽然现阶段我国实行绩效预算还存在法律制度、技术与管理以及人文环境等方面的制约，未来仍有必要朝绩效预算改革方向发展，只是这种改革需要循序渐进，西方发达国家推行绩效预算的实践也表明绩效预算改革不能一蹴而就。在发展绩效预算之前一定要经过以控制为导向的资源绩效评价阶段，解决资源的控制问题；然后编制项目预算，解决资源的分配问题；最后才是在绩效管理的大环境下发展绩效预算，实现从传统的投入预算、项目预算、产出预算到绩效预算的逐步转变。未来我国绩效预算改革应遵循的总原则是"先易后难、积极试点、分步实施、逐步推进"，具体可分成基础阶段、试点阶段和全面推广阶段稳步推进。

（一）在基础阶段以绩效评价强化预算控制

我国自上世纪末开始推行的一系列预算改革已经加强了对预算的外部控制，然而，我国预算执行过程中任意调整、变更预算的情况仍然相当普遍，财政资金使用效益仍然相当低下。为此，要继续完善定额管理体系，推进零基预算，提高预算调控力；要在中期框架下构建科学合理的预算收支科目体系，继续推进综合预算改革；要在中期框架下建立起一个政策制定与预算编制执行相联系的机制，减少政策过程与预算过程的不一致；要强化预算执行过程的外部控制，发挥财政部门、人大、审计部门和社会舆论的监督作用；要完善收付实现制会计基础，实行部分的权责发生制会计（如政府债务领域），全面反映政府绩效。

(二) 在试点阶段把绩效评价结果引入项目预算编制

此阶段的典型特征是预算支出项目必须反映政府战略政策和部门核心政策，改革的重点在于设计有效政策并确保政策与预算之间的有效联系机制。因此，要建立项目决策体系，整合财政系统内部的各种专业人力资源，形成项目绩效评价的第一层次决策支持体系；利用社会各研究院所、大学和企业等智力资源，建立项目绩效评价的第二层次决策支持体系。编制项目预算，制定科学的国家、部门和机构发展战略与政策，建立政策与预算紧密联系的机制，包括预算分配机制、部门协调机制、公众参与者机制等，增强预算项目对政策的回应性。完善部门各项内部控制，包括逐步建立完善的支出制度、采购制度、信息管理制度、人事管理制度和内部失衡机制；在此基础上逐步放松外部控制，增加对支出部门的授权。深化支出项目预算改革，以零基预算法为基础，实行项目的滚动管理和专项管理，提高项目资金使用的规范性、安全性和有效性；推行项目支出绩效评价，探索建立项目支出绩效评价体系，注重项目支出的经济效率和有效性。改进预算监督机制，强化财政信息公开，建立最低标准信息披露制度，提高预算透明度。

(三) 在全面推广阶段推行部门绩效预算

随着绩效预算方法从项目预算编制推广到部门预算编制，对支出的控制也由强调内部控制过渡到全面强调管理责任，此时的预算变成了通过结果导向来加强财政资金使用效率的工具。在这个阶段，部门被赋予了更大的支出决策自主权，为了达到既定的支出目标，可以在预算总规模内，自主确定资金的具体用途。为了最终实现预算的经济性、效率性和有效性，各部门在编制预算时要根据相关政策制定部门规划，进一步将规划目标分解成部门年度目标，详细阐述完成目标所需的各种资源和可能存在的风险因素，形成部门绩效目标。运用成本—效益分析法对基本支出和项目支出进行分析审查、组织专家论证，提高资金分配的科学性和效率性。要改革政府机构，将政策计划与执行职能分离，公共产品的生产与提供分开，强化预算部门与支出部门、部门内的上级机构与下级机构以及上下级政府之间的契约关系，构建新型的责任关系。在建立了完善的内控机制、外部监督机制和绩效评价机制基础上，赋予执行部门在预算资金获取与使用方面更大的权力，部门在保证完成既定的产出成果目标时获得更多的预算执行灵活性。建立科学的公共支出绩效评价指标体系，建立包括人大、审计、民间中介组织和社会公众在内的多层次的绩效评价体系，实现绩效评价主体从政府到社会的转换。从在预算报告和个别财务报表（如资产负债表）中使用权责发生制度，扩展到对整个政府活动都用权责发生制会计进行核算，完整地反映政府受托责任。加强绩效评价结果的反馈和应用，将激励和惩罚科学地结合起来，使绩效评估结果能真正发挥促进政府提高绩效的作用。另外，还要进一步完善相关的配套制度，包括政府与公共部门的报告制度、问责制度、公开的审计制度以及激励机制建设等。

四、健全支出决策监管制度和责任制度，强化决策权力的制约

（一）切实加强支出决策的监督管理

强化各级人大对政府支出决策的监督权力。法律赋予人大对政府支出决策、决策执行过程和执行结果的监督权力广泛而全面，涉及预算的事前、事中和事后监督。但从目前我国人大发挥的监督作用来看，其监督主要是在宏观层面进行的，如人大常委会对预算的初审、人大会对预决算的审批、人大常委会对年中预算执行报告的审议与预算调整的审批等，由于审查的人员、时间、精力和知识等因素限制，不可能进行深入具体地

监督，只能是宏观层面地审查，无法有效发挥其终极监督权的威力；未来要在人大代表专职化和人大机构设置常态化基础上，将人大对政府支出决策的监督做深做细；具体来说，可借鉴美国经验，建立对预算执行的报告制度和听证制度。报告制度要求政府定期（每季或月）向人大汇报预算执行情况，财政部门定期（每季或月）对外公布反映政府财政状况的季报或月报，各支出部门要定期（每季或月）向财政部门汇报详细的资金使用情况，其中季度预算执行情况报告的副本还要呈送人大常委会审议。听证制度要求人大及其各专门委员会在各自的职权范围内，就预算的收支、平衡或赤字、投资管理等内容进行听证，要求各部门单位进行说明（蒋洪，2008）。

改行政型审计为立法型审计。我国现阶段审计部门隶属于政府之下，作为政府的职能部门，审计行政首长或其他级别高于审计部门的主管领导决策的项目，是不太可能审查出问题来的；即使是对同级别的支出部门支出进行审计，查出的重大问题也有可能出于稳定或其他原因考虑而被行政首长压下不报。行政性审计的独立性太差，要充分发挥审计部门对支出决策的监督作用，可借鉴美英等国的做法，把审计机关从政府部门转移到立法部门名下，增强审计机关的独立性。而且，把审计机关置于人大的另一好处是，审计机关对财政部门、各支出部门的绩效进行评估和审计工作，可以为立法机关宏观层面审计提供依据，为立法机关预算监督的深入提供支持。鉴于审计机关并非支出决策主体，获取支出决策与执行信息的成本较高，建议审计监督以事后监督为主。

财政监督包括两个层面的监督含义：一是在财政部门内部设立专职机构，对各部门预算支出的执行进行监督管理；二是财政作为一个整体通过制度设计对所有支出部门预算执行情况监督管理。如未来可实行公共会计制度，通过向各支出部门委派会计人员，会计人员不隶属支出部门，不受部门首长领导；

会计人员的主要职责是审查部门领导支付指令的合规性，对于不合规的支付有权拒绝执行；通过会计人员与支出部门行政首长的分离，从制度上保证财政部门随时掌控着支出部门的预算执行情况信息。另外，也可借鉴国外的财务控制官制和财务总督察制，加强财政对支出部门的支出控制（廖家勤，2004）。其中，财务控制官主要负责审核支出部门首长的重要支出项目，防止不合法的支出被执行；同时还充当部门首长的财政顾问，以及向财政部门提供信息。财务总督察制则随机选取支出部门对其预算执行情况进行突击检查，对国家投入资金的项目进行突击审查，其检查结果由财政部提交给政府。财政部门作为我国核心预算机构，在支出决策和预算执行过程中有着举足轻重的作用，是所有监督主体中最容易获取支出决策及其执行情况信息的机构，可以对支出决策进行有效的事前、事中和事后监督。鉴于审计机关的事后监督优势明显，现阶段财政应主要在事前和事中起主要监督作用。

充分发挥社会公众和媒体等的补充监督作用。社会公众和媒体监督更多的是对预算微观层面的监督、合规性监督和专项监督，主要是帮助其他监督主体发现问题。社会公众和媒体要实现对支出决策的有效监督，前提是能获取支出决策和预算执行情况的信息。现代计算机技术和网络、通信技术的快速发展为社会公众和媒体的监督提供了有利条件，越来越多的贪污腐败案件在社会公众或媒体的帮助下得以查办。未来要制定相关法律法规（如《新闻法》），为社会公众和媒体进行监督提供较好的法制环境。

特别值得说明的是，我国支出决策监督还有一个重要的来自执政党的监督。党委下设的纪委专门负责对一切违法乱纪行为进行查办，挪用公款、贪污腐败等均在其职责范围之内。在中国，纪委的监督威慑力相当大，是有别于国外政党监督的又一重要支出决策监督力量。

（二）建立支出决策失误责任追究制度

过去缺乏健全的支出决策失误责任追究制度，支出决策随意性强，财政资金使用效率低；完善支出决策失误责任追究制度，有助于增强决策主体的责任意识和风险意识，在支出决策时广泛征求民众、专家意见，综合权衡各方利益，从而促进支出决策的民主化和科学化。因此，未来要在"谁决策、谁负责"的原则指导下，加大对支出决策的责任考核、评议、警示和奖惩力度，建立一系列与支出决策责任相关的制度，以实现对支出决策权力的制约与控制，明确各决策主体的权力与责任。具体来说，对违反宪法精神的决策行为追究其违宪责任；对违反行政法律规范的支出决策行为追究决策主体的行政法律责任，如主体在决策过程中越权决策、滥用职权，不遵循法定程序，不履行法定审批程序，不进行可行性论证而导致决策失误的，要进行通报批评、行政处分（包括警告、记过、记大过、降职、撤职、开除公职等）以及行政赔偿等。

五、完善专家咨询和论证制度，增强支出决策的科学性

现代社会公共支出决策面临更为复杂的经济社会环境，而支出决策主体的时间、精力和知识等有限，在许多情形下都需要专业技术知识丰富的专家为其决策提供意见和建议。如，人大审议政府提交的预算草案时代表们需要具备很强的专业知识和技能，一般的人看不懂预算，更谈不上发现预算中存在的深层次问题。政府的预算编制委员会需要对各部门的支出申请进行合理性审查，对预算与政策是否保持一致进行专业审查，对预算整体安排的有效性、科学性和合理性进行评估，没有较强的专业知识是根本无法做出正确判断的。在党和国家制定相关的方针政策时，如果缺乏相应的专业知识，制定出来的政策本身也许就是错的（如根本就不是政府应该干预的事项），或者

政策对财政的影响过大以至于根本无法实施，政策过程与预算过程相分离。而相对独立于政府行政部门、具有丰富的预算专业知识和扎实的财经理论基础、以及良好的职业道德的专家咨询队伍，作为社会公众利益的代表，能对政府预算草案的科学性、合理性和合法性做出客观评价，能为人大审查预算、政府编制预算以及党和国家制定政策提供专业建议和决策参考。因此，未来我国公共支出决策过程中有必要进一步完善专家咨询机制，充分利用各科研院所、高校和学术团体的研究力量，为专家学者的参政议政提供更多的渠道和更好的环境，甚至从中招募一批专家学者参与决策过程，以做出更科学合理的支出决策。建立专家咨询机制，在支出决策前充分征求专家学者的意见与建议，也是支出决策民主化的体现。

专家论证制度主要是为提高决策的科学性，党和国家制定特定方针政策、政府部门进行特定项目决策时，就其中专业性和技术性较强的问题，邀请相关专家对决策方案的科学性、可行性进行研究，提出论证意见与建议。一般来说，专家的论证意见具有较高的权威性，会对决策产生重要影响。为保证专家意见的客观与公正，论证会应尽量广泛邀请不同观点的专家参加，确保与会者均有机会发表自己的意见与建议，通过合适的规则（如多数通过规则）将专家们意见集合，形成最后的论证结论，同时附上少数人的不同意见与理由，供决策者做出全面的判断（蒋伟，2009）。

第三节　提高公共支出决策透明度

一、加强信息系统建设，提升支出决策透明度

（一）完善政府支出决策信息公开法律制度

现阶段许多地方政府部门预算信息不公开或少公开，原因有多种：有些地方不愿意公开更多的预算信息，认为公开无用，人大代表或公众没有必要读懂预算；也有人认为人大的预算审批和各界的预算监督没有必要。有些地方不愿意公开预算信息，认为公开危险，官员们担心会被追究责任，公开所揭示的诸如腐败等社会问题会引发社会冲突与震荡，期望通过政府的自我约束来逐步消除内部问题。无数公款挪用、贪污腐败的现实说明，控制信息公开的程度和寄希望于政府自律的想法是错误的——腐败等社会问题并没有因此得到根治。而通过公开形成对政府支出决策权力的外部制约和监督，才有可能促使政府谨慎决策、科学决策。

未来要重新修订《保密法》，用正例举法对"国家秘密"事项在法律上进行严格界定，使"保密"真正成为"例外"。重新修订《预算法》，明确预算公开的法律界限，使之具有权威性和可操作性。对预算信息公开的具体时间、范围和标准等进行明确规定。调整财政部门的信息公开职责，规定由财政部门对预算信息以统一、集中的方式向社会公开，这样既可节约政府预算公开的成本，又可方便公众了解和监督预算。各级财政部门公开本级政府总预算、决算，各部门公开本部门预算、决算，而公开的具体实施办法由国务院规定。提升政府信息公开方面的法律层次，制定"政府信息公开法"，对政府预算决算信息的公开进行具体规定，使其真正体现"公开为原则，

不公开为例外"的基本精神，取消"对申请人申请公开与本人生产、生活、科研等特殊需要无关的预算信息，可以不予提供"的规定。因为这一规定损害公民的预算知情权，纳税人作为政府公共服务的对象，有权利也有责任参与和监督公共事务的管理，公民的预算知情权不能因其没有特殊需要而被否定（上海财经大学公共政策研究中心，2013）。完善《中华人民共和国各级人民代表大会常务委员会监督法》（以下简称《监督法》），按照国际惯例，将人大会审议预算的情况及政府对人大会作出的关于预算决议的执行情况向社会公布。

（二）加强财政信息基础工作建设

预算支出科目分类、支出信息的完整性与真实性以及支出信息资料的收集整理等都是影响政府公开的支出信息质量的最基本因素。现阶段我国"按收入分类和支出功能分类基本编列到款级"的预算只能提供十分粗略的信息，公民无法了解其实际内容，更不能对预算进行有效监督。按经济性质分类的支出信息不在规定的公开范围内，而这类信息是社会公众较为关心、并具有较强的识别和判断能力的信息项目。未来要将支出的功能分类信息公开到项，经济分类信息公开到款，以便社会公众进行更有效地监督。要根据国际分类标准对进预算收支科目行调整，以提升预算信息的国际可比较性和为研究服务的能力。在经济社会发展信息统计数据方面，要加强统计工作的投入力度，改进统计方法，提高统计数据的真实性。要建立财政部门与各支出部门之间的信息联系机制，保证预算编制机构掌握全面的部门基础数据信息。要在财政部门内部建立有效的信息沟通机制，保证预算机构获得足够的支出决策信息。要利用计算机网络技术提升信息在部门内部的传递效率，降低信息失真的可能和信息传递的成本。要改进信息处理技术、手段和方法，更多地采用定量分析方法，多进行方案比较、政策实施后果模拟研究以及跨学科、综合性的研究。要加强各级政策研究机构、咨询机构的交流与联系,建立开发信息共享机制,提高信息利用水平。要优化地方政策研究机构的人员配置,提高政策研究人员的业务素质和信息处理能力。

二、健全公民参与决策机制,更充分地反映民众需求

(一)完善相关法律制度,确保民众对预算的知情权和话语权

理论上,政府是用纳税人的钱财为其提供公共产品和服务,政府有义务就其资金的安排与使用情况向纳税人进行说明,民众享有对预算的知情权以及对预算安排的建议权;然而,现阶段我国普通民众对预算情况的了解仅限于政府主导的媒体所刊出的政府预算报告,根本无法获得有关部门预算的数据,对政府支出决策过程和人大的预算审议过程也无从知晓,而且也很少有机会直接参与政府支出决策。因此,有必要通过立法的形式(如在《预算法》修改稿中加入相应条款)明确规定民众对预算的知情权,只有民众了解政府预算和预算决策过程,才能就政府支出决策项目提出自己的看法和意见,真正参与到支出决策中去,才能向政府正确地表达和实现自己的利益诉求。

(二)引入听证制度和民意反映制度,拓宽民众参与支出决策渠道

在支出决策前引入听证制度。因为支出决策涉及不同社会群体、个人之间利益的分配与再分配,只有赋予这些群体、个人充分发言的机会,才能确保制定出来的政策体现不同群体、个人的利益。所谓听证制度,是指在政府支出决策前,给相关利益团体和个人就支出决策事项发表意见和进行辩驳的机会,是一种民众直接参与支出决策的制度安排。听证具有内容公

开、程序透明、意见陈述充分、听证过程规范等特点，引入听证制度有助于民众充分参与到政府支出决策当中，使政府支出决策真正反映民意。调查、咨询和举行听证会是听证制度的必备程序。听证制度要有效发挥作用，关键在于听证人遵循公正、公平和合理的原则，做到确保民众广泛参与决策，防止听证制度变成少数人控制政府支出决策的工具。未来在《预算法》的修订过程中要增加确立预算听证制度的条款，对听证的适用范围、听证主体确定、听证程序等问题作出明确规定。

在支出决策过程中引入社情民意反映制度。因为支出决策是为民众提供公共产品和服务的数量与结构决定过程，提供什么服务以及提供多少服务理应充分考虑民众需要。社情民意制度的引入是政府支出决策科学化的前提，也是支出决策民主化的体现。建立民意反映制度的具体方法有：建立民意调查网络，定期进行民意调查测验，观察社会舆论，对社情民意进行客观分析和综合研究等。通过以上种种方式，政府主动采集、深入了解和准确掌握民众真实需要，克服原有体制下弱势群体声音在支出决策过程中被忽视、利益诉求得不到体现的弊端，实现支出决策科学化。

（三）培育更多的公民组织，更好地表达民众利益诉求

公民组织具有高度专业化和组织化的特点，与民众个体相比，公民组织能更好地表达利益诉求，这主要体现在如下三个方面：

第一，公民组织利益诉求表达更有力。分散的民众表达自身利益诉求时由于声音弱小而得不到足够重视，而且难以在有限的时间内形成有效一致的决议。而由行业协会、社会团体和工会妇联等组成的公民组织则不同，他们本身就是利益诉求相似群体的代表，已经将个体偏好集合成为一定群体的偏好，公民组织人数更多，利益诉求表达也就更有力。

第二，公民组织对支出决策信息的收集、整理与传播的能力更强。各行业协会和社会团体等基本上都由专业人士组成，具有一定数量的办公电脑硬件设备和较好的网络信息技术等软件环境，有能力广泛收集与政府支出决策有关的数据资料，对数据资料进行整理，对发现的问题进行深入研究，还可将获取的数据信息和研究得出的有意义的结论在组织之间进行传播，形成对政府支出决策更大的影响。可见，公民组织可为政府支出决策提供代表了民意的信息，有能力代表非政府组织提出对政府预算的期望，也可对支出决策中的不足提出批评意见，促使立法机构和行政部门提高办事效率。

第三，公民组织参与支出决策的形式更多样化。除了争取机会更多地直接参与到预算编制、审查、执行和审计过程中外，公民组织因其所具备的专业优势，可以对其所关心的社会问题进行专题研究，形成一定的研究结论和政策建议，提交给政府从而对政府支出决策产生间接影响。公民组织还可对特定宏观经济变量与预算之间的关系进行研究，如就业率、赤字等对预算的影响以及预算对低收入者、老年人等福利的影响，促使政府对焦点问题或社会特定领域给予足够关注，从而做出更符合经济社会发展需要的决策。

参考文献

［1］阿伦·威尔达夫斯基. 预算：比较理论［M］. 苟燕楠, 译. 上海：上海财经大学出版社, 2009.

［2］爱伦·鲁宾. 公共预算中的政治：收入与支出, 借贷与平衡［M］. 叶丽娟, 马骏, 等, 译. 北京：中国人民大学出版社, 2001.

［3］安蓉泉. 地方政府决策机制的认识与实践问题分析［J］. 中国特色社会主义研究, 2007（6）：59-63.

［4］毕瑞祥. 财政信息化研究［M］. 北京：经济科学出版社, 2008.

［5］财政部财政科学研究所. 地方公共财政预算管理改革与实践［M］. 北京：中国财政经济出版社, 2011.

［6］财政部财政制度国际比较课题组. 英国财政制度［M］. 北京：中国财政经济出版社, 1999.

［7］蔡军. 绩效导向型公共预算管理研究［M］. 北京：中国书籍出版社, 2013.

［8］查尔斯·林德布洛姆. 决策过程［M］. 竺乾威, 胡君芳, 译. 上海：上海译文出版社, 1988.

［9］陈松. 试论基层政府决策机制的完善［J］. 黑龙江社会科学, 2005（2）：22-24.

[10] 程燎原. 从法制到法治 [M]. 北京：法律出版社，1999.

[11] 程正明. 关于改革和完善政府决策机制的几个问题 [J]. 甘肃社会科学，2006（4）：222-224.

[12] 戴维·米勒，等. 布莱克维尔政治学百科全书 [M]. 邓正来，编译. 中国政法大学出版社，1992.

[13] 丹尼斯·缪勒. 公共选择理论 [M]. 韩旭，杨春学，等，译. 北京：中国社会科学出版社，2010.

[14] 邓昌福. 在西部大开发中构建服务型政府决策机制 [J]. 探索，2003（6）：130-132.

[15] 董静，苟燕楠. 公共预算决策分析框架与中国预算管理制度改革 [J]. 财贸经济，2004（11）：38-43.

[16] 董静. 不同范式下的公共预算决策及对我国的实证分析 [J]. 财政研究，2004（3）：13-15.

[17] 董拥军，邱长溶. 我国社会保障支出对公平与效率影响的实证分析 [J]. 统计与决策，2008（1）：86-88.

[18] 方福前. 公共选择理论 [M]. 北京：中国人民大学出版社，2000.

[19] 冯伟林. 科学发展观视域下地方政府决策机制的完善 [J]. 法制与社会，2008（1）：156-157.

[20] 甘行琼. 西方财政理论变迁研究 [M]. 北京：中国财政经济出版社，2000.

[21] 甘行琼，汤凤林. 美国财政分权的效率分析 [J]. 中南财经政法大学学报，2004（5）：91-95.

[22] 龚六堂，邹恒甫. 政府公共开支的增长和波动对经济增长的影响 [J]. 经济学动态，2001（9）：58-63.

[23] 苟燕楠. 现代公共预算决策信息系统浅析 [J]. 财会研究，2007（8）：4-5.

[24] 苟燕楠. 政府治理理念重塑基础上的"新公共预算

决策"［J］．上海行政学院学报，2005（2）：32，46-49．

［25］郭杰，杨杰，程栩．地区腐败治理与政府支出规模——基于省级面板数据的空间计量分析［J］．经济社会体制比较，2013（1）：196-204．

［26］郭庆旺，等．公共经济学大辞典［M］．北京：经济科学出版社，1999．

［27］郭玉清，姜磊．财政支出、辖区人口规模与经济增长［J］．经济评论，2009（5）：35-45．

［28］何其滨，李金联．武警预算决策监督与责任机制探讨［J］．军事经济研究，2004（10）：49-50．

［29］赫伯特·西蒙．管理决策新科学［M］．北京：中国社会科学出版社，1982．

［30］赫伯特·西蒙．管理行为——管理组织决策过程的研究［M］．杨砾，韩春立，译．北京：北京经济学院出版社，1988．

［31］赫伯特·西蒙．现代决策理论的基石［M］．杨砾，徐立，译．北京：北京经济学院出版社，1988．

［32］胡书东．经济发展中的中央与地方关系——中国财政制度变迁研究［M］．上海：上海人民出版社，2001．

［33］黄文扬．国内外民主理论要览［M］．北京：中国人民大学出版社，1990．

［34］霍海燕．公民社会的兴起对政策制定的影响［J］．中国行政管理，2008（2）：55-57．

［35］加布里埃尔·A．阿尔蒙德，小G·宾厄姆·鲍威尔．比较政治学：体系、过程和政策［M］．上海：上海译文出版社，1987．

［36］蒋洪．公共财政决策与监督制度研究［M］．北京：中国财政经济出版社，2008．

［37］焦建国．英国公共财政制度变迁分析［M］．北京：

经济科学出版社，2009.

[38] 金荣学，宋弦. 基于 DEA 的财政支出绩效实证分析——以湖北省为例 [J]. 财政研究，2011 (8)：41-44.

[39] 金荣学，宋弦. 新医改背景下的我国公共医疗卫生支出绩效分析——基于 DEA 和 Mulmquist 生产率指数的实证 [J]. 财政研究，2012 (09)：54-60.

[40] 靳继东. 预算政治学论纲：权力的功能、结构与控制 [M]. 北京：中国社会科学出版社，2010.

[41] 英国柯林斯出版公司. 柯林斯 COBUILD 高阶英汉双解学习词典 [M]. 柯克尔，等，译. 北京：外语教学与研究出版社，2011.

[42] 邝艳华. 公共预算决策理论述评：理性主义、渐进主义和间断均衡 [J]. 公共行政评论，2011 (4)：45-164.

[43] 李任九，魏士兵，赵云，薛蕾. 预算模式选择与军费预算决策分析 [J]. 军事经济研究，2007 (7)：14-15.

[44] 李婉，江南. 国式财政分权与地方政府财政支出规模的膨胀——实证检验"利维坦"模型在中国的有效性 [J]. 当代财经，2010 (6)：26-32.

[45] 李泽楼. 构建"内生与外源互动"的地方政府决策机制 [J]. 行政与法（吉林省行政学院学报），2006 (5)：29-30.

[46] 李志勇，楚昕. 初等教育支出绩效的实证分析——以我国东部沿海七省市为例 [J]. 教育发展研究，2008 (3)：11-15.

[47] 廖家勤. 完善我国预算决策与管理制度的模式选择 [J]. 当代财经，2004 (1)：29-35.

[48] 廖家勤. 优化地方预算决策的路径 [J]. 改革，2005 (10)：34-39.

[49] 廖家勤. 中国地方预算决策自主权缺失问题分析

［J］．中央财经大学学报，2006（5）：12-16．

［50］廖雄军．改革与完善政府决策机制的探讨［J］．成都行政学院学报，2003（4）：17-19．

［51］刘长琨．美国财政制度［M］．北京：中国财政经济出版社，1998．

［52］刘成奎，王朝才．财政支出结构与社会公平的实证分析［J］．财政研究，2008（2）：15-18．

［53］刘京焕，陈志勇，李景友．财政学原理［M］．北京：高等教育出版社，2011．

［54］刘军宁．共和 民主 宪政——自由主义思想研究［M］．上海：上海三联书店，1998．

［55］刘穷志．促进经济增长与社会公平的公共支出归宿机制研究——兼论中国公共支出均等化的政策选择［J］．经济评论，2008（5）：11-17．

［56］刘勇政，冯海波．腐败、公共支出效率与长期经济增长［J］．经济研究，2011（9）：17-28．

［57］吕昕阳．典型发达国家绩效预算改革研究［M］．北京：中国社会科学出版社，2011．

［58］罗伯特·D.李，罗纳德·W.约翰逊，菲利普·G.乔伊斯．公共预算体系［M］．苟燕楠，译．北京：中国财政经济出版社，2011．

［59］罗大明，黄博．浅析完善政府决策机制 推进决策科学化［J］．网络财富，2008（8）：91-92．

［60］罗依平，邓文武．我国政府决策机制变革的生态环境分析［J］．求索，2008（5）：59-60．

［61］罗依平．政府决策机制优化研究——基于1978年以来我国改革开放的视域［D］．苏州：苏州大学，2006．

［62］罗竹风．汉语大词典（第五卷）［M］．上海：上海辞书出版社，2009．

[63] 马蔡琛. 变革世界中的政府预算管理——一种利益相关方视角的考察 [M]. 北京：中国社会科学出版社，2010.

[64] 马骏. 中国公共预算改革：理性化与民主化 [M]. 北京：中央编译出版社，2005.

[65] 马骏. 中国预算改革的政治学：成就与困惑 [J]. 中山大学学报，2007（3）：68-69.

[66] 马树才，孙长清. 经济增长与最优财政支出规模研究 [J]. 统计研究，2005（1）：15-20.

[67] 马栓友. 1983—1999：我国的财政政策效应测算 [J]. 中国经济问题，2001（6）：11-17.

[68] 马栓友. 扩大财政支出能刺激消费需求吗 [J]. 中国经济问题，2002（1）：77-80.

[69] 牛美丽. 美国公共预算改革：在实践中追求预算理性 [J]. 武汉大学学报：社会科学版，2003（6）：795-801.

[70] 牛美丽. 中国地方政府的零基预算改革——理性与现实的冲突和选择 [M]. 北京：中央编译出版社，2010.

[71] 潘春燕，吴敏力. 探访纵深推进的温岭参与式预算 [EB/OL].（2013-12-16）http://www.yusuan.gov.cn/xwzx/201312/20131216902.html.

[72] 彭锻炼，左武. 公共支出结构对经济增长和社会公平的影响 [J]. 中南财经政法大学学报，2011（4）：90-95.

[73] 彭健. 政府预算理论演进与制度创新 [M]. 北京：中国财政经济出版社，2006.

[74] 彭永庚，汪胜安，高芹. 坚持完善制度 切实加强监督——对湖北省改革和完善政府决策机制的调查思考 [J]. 中国监察，2006（16）：18-19.

[75] 钱玉英. 制度建设与中国地方政府决策机制优化 [D]. 兰州：兰州大学，2010.

[76] 钱振明. 促进政府决策机制优化的制度安排 [J].

江苏社会科学，2007（6）：141-146.

［77］上海财经大学公共政策研究中心. 2013中国财政透明度报告［M］. 上海：上海财经大学出版社，2013.

［78］沈坤荣，张璟. 中国农村公共支出及其绩效分析——基于农民收入增长和城乡收入差距的经验研究［J］. 管理世界，2007（1）：30-42.

［79］孙群力. 财政分权对政府规模影响的实证研究［J］. 财政研究，2008（7）：33-36.

［80］孙文祥，张志超. 财政支出结构对经济增长与社会公平的影响［J］. 上海财经大学学报，2004（6）：3-9.

［81］托马斯·戴伊，哈蒙·齐格勒. 民主的嘲讽［M］. 孙占平，等，译. 北京：世界知识出版社，1991.

［82］托马斯·戴伊. 理解公共政策［M］. 北京：北京大学出版社，2008.

［83］托马斯·戴伊. 自上而下的政策制定［M］. 鞠方安，吴忧，译. 北京：中国人民大学出版社，2002.

［84］汪东华. 转型期我国财政支出规模与经济增长关系研究［J］. 求索，2006（10）：40-42.

［85］王椿元，杨心葵. 加拿大联邦预算程序及借鉴［J］. 财政研究，2008（3）：75-77.

［86］王海平. 浅析财政预算决策与决策监控［J］. 陕西财政，2002（3）：20-21.

［87］王加林. 发达国家预算管理与我国预算管理改革的实践［M］. 北京：中国财政经济出版社，2006.

［88］王建军. 争议公共支出决策［J］. 江西财税与会计，1997（7）5-6.

［89］王金秀，陈志勇. 国家预算管理（第三版）［M］. 北京：中国人民大学出版社，2013.

［90］王金秀. 政府预算决策优化路径［J］. 财政研究，

2001（4）：19.

［91］王莉. 财政支出公平效应的测度［J］. 统计与决策，2007（7）：116-117.

［92］王满船. 政府决策机制的内涵及其完善［J］. 国家行政学院学报，2003（6）：27-31.

［93］王维平. 政策过程现代化与政府决策机制创新［J］. 甘肃行政学院学报，2006（2）：42-44.

［94］王雍君. 中国公共预算改革：从年度到中期基础［M］. 经济科学出版社，2011.

［95］吴俊培，姚莲芳. 腐败与公共支出结构偏离［J］. 中国软科学，2008（5）：8-15.

［96］吴少龙，邝艳华. 敢为天下先——广东省绩效预算改革案例研究［M］//牛美丽. 地方政府绩效预算改革. 上海：格致出版社，2012.

［97］吴仲斌. 论我国公共支出决策理念的转换——兼谈私人品营销理念的演进［J］. 当代财经，2002（2）：20-24.

［98］辛多默，特劳普·梅茨，张俊华. 亚欧参与式预算——民主参与的核心挑战［M］. 上海：上海人民出版社，2011.

［99］邢会强. 我国应建立重大公共支出决策听证制度［J］. 行政法学研究，2004（3）：52-59.

［100］徐一心，曾俊林，杨冰，等. 财政支出绩效评价实证研究［J］. 中国统计，2005（3）：40-41.

［101］许春淑. 基于AHP的城镇基本养老保险支出绩效评价——以天津为例的实证研究［J］. 税务与经济，2012（06）：41-47.

［102］许文惠，张成福，孙柏瑛. 行政决策学［M］. 北京：中国人民大学出版社，1997.

［103］许耀桐. 改革和完善政府决策机制研究［J］. 理论

探讨，2008（3）：1-7.

［104］颜佳华，齐绍平. 地方政府决策机制创新探析［J］. 湖南财经高等专科学校学报，2006（4）：33-35.

［105］晏金平. 论公共预算决策民主化改革［J］. 金融经济，2006（7）：87-88.

［106］杨灿明，王金秀. 政府预算决策与监督实验教程［M］. 北京：经济科学出版社，2010.

［107］杨灿明，赵福军. 行政腐败的宏观经济学分析［J］. 经济研究，2004（9）：101-109.

［108］于长革. 公共消费支出及其最优规模分析［J］. 财经研究，2004（10）：105-119.

［109］于国安. 政府预算管理与改革［M］. 北京：经济科学出版社.

［110］于宁. 科技成果转化与应用支出绩效评价——我国的实证分析与政策研究［J］. 上海财经大学学报，2005（6）：8-14.

［111］于宁. 我国 R&D 经费支出绩效评价：体系构建与实证研究（19952003）［J］. 上海经济研究，2005（9）：3-14.

［112］余明远. 对优化乡镇政府决策机制的探索［J］. 天水师范学院学报，2006（12）：31-34.

［113］於莉. 省会城市预算过程的政治——基于中国三个省会城市的研究［M］. 北京：中央编译出版社，2010.

［114］俞可平. 政治学教程［M］. 北京：高等教育出版社，2010.

［115］俞可平. 中国公民社会的兴起与治理的变迁［M］. 北京：社会科学文献出版社，2002.

［116］袁东振. 浅析拉美国家的政府决策机制［J］. 拉丁美洲研究. 1991（5）：44-50.

［117］袁岳. 新公道：公共管理新视野［M］. 北京：北

261

京大学出版社，2005.

［118］詹姆斯·E·安德森. 公共政策制定（第五版）［M］. 北京：中国人民大学出版社，2009.

［119］预算决策机制研究课题组. 建立和健全预算决策机制研究［J］. 预算管理与会计，2007（2）：24-27.

［120］詹姆斯·安德森. 公共政策［M］. 唐宪，译. 北京：华夏出版社，1990.

［121］张明喜，陈志勇. 促进我国经济增长的最优财政支出规模研究［J］. 财贸经济，2005（10）：41-46.

［122］张树剑. 中国省级人大预算监督制度研究［M］. 上海：复旦大学出版社，2011.

［123］张巍，朱火堂. 高校专项资金预算决策方法的新思考［J］. 当代经济，2007（7）：112-113.

［124］张新光. 乡镇政府决策机制的基本特征及其改革［J］. 中共天津市委党校学报，2008（1）：25-33.

［125］张学明. 部门预算审查监督：温岭的实践与思考［EB/OL］.（2013-12-25）http：//www.yusuan.gov.cn/lxtt/201311/20131101878.html.

［126］赵海利. 民生支出的公平正义性分析——基于浙江各县教育和卫生支出的分析［J］. 经济社会体制比较，2012（3）：194-204.

［127］赵霞，段玉铭，张雪. 中国公共财政支出的绩效评估研究——基于公平与效率兼顾的视角［J］. 国家行政学院学报，2011（1）：88-93.

［128］周毕文. 管理分册［M］. 北京：机械工业出版社，2002.

［129］周光辉. 当代中国决策体制的形成与变革［J］. 中国社会科学，2011（3）：101-120.

［130］周鑫晨. 腐败与中国经济增长的实证分析——基于

三类公共支出角度［J］. 生产力研究，2013（7）：1-4.

［131］周玉蓉. 地方政府决策机制的反思与重构［J］. 湖北社会科学，2005（8）：25-26.

［132］朱海伦. 转型期地方政府行政决策机制研究［D］. 苏州大学博士学位论文，2010.

［133］朱圣明. 预算民主恳谈：温岭的案例研究［D］. "温岭民主恳谈的深化"国际学术研讨会论文集，2010.

［134］庄子银，邹薇. 公共支出能否促进经济增长［J］. 管理世界，2003（7）：4-13.

［135］军费预算决策系统研究课题组. 军费预算决策系统形成的决定因素分析［J］. 军事经济研究，1999（3）：34-39.

［136］ALESINA ALBERTO, PEROTTI ROBERTO. Fiscal discipline and the budget process ［J］. *The American Economic Review*, 1996 (86): 401-408.

［137］ALEXZNDER HAMILTON, JOHN JAY AND JAMES MADISON. The federalist: a commentary on the constitution of the United States ［M］. New York: The Modern Library, 1937.

［138］ALLEN SCHICK. Budget Innovations in the States ［M］. Washington, DC: The Brookings Institution, 1971.

［139］BAILEY J, CONOR R O. Operationalizing incrementalism: measuring the muddles ［J］. *Public Administration Review*, 1975: 60-66.

［140］BAUMGARTHER FRANK R, JONES BRYAN D. Agendas and instability in American politics ［M］. Chicago: University if Chicago Press, 1993.

［141］BAUMGARTNER FRANK R, JONES BRYAN D. Agenda dynamics and policy subsystems ［J］. *Journal of Politics*, 1991 (53): 1044-1071.

［142］BERRY W D. The confusing case of budgetary incrementalism: too many meanings for a single concept [J]. *The Journal of Politics*, 1990 (1): 167-196.

[143] BILL HENIFF JR., et al.. Introduction to the federal budget process [R]. CRS Report for Congress, 2010, December 2.

[144] BLACK, DUNCAN. The theory of committees and elections [M]. Cambridge: Cambridge University Press, 1958.

[145] BLACK R V. Criteria and planning for public works [R]. Washington: National Resources Board, mimeographed, 1934.

[146] BUCHANAN JAMES M, GORDON TULLOCK. The calculus of consent, caiden, naomi., budgeting in poor countries: ten common assumptions re-examined [J]. *Public Administration Review*, 1980 (40): 40-46.

[147] CLARK J M. Economic of public planning works [R]. Washington: Government Printing Office, 1935.

[148] D G SMITH. Pragmatism and the group theory of politics [J]. *American Political Science Review*, 1975 (58): 610.

[149] DAVID TRUMAN. The govermental process [J]. *New York*, 1951: 37.

[150] DAVIS O A, DEMPSTER M A H, WILDAVSKY A. Towards a predictive theory of government expenditure: US domestic appropriations [J]. *British Journal of Political Sciencep*, 1974 (4): 419-452.

[151] DAVIS O A, DEMPSTER M A H, WILDAVSKY A. A theory of the budgetary process [J]. *The American Political Science Review*, 1966 (3): 529-549.

[152] EARL LATHAM. The group basis of politics [J]. *New York*, 1965: 36.

[153] ELAZA D J. American federalism: a view from the State [M]. New York: Harper & Row, 1984.

[154] FENNO R F. The house appropriations committee as a political system: the problem of integration [J]. *The American Political Science Review*, 1962 (56): 310-324.

[155] GAYER A D. Public works in prosperity and depression [R]. New York: National Bureau of Economic Research, 1935.

[156] GIST J R. Mandatory expenditures and the defense sector: theory of budgetary incrementalism [M]. London: Sage, 1974.

[157] GOULD S J. The panda's thumb: more reflections in natural history [M]. New York: Norton, 1980.

[158] Governance, Corruption and Public FinancialManagement [R]. Manila: Asian DevelopmentBank, 1999.

[159] IMTIAZ BHATTI, MARVIN PHAUP. A case for adding a long-term budget comstraning to the congressional budget process [J]. *Albany Government Law Review*, 2012 (6): 110-148.

[160] JACKSON P M. The political economy of bureaucracy [J]. *Philip Allen*, 1982.

[161] JAMES M. Buchanan, Gordon Tullock. The calculus of consent [M]. Ann Arbor: University of Michigan Press, 1962,.

[162] JONES BRYAN D. Reconceiving decision - making democratic politics [M]. Chicago: University of Chicago Press, 1994.

[163] JONES BRYAN D, BAUMGARTNER FRANK R, TRUE JAMES. The shape of change: punctuations and stability in U. S. budgeting [R]. Chicago: the Midwest Political Science As-

sociation, 1996.

[164] JONES B D, SULKIN T, LARSEN H A. Policy punctuations in American political institutions [J]. *American Political Review*, 2003 (1): 151-170.

[165] JORDAN MEAGAN M. Punctuated equilibrium as a comprehensive theory of local government budgeting: the proof is in the Tails. [D]. Lexington: University if Kentucky, 1999.

[166] KETTL D. Deficit politics [M]. New York: Macmillan Publishing Company, 1992.

[167] KEY V O. The lack of a budgetary theory [J]. *The American Political Science Review*, 1940 (34): 1137-1141.

[168] KINGDON JOHN W. Agendas, alternatives, and public policies [M]. Boston: Little Brown, 1984.

[169] KROETSCH, et al.. Hierarchcal budget process orchestration [J]. *United States Patent Application Publication*, 2012 (16): 1-41.

[170] LEWIS V B. Toward a theory of budgeting [J]. *Public Administration Review*, 1952 (12): 42-54.

[171] LINDLBOM C E. The science of "muddling through" [J]. *Public Administration Review*, 1959 (19): 79-88.

[172] MORELAND W A. Nonincremental perspective on bedgetary policy actions [M] // RANDALL B R, FRANKLIN G A. Policy making in the federal executice branch. New York: Free Press, 1975.

[173] NATCHEZ P B, BUPP I C. Policy and priority of budget process [J]. *American Political Science Review*, 1973 (67): 951-963.

[174] NUSSLE JIM. Perspectives on budget process reform [J]. *Public Budgeting & Finance*, 2012, 32 (3): 57-60.

[175] PIGOU A C. A study in public finance [M]. London: Macmilllan & Co., 1928.

[176] ROBERT KEITH. Federal budget process reform in the 111th congress: a brief overview [R]. CRS Report for Congress, 2010.

[177] ROBINSON S E. Punctuated equilibrium models in organizational decision making [M] // MORCOL G. Handbook of decision making. New York: CRC Taylor & Francis, 2007.

[178] RUBIN I S. Aaron Wildavsky and the demise of incrementalism [J]. *Public Administration Review*, 1989 (1): 79-81.

[179] RUDOLPH G PENNER. Budgeing in the ideal and in the United States [EB/OL]. (2010-01-21) http: //www. urban. org/sites/default/files/alfresco/publication - pdfs/901317 - Budgeting-in-the-Ideal-and-in-the-United-States. PDF.

[180] SAMUELSON PAUL A., The pure theory of public expenditure [J]. *Review of Economics and Statistics*, 1954 (36): 387-388.

[181] STEPHEN MOORE. Reforming the congressional budget process [EB/OL]. (1995-07-13) http: //www. cato. org/publications/congressional - testimony/reforming - congressional -budget-process.

[182] THOMAS P LAUTH. The principle of separation of powers and budget decisions [M] // AMAN KHAN, W BARTLEY HILDRETH. Budget Theory in the Public Sector. Westport: Quorum Books, 2002: 36-68.

[183] TRUE JAMES. Attention, inertia, and equity in the social security program [J]. *Journal of Public Administration Research and Theory*, 1999 (9): 571-596.

[184] TRUE JAMES. Is the national budget controllable

[J]. *Public Budgeting and Finance*, 1995 (15): 18-32.

[185] VROOM V H, YETTON P W. Leadership and decision-making [M]. University of Pittsburgh Pre, 1973.

[186] W MARK CRAIN, JAMES C MILLER. Budget process and spending growth [J]. *William and Mary Law Review*, 1989 (31): 1021-1047.

[187] WICKSELL KNUT. A new principle of just taxation, finanztheoretixche untersuchungen [M] // R. A. Musgrave and A. Peacock. 1967: 72-118.

[188] WILDAVSKY A. Budgeting: a comparative theory of budgetary process [M]. New Brunswick: Trabsaction Publishers, 1997.

[189] WILDAVSKY A. The politics of the budgetary process [M]. Boston: Little Brown, 1964.